食品企业社会责任与治理策略

余伟萍　周　骏
司冬阳　何明莉　著

四川大学出版社
SICHUAN UNIVERSITY PRESS

图书在版编目（CIP）数据

食品企业社会责任与治理策略 / 余伟萍等著 .
成都：四川大学出版社，2025. 5. -- ISBN 978-7-5690-
7374-4

Ⅰ. F426.82

中国国家版本馆 CIP 数据核字第 2024NV8873 号

书　　名：食品企业社会责任与治理策略
　　　　　Shipin Qiye Shehui Zeren yu Zhili Celüe
著　　者：余伟萍　周　骏　司冬阳　何明莉

选题策划：杨　果
责任编辑：李　梅
责任校对：吴　丹
装帧设计：裴菊红
责任印制：李金兰

出版发行：四川大学出版社有限责任公司
　　　　　地址：成都市一环路南一段 24 号（610065）
　　　　　电话：（028）85408311（发行部）、85400276（总编室）
　　　　　电子邮箱：scupress@vip.163.com
　　　　　网址：https://press.scu.edu.cn
印前制作：四川胜翔数码印务设计有限公司
印刷装订：四川省平轩印务有限公司

成品尺寸：170mm×240mm
印　　张：19.5
字　　数：370 千字

版　　次：2025 年 5 月 第 1 版
印　　次：2025 年 5 月 第 1 次印刷
定　　价：88.00 元

扫码获取数字资源

四川大学出版社
微信公众号

本社图书如有印装质量问题，请联系发行部调换

前　言

　　食品行业作为我国经济增长的重要驱动力和保障民生需求的核心行业，应切实保障食品质量安全与健康营养，积极承担社会责任，维护国家、社会和人民的根本利益。我国食品企业坚持稳中求进，积极推动高质量发展。我国政府积极推动食品企业履行社会责任，并出台一系列相关政策，对食品企业社会责任的方向和重点领域提出了要求。例如，2020 年，国家市场监督管理总局发布《食品销售者食品安全主体责任指南（试行）》，强调食品销售者应当严格履行食品安全主体责任，合法合规开展销售经营活动。2021 年，《中华人民共和国反食品浪费法》强调了食品生产经营者要保障粮食安全，拒绝浪费。2022年，《促进绿色消费实施方案》强调加快提升食品消费绿色化水平，推动餐饮持续向绿色、健康、安全发展，加强对食品生产经营者食品浪费情况的监督。

　　然而，在党和国家高度重视食品企业社会责任的同时，食品企业违法、违德行为仍然层出不穷，特别是在移动互联背景下，食品企业的社会责任问题被更多曝光。例如：一些网红餐饮一味追求流量和影响力，忽略了食品安全底线；某大型商品超市在新型冠状病毒感染疫情防控期间哄抬物价。快捷的信息技术环境，使关于食品企业社会责任缺失的信息广泛传播。积极履行企业社会责任，增强食品企业竞争力，促进食品行业健康持续发展，以提升人民幸福感，对食品企业来说尤为重要。

　　本书围绕中国食品企业社会责任及治理策略展开深入研究，重点探讨食品企业的社会责任是什么？食品企业社会责任的成因是什么？食品企业履行社会责任的动力来源及作用机制是什么？食品企业社会责任问题如何治理？……通过回顾已有研究，可以发现，虽然学者关于企业社会责任的研究不胜枚举，但较少有对特定行业企业社会责任问题和诱因的整体研究；关于企业社会责任驱动因素研究的理论基础较为单薄，缺乏系统性，系统的实证研究有待丰富；关于食品企业社会责任的驱动因素、实践和企业绩效之间的关系尚未被深入探讨。多数关于食品企业社会责任治理的已有研究，已不再适用于移动互联背景下社会的深刻变化。因此，在移动互联背景下，如何抽丝剥茧、探析食品企业社会责任问题，探明食品企业社会责任实践的动力来源与作用机制，提出移动互联背景下食品企业的可持续社会责任治理策略，成为备受当前学界关注的问题。

本书通过分析已有研究成果和现实案例，从规避风险和激励实践两个视角出发，探讨食品企业社会责任与治理策略。规避风险是指发现食品企业社会责任存在的差距、缺失及其诱因，并针对具体问题提出治理策略；激励实践是指通过分析企业社会责任的动力来源及作用机制，探讨如何对食品企业社会责任进行长效治理。

具体而言，本书主要包括以下四个方面的内容：

（1）食品企业社会责任的内涵、价值与机遇挑战研究。本书基于食品企业社会责任理论、食品供应链理论和可持续发展理论，运用定量研究与定性研究方法，结合实际案例，总结出移动互联背景下食品企业社会责任的内涵、价值、特征、机遇和挑战。

（2）食品企业社会责任问题及其诱因研究。本书将食品企业社会责任问题分为食品企业社会责任差距和食品企业社会责任缺失。其中，食品企业社会责任差距是指中国食品企业与国际知名企业、消费者期望存在的差距，并对食品企业社会责任缺失的诱因进行探讨。

（3）食品企业社会责任的动力来源及作用机制研究。本书系统探究食品企业社会责任的动力来源，并进一步检验中国食品企业社会责任的作用机制，展开食品企业社会责任动力来源及效果研究、企业社会责任动机与利益相关者压力对食品企业社会责任影响的研究。

（4）食品企业社会责任治理研究。本书将食品企业社会责任治理分为企业社会责任（CSR）问题治理和企业社会责任长效治理，分别对应移动互联时代食品企业社会责任问题治理策略研究、食品企业社会责任长效治理策略研究。

基于对上述问题的深入研究，本书得出以下研究结论：

（1）食品企业社会责任的内涵、价值及面临的机遇和挑战。

①从食品供应链视角界定食品企业社会责任的内涵：食品供应链上涉及的所有主体企业，包括初级农产品产销企业、食品制造加工企业、食品物流企业、食品经销企业，以及移动互联背景下食品零售平台和生活服务类平台等，主动承担从种子到餐桌、垃圾处理与回收利用等全过程的八个方面的社会责任，即安全与健康、社区、环境、劳工与人权、动物福利、生物技术、公平贸易、采购。

②归纳了企业社会责任金字塔模型、基于利益相关者的企业社会责任模型

和食品供应链社会责任模型，提出"食品企业可持续社会责任模型"。

③移动互联背景下食品企业社会责任的三大特征：数字化、平台化、共享化。三大机遇：食品消费向健康营养、可持续升级，数字技术赋能食品企业高质量发展，互联、共享促进食品企业的社会责任实现与价值共创。三大挑战：消费者对食品企业社会责任有更高的期望，食品企业社会责任面临更大的网络舆情风险，食品行业碳排放对环境污染及气候变化的负面影响依然严峻。

（2）食品企业社会责任问题及其诱因研究。

①本书通过食品企业社会责任报告对国内外品牌食品企业社会责任履行进行比较分析，发现中国食品企业与其他国家食品企业社会责任履行存在如下差距。

A. 对食品供应链的监管重视不足，利益相关者的社会责任承担不足。

B. 对食品健康与营养重视不足，对农民问题缺乏关注，对员工权益关怀不够。

C. 在水资源保护方面投入不足，未能实现动物福利的持续改善。

②本书通过内容分析法和问卷调查法对中国食品企业社会责任与消费者感知的食品企业社会责任重要性进行比较，发现中国食品企业社会责任实践与消费者期望存在如下差距。

A. 食品企业在采购过程中，在不滥用权力、使用弱势供应商和公平公正对待供应商方面没有达到消费者期望；在公平贸易中，食品企业很少承诺不欺骗消费者等。

B. 在健康与安全责任中，消费者更加关注食品安全的信息披露、卫生环境、不含有害物质等问题，然而食品企业很少重视这些问题；在社区责任方面，食品企业对解决当地居民住房、关注儿童、发展农民经济等方面社会投入不足，在员工隐私、员工集体协商、员工申诉渠道、不强迫员工等方面还做得不够。

C. 食品企业在污染物处理、水资源保护、森林保护、生物多样性保护等方面没有达到消费者期望，在保护动物福利和生物技术方面的举措与消费者期望基本一致。

③本书基于网络媒体和中国中央电视台"3·15"晚会曝光的食品企业社会责任缺失负面案例，利用"5W1H1S"分析法，归纳在受损者、细分行业、供应链、移动互联背景下食品企业社会责任缺失的范畴及频次。

A. 受损者：食品企业社会责任缺失造成了消费者、员工、合作伙伴、股东、环境和动物等相关者的权益损害。其中，消费者是受损最严重的相关者，食品中含有毒有害物质、食品质量不合格、食品生产卫生环境不合格等高频问题，都严重伤害了消费者的权益。

B. 细分行业：食品企业社会责任缺失普遍发生在农业、林业、畜牧业、渔业、农副食品加工业、食品制造业等领域，发生问题较多的行业是食品制造业、餐饮业和零售业。

C. 供应链：食品企业社会责任缺失发生在食品供应链的种养殖/生产、加工/制造、销售和消费/回收等多个环节。加工/制造环节是发生问题最多的环节，其次是销售环节；食品安全与健康问题是各个环节都会发生且频次最高的问题。种养殖/生产环节出现的高频问题有企业商业行为破坏环境、损害公共利益，加工/制造环节出现的高频问题有欺骗消费者、损害股东权益、员工工作条件恶劣。

D. 移动互联背景：移动互联背景下，食品企业社会责任缺失的主要受损者是消费者、员工、环境、合作伙伴和社会大众的公共利益，其中食品质量不合格、哄抬物价、算法压榨员工是发生频次较高的问题，这些问题集中发生在外卖送餐、互联网零售和互联网生活服务平台的销售和流通/配送环节。

④基于商业生态系统和定性比较分析（QCA），探寻移动互联时代背景下食品企业社会责任缺失的诱因，如国家政策不健全、消费者认知不足、移动互联技术快速发展等宏观因素，行业规范不完善、检测能力不够、日常监管不到位等中观因素，企业或个人追求短期利益、对社会责任认知不足等微观因素。

（3）食品企业社会责任动力来源及作用机制研究。

①食品企业社会责任动力来源及效果研究：本书运用文献研究法、问卷调查法，采用"动力因素—实践活动—履行效果"的分析框架，从这三方面对中国食品企业履行社会责任的一手数据进行详尽分析，得出如下结论。

A. 依据 Hoffman（2000）对商业环境的分类、Chkanikova 和 Mont（2015）对食品企业供应链责任动力的分类，以制度理论、利益相关者理论、代理理论、动态能力理论为指导，总结出影响食品企业社会责任的六大动力因素，即制度动力、社会动力、技术动力、市场动力、供应链动力和企业内部动力，构建了"宏观（社会）—中观（行业）—微观（企业）"的食品企业社会责任三层动力模型。同时，在上海国家会计学院（SNAI）企业社会责任指数和社会责任国际标准体系 SA8000 的基础上，构建了食品企业社会责任五维实践模型，包括消费者责任、环境责任、员工责任、社会责任、法律和商业道德责任五个方面。

B. 在食品企业社会责任实践方面，大多数样本企业都能坚守安全底线，履行食品安全责任。同时，中国食品企业履行社会责任的实践主要体现在消费者责任、法律和商业道德责任及员工责任方面，而在环境责任与社会责任方面的实践相对较差，可见，中国食品企业社会责任的实践内容较为狭窄，主要局限在与自身利益高相关的对象，且重在满足诚信守法的基本制度要求，社会责任实践显得较为被动。

C. 在食品企业社会责任动力方面，法律制度的外部强制性约束对中国食品企业履行社会责任产生了巨大的驱动力。同时，因消费者需求产生的市场机会、企业声誉、企业社会责任价值观也是中国食品企业履行社会责任的重要动力来源。资金、专业知识与技术的缺乏，不良竞争、员工社会责任参与意识不足，是中国食品企业履行社会责任的主要阻碍因素。

D. 在食品企业社会责任履行效果方面，中国食品企业履行社会责任的效果更多体现在塑造良好的企业品牌形象、赢得消费者信任及提升顾客满意度等无形效果上，而较少体现在降低成本、提高财务绩效等有形效果上。

E. 在食品企业社会责任实践活动、动力因素、履行效果的单因素方差分析上，部分样本特征确实在以上三方面产生了影响。一般情况下，企业成立年限越久、规模越大，越有能力履行社会责任，越在乎企业声誉，塑造良好企业品牌形象的效果越显著；国有企业在社会责任、环境保护方面的制度要求更加严格，对制度、社会方面的社会责任履行驱动因素更为敏感。

②食品企业社会责任履行动机与利益相关者压力对食品企业社会责任履行的影响研究：本书构建了影响食品企业社会责任履行的作用机制模型，实证检验了食品企业社会责任履行的驱动因素、实践和企业绩效之间的关系，同时考察了食品企业社会责任动机（内部动机）和利益相关者压力（外部压力）对食品企业社会责任实践的影响，以及食品企业社会责任实践对企业财务绩效和非财务绩效的影响。本研究从主动和被动视角考察影响食品企业社会责任的前因变量，并引入 CSR 导向文化作为食品企业社会责任实践与前因变量之间关系的调节变量，得出如下结论。

A. 大多数样本企业参与企业社会责任实践是出于强烈的道德动机，而不是出于工具动机。

B. 道德动机对企业社会责任实践的影响高于利益相关者压力对企业社会责任实践的影响，可见，在促使企业履行社会责任方面，内部动机比外部压力更有效。

C. 企业社会责任实践对企业的财务绩效和非财务绩效都有积极影响，但对财务绩效的影响更为显著。

D. CSR 导向文化在道德动机与企业社会责任实践的关系中具有显著的正向调节作用，表明企业社会责任文化水平越高，越有可能出于道德目的履行社会责任，反映了中国传统文化对企业社会责任履行行为的影响。

（4）移动互联背景下食品企业社会责任问题治理策略研究。

基于企业社会责任治理理论、可持续发展理论，本书采用文献研究和案例研究方法，并结合两级（企业/行业）社会责任地图和食品企业社会责任问题模型，形成三维度七议题十五条策略：①在经济可持续方面，搭建共享系统保障供应链效率和质量，通过数据技术实现对食品企业的精准服务，保障对供应链主体的全流程管理；通过社交媒体与利益相关者合作、利益相关者主动参与企业社会责任共创与共享价值，保护利益相关者利益；②在社会可持续方面，促使食品生产实现标准化和精细化管理，顺应消费者健康需求创新产品，技术赋能食品供应链，智慧治理食品健康与安全问题，将社会责任观念融入食品企业文化，通过平台算法治理保障员工权益，使食品供应链主体贯彻社会责任理念、承担供应链责任，创造社会价值；③在环境可持续方面，预防、处理、改善污染与废弃物，保持食品全过程清洁生产，处理食品企业污染物与废弃物，改进食品企业生态理念和实践、推崇循环经济、使用可持续包装、减少食物浪费，保护供应链生态。

（5）移动互联背景下食品企业社会责任长效治理策略研究。

基于企业社会责任治理理论、PDCA 循环理论，本书采用文献研究法和案例研究法，提出移动互联背景下食品企业社会责任"D-PDCA"长效治理策略。这一治理策略共包括五个阶段、十四个决策步骤：

A. 加强食品企业社会责任驱动力（Driver）：提升高层管理者企业社会责任意识，强化企业社会责任内部动力，外部利益相关者的压力驱动。

B. 明确食品企业社会责任的特殊性与新需求（Plan）：明确食品企业社会责任工作定义，食品企业社会责任八大议题，外部性视角下的企业社会责任定位。

C. 移动互联技术赋能食品企业社会责任的实施（Do）：加强对员工的企业社会责任培训，政府财务支持与行业协会引领，移动互联技术的应用与赋能。

D. 食品企业社会责任的评估（Check）：内部审计，标杆管理，社会监督。

E. 食品企业社会责任的沟通与制度化（Act）：移动互联环境下的双向沟通，以制度化手段确定企业社会责任新知识。

本书的学术价值体现在：①明确了食品企业社会责任的内涵与价值；创新

性地总结出移动互联背景下食品企业社会责任的三大特征、三大机遇和三大挑战；界定了食品企业社会责任问题，提出食品企业社会责任问题＝食品企业社会责任差距＋食品企业社会责任缺失。②系统探明了中国食品企业社会责任动力来源，构建了食品企业社会责任三层动力模型；将食品企业社会责任驱动因素分为食品企业社会责任动机和利益相关者压力，从主动和被动的视角丰富了食品企业社会责任的前因变量研究。③构建了食品企业社会责任问题治理模型与移动互联背景下食品企业社会责任"D－PDCA"长效治理模型，形成了具有系统性、长期性和可操作性的食品企业社会责任治理策略，拓展了食品企业社会责任治理策略边界，突出了移动互联的时代背景，丰富了食品企业社会责任治理理论。

本书的应用价值体现在：①帮助食品企业识别企业社会责任问题、规避风险；深度聚焦食品安全问题的关键诱因，将问题消除在萌芽中，保障食品安全和消费者健康，提升人民幸福感。②明确中国食品企业社会责任驱动因素与绩效，引导管理者重视企业社会责任及责任文化，提高管理者社会责任意识，激励食品企业践行社会责任，增强食品企业竞争力。③引导食品企业树立科学、系统、长效的社会责任治理理念，为食品企业社会责任实践的规划、设计、实施等整个流程提供行动指南，提升食品企业社会责任水平，促进食品行业健康持续发展。

本书得益于国家社会科学基金重点项目"移动互联背景下中国食品企业社会责任问题与治理策略研究"（18AGL010）和四川省哲学社会科学规划重大项目"新形势下四川推进全面消费绿色转型研究"（SC22ZD008）的资助，在此表示感谢。

在本书研究和出版的过程中，我们获得了很多宝贵的帮助。感谢时任成都市统筹城乡和农业委员会投资与对外合作处处长阳泽江先生，成都源本生鲜科技有限公司徐晓晨先生、杨健先生，顺丰冷链物流公司罗乔先生对研究过程中各项调研、考察和访谈的鼎力支持。感谢左仁淑教授、李蔚教授、谢晋宇教授、祖旭老师、丁磊老师、毛振福老师、李大林老师等同仁，李雨轩、韩小云、崔发生等博士，以及李欣阳、龚馨雨、蒲玉等硕士，对本书写作提供的帮助与支持。

最后，再次对所有付出心血和给予帮助的各界朋友表示诚挚的谢意，正是大家的支持和鼓励，才使本书得以顺利出版。

余伟萍

目　录

理论基础篇

问题诱因篇

动力效果篇

治理策略篇

·理论基础篇·

第一章　概　论

第一节　研究背景

一、现实背景

党的二十大报告提出，"我们要坚持以推动高质量发展为主题，把实施扩大内需战略同深化供给侧结构性改革有机结合起来"[①]。我国食品企业坚持稳中求进的总基调，积极推动高质量发展。据《2022 年中国食品工业经济运行报告》统计，2022 年食品工业占全国工业 5.1％的资产，创造了 7.1％的营业收入，完成了 8.1％的利润总额增长[②]，是我国经济增长的重要驱动力。党的十九大报告指出，实施健康中国战略是提高和改善民生水平的重要途径，保障食品安全、让人民吃得放心是提升人民获得感、幸福感和安全感的前提。食品行业作为保障民生需求的核心行业，不仅需要切实保障产品质量安全，还应遵循更高的道德伦理标准，积极承担社会责任，维护国家、社会和人民的根本利益。

食品直接影响人们的健康和生活质量（Shnayder 等，2015），食品供应链的特殊性和复杂性使得在整个供应链中保证食品安全变得更为困难（Shnayder 等，2015）。同时，整个食品供应链也存在巨大的环境压力，如外卖产生的塑料垃圾、食品加工运输过程中的碳排放，阻碍了中国碳达峰、碳中和目标的实现。在移动互联背景下，消费者的生活习惯、需求也逐渐发生改变，如消费者

[①]　习近平：《高举中国特色社会主义伟大旗帜　为全面建设社会主义现代化国家而团结奋斗——在中国共产党第二十次全国代表大会上的报告》，人民出版社，2022 年。

[②]　中国食品工业协会：《2022 年中国食品工业经济运行报告》，http://lwzb. stats. gov. cn/pub/lwzb/bztt/202306/W020230605413585430914. pdf。

的线上消费行为和营养健康需求大幅增加。积极履行食品企业社会责任，加快数字化转型与企业低碳转型，增强食品企业竞争力，提高食品企业自身的创新和响应能力，促进食品行业健康持续发展，提升人民幸福感，对食品企业来说尤为重要。

我国政府一直高度重视食品企业的社会责任，积极推动食品企业履行社会责任，并出台一系列相关政策，对食品企业社会责任履行的方向和重点领域提出了要求。例如，2019 年 3 月 26 日，国务院第 42 次常务会议修订通过《中华人民共和国食品安全法实施条例》，强调从事生产经营活动的经营者应当严格依照法律、法规和食品安全标准，建立健全食品安全管理制度，采取有效措施预防和控制食品安全风险，保证食品安全①。2020 年，国家市场监管总局发布《食品销售者食品安全主体责任指南（试行）》，强调食品销售者应当严格履行食品安全主体责任，合法合规开展销售经营活动②。2021 年，《中华人民共和国反食品浪费法》强调了食品生产经营者要保障粮食安全，拒绝浪费③。2022 年，《促进绿色消费实施方案》强调加快提升食品消费绿色化水平，推动餐饮持续向绿色、健康、安全发展，加强对食品生产经营者反食品浪费情况的监督④。

然而，虽然党和国家高度重视食品企业社会责任，但食品企业违法、违德行为仍然层出不穷，特别是在移动互联背景下，食品企业暴露出新的社会责任问题。快速迭代的技术环境使食品企业社会责任缺失的相关信息跨越时空障碍，在多元利益相关者之间高速传播、广泛扩散，导致了新问题的发酵、激荡与失序（彭小兵、邹晓韵，2017）。食品产业涵盖了多个行业领域，如农业、畜牧业、渔业、食品加工、包装储运、餐饮和互联网服务等，食品供应链各个环节都有可能出现社会责任问题。例如，一些企业在种养殖/生产环节，滥用违禁农兽药，在加工制造环节超量或超范围使用食品添加剂、虚假包装、非法排污等；在销售环节，一些餐饮店铺卫生环境不合格、不道德营销等；在流通配送环节，存在食品保存不当、一些平台恶意压榨骑手剩余价值等。总之，食

---

① 《中华人民共和国食品安全法实施条例》，https://www.gov.cn/zhengce/content/2019-10/31/content_5447142.htm。

② 《市场监管总局办公厅关于印发〈食品销售者食品安全主体责任指南（试行）〉的通知》，https://www.hunan.gov.cn/zqt/zcsd/202011/t20201105_13951286.html。

③ 《中华人民共和国反食品浪费法》，https://www.gov.cn/xinwen/2021-04/29/content_5604029.htm。

④ 《促进绿色消费实施方案》，https://www.ndrc.gov.cn/xwdt/tzgg/202201/P020220121303052384813.pdf。

品供应链任何环节出现问题都会严重影响或威胁食品企业的可持续发展。

在移动互联背景下,食品企业社会责任问题更加多样、复杂和易扩散。如何抽丝剥茧、层次分明地系统研究食品企业社会责任问题及诱因,探明食品企业社会责任实践的动力来源与作用机制,提出移动互联背景下兼顾经济、社会、环境层面的食品企业可持续社会责任治理策略,以及食品企业社会责任长效治理策略,成为当前亟须解决的问题。

二、理论背景

企业社会责任(Corporate social responsibility,CSR)概念起源于 Bowen(1953)对商人社会责任的界定。他认为商人的社会责任指的是,商人有义务执行那些在我们社会的目标和价值方面可取的政策、决定和行动路线。食品企业社会责任属于企业社会责任的研究范畴之一,但又具有行业特殊性。近年来,由于食品安全事件、环境问题日益受关注,消费者社会责任意识增强,食品企业履行社会责任变得更加紧迫和必要。以往研究(王海燕等,2020;Carissa 和 Morgan,2018)表明,食品企业社会责任必须跨越单个企业边界,将社会责任延伸至整个食品供应链,才能带来食品企业社会责任的根本改善。本书借鉴 Maloni 和 Brown(2006)的成果,从食品供应链视角将食品企业社会责任界定为食品供应链上涉及的所有主体企业,包括初级农产品企业、食品制造加工企业、食品物流企业、食品经销企业,以及移动互联背景下食品零售平台和生活服务类平台企业等,主动承担从种子到餐桌以及垃圾处理回收利用等全过程八个方面的社会责任,即安全与健康、社区、环境、劳工与人权、动物福利、生物技术、公平贸易、采购。

本书明确提出企业社会责任问题包括企业社会责任差距和企业社会责任缺失。关于企业社会责任缺失(Corporate Social Irresponsibility,CSI),以往学者主要从利益相关者视角(Pearce 和 Manz,2011;Alcadipani 和 Rodrigues,2019;Zhang 等,2021)对食品企业社会责任缺失进行定义,从利益相关者受到的伤害(Scheidler 和 Edinger-Schons,2020)、人类学伦理规范(Xie 和 Bagozzi,2019)、归因理论(Nardella 等,2020)、行为动机(Lin 和 Muller,2013)和生态系统理论(Zhang,2020)对企业社会责任缺失进行归纳。在企业社会责任缺失的诱因方面,学者的研究主要集中于社会系统环境(Keig 等,2015;Gonin 等,2012;Mombeuil 等,2019)、行业环境(Walker,2019)、组织因素(Yuan 等,2020;Greve 等,2010;Asmussen 和 Fosfuri,2019;

Jain 和 Zaman，2020）、企业个人因素（Pearce 和 Manz，2011；Ashkanasy 等，2006）等。在研究对象方面，多数学者主要以上市公司、跨国企业等为研究对象，少数学者对发展中国家的企业进行了研究。在研究视角方面，大部分研究文献只针对某一类企业社会责任缺失进行研究，研究情景也各不相同，所得出的结论无法在同一个情境中使用，较少对特定行业企业社会责任缺失和诱因进行系统研究。因此，后续研究有必要探讨不同视角下企业社会责任缺失和诱因之间的相互影响与形成机制。

企业的本质是实现盈利，探讨中国食品企业在利益最大化目标下履行企业社会责任的原因是很有吸引力的。通过对相关文献的梳理，本书认为食品企业履行社会责任的原因大致可以分为内部动机和外部压力两个方面。内部动机主要包括建立良好的品牌形象或赢得企业声誉（El Baz 等，2016；Vo 和 Arato，2020），获得市场竞争优势（Garst 等，2017；Sajjad 等，2015），促进企业的长期发展（Shnayder 等，2016；Zhang 等，2018），改善经济绩效（Chkanikova 和 Mont，2015；Ghadge 等，2017）；外部压力主要指遵守相关法律法规（D. Zhang 等，2019；Zuo 等，2017）和满足利益相关者的期望和需求（Chkanikova 和 Mont，2015；Setthasakko，2007；Shnayder 等，2016）。虽然关于企业社会责任的驱动因素已有大量研究，但相关研究的理论基础较为单一，缺乏系统性；且大多数研究都是理论性的，系统的实证研究有待丰富。本书将通过实证研究分析企业社会责任的驱动因素，以弥补该领域的研究空白。在食品行业，企业社会责任的驱动因素、履行和企业绩效之间的关系尚未被深入探索。因此，我们有必要探讨中国食品企业履行社会责任的前因后果，明确为什么中国食品企业会在利润最大化的目标下履行企业社会责任。

在企业社会责任治理方面，国外学者提出了大量的治理框架，从元治理网络（Albareda 等，2018）、企业社会角色战略（Steyn 和 Niemann，2014）、供应链企业社会责任战略（Heikkurinen 和 Forsman，2011）、战略社会责任管理（Kuokkanen 和 Sun，2020）等角度归纳了企业社会责任治理范式。目前，国内学者的研究集中在平台企业社会责任治理，其中尤以平台企业社会责任生态系统治理（肖红军和张力，2021）和平台化三层次治理（肖红军和李平，2019）研究最为突出。由于食品企业的特殊性，食品安全的数字化治理（Mock 等，2013；Poppe 等，2013；Zhi 等，2017；陶光灿等，2018）也是研究热点。这些研究成果为食品企业的社会责任治理策略提供了新的思路。然而，目前仍然缺少针对食品行业特殊性制定的精准治理策略。此外，在食品企业社会责任的长效治理策略方面，当前关于企业社会责任实施的研究文献倾向于详细列出企业社会责任实施过程中的各个步骤，如从制定企业社会责任政策到评估企业社会责任绩效（如 Were，2003；Cramer，2005；Maignan 等，2005；Maon 等，2009；Tourky 等，2019）。这些关于企业社会责任运作机制的研究虽阐明了企业社会责任从理念转化为实践的过程（如 Cramer，2005），但是研究内容却较为陈旧，已不适用于移动互联背景下企业的发展。数字时代不仅改变了企业与消费者的沟通、互动、共创方式，也在不断创新企业社会责任实践的范式（Sharma 等，2020；Verk 等，2021）。在移动互联背景下，为食品企业履行社会责任提供长效治理策略具有极高的现实意义。

三、问题提出

基于上述现实和理论背景，本书围绕中国食品企业社会责任及治理策略展开研究，重点解决食品企业社会责任是什么？食品企业社会责任问题及诱因是什么？食品企业社会责任动力来源及作用机制是什么？食品企业社会责任如何治理？详情如图 1-1 所示。

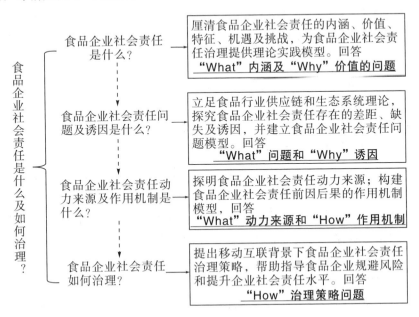

图 1-1 研究问题

第二节　研究意义

一、理论意义

（1）本书从供应链、可持续发展等多个理论视角丰富了食品企业社会责任的研究。首先，本书基于食品供应链的视角，界定了食品企业社会责任的内涵。其次，将供应链视角和可持续发展视角有机融合，提出食品企业可持续社会责任模型，扩展且优化了企业社会责任模型在食品企业中的运用。最后，本书结合移动互联背景，创新性地总结出食品企业社会责任的五大价值、三大特征、三大机遇和三大挑战。

（2）为食品企业社会责任缺失理论的细分和深化奠定基础，创造性界定了食品企业社会责任问题，明确提出了"食品企业社会责任问题＝食品企业社会责任差距＋食品企业社会责任缺失"的观点。

（3）厘清了移动互联背景下食品企业社会责任缺失诱因的内在关联。针对不同类型的食品企业社会责任缺失，形成系统的诱因集合和诱因链条，深化了食品企业社会责任缺失的诱因研究，从源头上为食品企业社会责任治理策略的制定提供理论依据。

（4）系统探明了中国食品企业社会责任实践的动力来源及作用机制。本书构建了"宏观（社会）—中观（行业）—微观（企业）"的食品企业社会责任三层动力模型，将企业社会责任驱动因素分为企业社会责任动机（内部动机）和利益相关者压力（外部压力）两部分，从主动和被动的视角对企业社会责任的前因变量进行了研究。研究中还引入 CSR 导向文化作为调节变量，构建了中国食品企业社会责任前因后果的作用机制模型，丰富了食品企业社会责任驱动因素的相关研究，为食品企业社会责任治理策略提供理论基础。

（5）拓展了食品企业社会责任治理模型。本书构建了移动互联背景下食品企业社会责任问题治理模型和"D－PDCA"长效治理模型，形成了具有系统性、长期性和可操作性的食品企业社会责任治理策略，拓展了食品企业社会责任治理策略的边界，突出了移动互联的时代背景，丰富了食品企业社会责任治理理论。

二、实践意义

（1）为食品企业社会责任实践提供理论指导和实践参考。本书归纳企业社会责任模型，提出食品企业可持续社会责任模型，精炼食品企业社会责任五大价值，总结移动互联背景下食品企业社会责任三大特征、三大机遇和三大挑战，帮助食品企业明确其所承担的责任，为食品企业提供了移动互联背景下履行社会责任的方向，为其深化社会责任意识、履行社会责任提供价值指导。

（2）帮助食品企业明确企业社会责任问题，规避风险。通过与国外品牌食品企业社会责任以及消费者期望的企业社会责任的比较分析，明确食品企业社会责任差距。通过从媒体获取的食品企业负面新闻，明确食品企业社会责任缺失的状况。

（3）为食品企业准确把握移动互联背景下企业社会责任缺失诱因提供思路借鉴。本书从宏观、中观和微观三个角度归纳移动互联背景下食品企业社会责任缺失的诱因，并通过食品供应链对食品安全问题的诱因进行单独分析，帮助食品企业了解移动互联背景下企业社会责任缺失的新特点，及时精准把握问题发生的风险点；深度聚焦食品安全问题的关键诱因，将问题消除在萌芽状态。

（4）明确中国食品企业社会责任驱动因素与绩效。通过分析食品企业社会责任动力来源及作用机制，明确中国食品企业社会责任实践的不足、动力及阻力来源，企业社会责任的有形与无形回报，引导管理者重视企业社会责任及责任文化，提高管理者社会责任意识，帮助管理者制定社会责任策略，激励中国食品企业践行社会责任。

（5）为食品企业社会责任治理提供实践策略。本书构建的食品企业可持续社会责任治理策略，为食品企业科学解决社会责任问题提供实践指导，帮助食品企业治理底线责任缺失，规避底线责任风险。本书构建的移动互联背景下食品企业社会责任"D－PDCA"长效治理模型，为中国食品企业社会责任提供长效治理策略，在企业社会责任实践的规划、设计、实施等整个流程上提供行动指南，指导管理者识别企业实践社会责任过程中的关键成功因素，从而提升中国食品企业社会责任实践水平，促进食品行业可持续发展，进一步保障食品安全，增强人民幸福感。

第三节 研究思路、内容与方法

一、研究思路

本书总框架由理论基础、问题诱因/作用机制、治理策略构成（详见图1-2），按照"总—分—总"的思路展开研究。本书围绕食品企业社会责任与治理策略展开深入研究，基于企业社会责任理论、利益相关者理论和食品供应链理论，提出"食品企业社会责任是什么及如何治理"的研究问题，并将其分解为如下几项研究内容：

（1）食品企业社会责任是什么？

（2）食品企业社会责任的问题及诱因是什么？

（3）食品企业社会责任的动力来源及作用机制是什么？

（4）食品企业社会责任治理策略是什么？

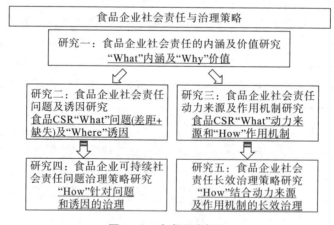

图1-2 本书研究框架

首先，本书从食品企业社会责任理论、利益相关者理论、食品供应链理论出发，明确食品企业社会责任的内涵，归纳出三类企业社会责任模型，并提出食品企业可持续社会责任模型，提炼食品企业社会责任五大价值，归纳移动互联背景下食品企业社会责任的三大特征、三大机遇和三大挑战。

其次，本书通过对现有文献的整理和对现实案例的观察，从规避风险和激励实践两个视角出发展开研究。规避风险是指发现食品企业社会责任存在的差距、缺失问题和诱因，并针对这些具体问题进行治理；激励实践是指分析食品企业社会责任的动力来源和作用机制，并据此进行长效治理。本书研究思路结构图见 1-3。

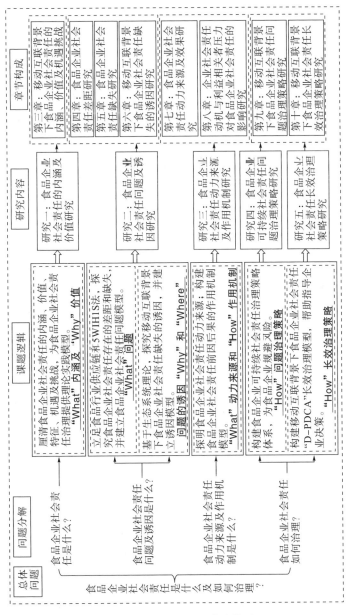

图 1-3　本书研究思路结构图

二、研究内容

本书以食品企业社会责任理论、利益相关者理论、食品供应链理论为基础，在明确移动互联背景下食品企业社会责任的内涵、价值与机遇挑战的基础上，分析食品企业社会责任差距与缺失、缺失诱因，探索中国食品企业社会责任动力来源，探明中国食品企业社会责任作用机制的前因后果，提出中国食品企业可持续社会责任治理策略，以及移动互联背景下中国食品企业社会责任长效治理策略。本书主要研究内容如下。

（一）专题一：食品企业社会责任的内涵、价值及机遇挑战研究

基于食品企业社会责任理论、食品供应链理论和可持续发展理论，运用定量与定性文献研究方法，界定出食品企业社会责任的内涵，归纳出食品企业社会责任金字塔模型、基于利益相关者的社会责任模型、食品供应链社会责任模型，并提出"食品企业可持续社会责任模型"；提炼出移动互联背景下食品企业社会责任的价值、特征、机遇和挑战。

（二）专题二：食品企业社会责任问题及诱因研究

本书明确提出"食品企业社会责任问题＝食品企业社会责任差距＋食品企业社会责任缺失"的观点。其中，"食品企业社会责任差距"是指中国食品企业与国际知名企业对标产生的企业社会责任差距、与消费者期望的企业社会责任之间的差距。针对这一主题，将从以下四个部分展开深入研究。

（1）食品企业社会责任差距研究。

基于企业社会责任理论、食品供应链理论、可持续发展理论和食品行业供应链企业社会责任框架（Maloni 和 Brown，2006）展开以下研究：通过企业社会责任报告获取中国食品企业品牌（如伊利、蒙牛、海天等）和国外食品企业品牌［如雀巢（Nestlé）、泰森（Tyson）、达能（Danone）等］的社会责任实践数据，在健康与安全责任、环境责任、社区责任、公平贸易责任、生物技术责任、动物福利、劳工与人权责任、采购责任维度进行国内外比较分析，构建中国食品企业社会责任与国际知名企业对标的企业社会责任差距模型。基于食品行业供应链企业社会责任框架，通过企业社会责任报告获取中国上市食品企业社会责任实践数据，制作消费者感知食品企业社会责任实践重要性问卷，通过各维度比较分析，构建食品企业社会责任与消费者期望的企业社会责任差距模型。

（2）食品企业社会责任缺失研究。

基于利益相关者理论、企业社会责任理论和企业社会责任缺失模型（Scheidler 和 Edinger-Schons，2020），从主流媒体如央视"3·15"报道获取 2018 年 1 月—2021 年 6 月食品行业相关负面新闻共 150 篇，利用"5W1H1S"分析法，从食品企业社会责任缺失涉及的食品行业细分领域（缺失对象 Who）、相关受损者（缺失结果 Who）、供应链位置（Where）、移动互联背景（Scene）等不同视角详细描述发生频次（How much）及范畴（What），构建食品企业社会责任缺失模型。

（3）移动互联背景下食品企业社会责任缺失的诱因研究。

本书从两个视角展开对食品企业社会责任缺失诱因的分析：一是从商业生态理论的视角出发，系统探究食品企业社会责任缺失诱因；二是聚焦食品行业焦点，对食品安全关键问题展开诱因链分析。首先，本书以移动互联背景下食品企业社会责任缺失案例为样本，从宏观、中观和微观层次分析食品企业社会责任缺失诱因，利用比较定性分析法（QCA）得到诱因组合，构建食品企业社会责任缺失的诱因链；其次，本书以移动互联背景下食品安全问题为研究对象，利用案例分析法对产品生产环境/服务卫生不合格、产品质量不合格、违规使用药物/添加剂、直播平台销售假货四类食品安全问题进行详细探究并阐述诱因链。

（三）专题三：食品企业社会责任动力来源及作用机制研究

本书在梳理相关文献的基础上，系统探究食品企业社会责任动力来源，初步构建食品企业社会责任"动力因素—实践活动—履行效果"的逻辑模型，并对该模型进行进一步的实证检验，探究中国食品企业社会责任前因后果的作用机制，对应展开食品企业社会责任动力来源及效果研究、企业社会责任动机与利益相关者压力对食品企业社会责任的影响研究。

（1）食品企业社会责任动力来源及效果研究。

本书依据 Hoffman（2000）对商业环境的分类、Chkanikova 和 Mont（2015）对食品企业供应链责任动力的分类，以制度理论、利益相关者理论、代理理论、动态能力理论为指导，总结出食品企业社会责任六大动力，即制度动力、社会动力、技术动力、市场动力、供应链动力和企业内部动力，构建了"宏观（社会）—中观（行业）—微观（企业）"的食品企业社会责任三层动力模型；同时，在上海国家会计学院（SNAI）企业社会责任指数和社会责任国际标准体系 SA8000 基础上，构建了食品企业社会责任五维实践模型，包括消费者责任、环境责任、员工责任、社会责任、法律和商业道德责任五个方面；初步构建食品企业社会责任"动力因素—实践活动—履行效果"的逻辑模型，运用问卷调查法对中国食品企业社会责任实践及其前因后果进行探究。

（2）企业社会责任动机与利益相关者压力对食品企业社会责任的影响研究。

本书进一步对食品企业社会责任"动力因素—实践活动—履行效果"逻辑模型进行实证检验，在自变量维度将企业社会责任驱动因素划分为内部动机和外部压力两部分，同时考察企业社会责任动机（内部动机）和利益相关者压力（外部压力）对食品企业社会责任实践的影响，以及食品企业社会责任实践对企业财务绩效和非财务绩效的影响；从主动和被动的视角对食品企业社会责任的前因变量进行了研究，引入 CSR 导向文化作为调节变量，构建了中国食品企业社会责任前因后果的作用机制模型。

（四）专题四：移动互联背景下食品企业社会责任问题治理策略研究

本书基于企业社会责任治理理论、可持续发展理论，采用文献研究和案例研究方法，结合两级（企业/行业）社会责任地图和食品企业社会责任问题模型，从经济、社会、环境三个方面构建食品企业可持续社会责任治理策略；结合移动互联技术、食品行业供应链技术等，提出七大治理方向，分别为供应链主体全流程管理、利益相关者利益保护、食品健康与安全治理、食品企业员工权益保护、助力供应链弱势群体社会责任、食品企业污染与废弃物处理和供应链生态保护。

（五）专题五：移动互联背景下食品企业社会责任长效治理策略研究

本书基于企业社会责任治理理论、PDCA 理论，采用文献研究和案例研究方法，提出移动互联背景下食品企业社会责任"D-PDCA"长效治理策略，共包括五个阶段、十四个决策步骤：①加强食品企业社会责任驱动力（Driver）。提升高层管理者企业社会责任意识，强化企业社会责任内部动力，外部利益相关者的压力驱动。②明确食品企业社会责任的特殊性与新需求（Plan）。明确食品企业社会责任工作定义，食品企业社会责任七大议题，外部性视角下的企业社会责任定位。③移动互联技术赋能食品企业社会责任的实施（Do）。加强对员工的企业社会责任培训，政府财务支持与行业协会引领，移动互联技术的应用与赋能。④食品企业社会责任的评估（Check）。内部审计，标杆管理，社会监督。⑤食品企业社会责任的沟通与制度化（Act）。移动互联背景下的双向沟通，以制度化手段确定企业社会责任新知识。

三、研究方法

本书围绕中国食品企业社会责任与治理策略展开研究。为了保障研究的顺利开展，课题组采用案例研究、内容分析、定性比较分析、问卷调查等方法对多渠道搜集到的数据和材料进行分析研究，并在各个研究阶段召开主题学术研讨会，解决研究中的关键问题与重难点，提升研究质量，保证研究成果的科学性和有效性。

（1）文献研究和文献计量分析。通过中国知网（CNKI）、万方、EBSCO、EI 等数据库，收集已有关于食品企业社会责任、企业社会责任缺失及诱因、企业社会责任动力与绩效、企业社会责任治理等领域的文献，总结已有研究的重要发现和不足，确定本书的切入点及拟解决的关键问题，选择适合该研究的理论建立分析框架，在内容分析、案例研究、逻辑推理和理论分析的基础上，提出逻辑模型与研究假设。同时，本书采用文献计量法，运用 CiteSpace 可视化工具，对三十多年（1990—2022 年）的国内外食品企业社会责任研究进行可视化分析，主要通过关键词频数统计和主题聚类分析，探析国内外食品企业社会责任研究的热点趋势，并在此基础上进行差异对比。

（2）专家法。本书基于权威理论和现实观察，明确移动互联时代的特征与食品企业社会责任内涵，邀请多名市场营销学教授、副教授、博士生，对食品企业社会责任的内涵与价值，尤其是移动互联背景下食品企业社会责任的特征进行独立判断和集体讨论，明确移动互联背景下食品企业社会责任的机遇与挑战。

（3）内容分析法。本书选择在上海证券交易所、深圳证券交易所上市的34 家食品企业，通过企业官网收集企业社会责任报告，基于食品行业供应链企业社会责任框架，分析上市食品企业社会责任履行水平；从 2018 年 1 月至 2021 年 6 月，以"食品"和"企业社会责任缺失"为关键词，在新闻报道中筛选出与食品企业社会责任缺失事件相关的 150 篇文章，按照"5W1H1S"的分析框架，从受损者、细分行业、供应链及移动互联视角，对食品企业社会责任缺失进行描述及频次统计，形成问题清单，为本书研究变量的选择和治理的构建提供依据。

（4）定性比较分析（QCA）。本书选择 2018 年 1 月至 2021 年 6 月期间的

20个移动互联背景下食品企业社会责任缺失案例为研究对象，以相关案例的新闻媒体报道为数据。基于商业生态系统理论的三个维度（宏观、中观、微观），通过变量赋值和路径分析，总结出食品企业社会责任缺失的七条路径，并建立不同缺失的诱因链条，为治理策略的建立提供依据。

（5）案例研究法。本书从2011年3月至2021年4月的央视"3·15"晚会报道和《南方周末》报道的社会责任警示事件中，选择与食品企业相关的40个事件作为案例来源，根据企业社会责任缺失类型统计，识别出食品企业中发生频率较高的四类食品安全与健康问题；将对应案例作为样本，采用多案例研究方法，建立每类食品安全与健康问题产生的诱因链，明确关键风险环节，为变量选择与模型构建提供依据。

（6）问卷调查法。在关于消费者感知食品企业社会责任重要性的研究中，本书基于食品企业供应链社会责任模型和中国上市企业发布的企业社会责任报告设计调查问卷，从消费者视角，探寻消费者感知的食品企业社会责任的重要性；在关于食品企业社会责任动力来源及效果的研究中，基于食品企业社会责任"动力因素—实践活动—履行效果"的逻辑模型进行问卷设计，以食品企业管理者为调研对象，收集和分析数据。在关于企业社会责任动机与利益相关者压力对食品企业社会责任的影响研究中，本书通过对中国食品企业管理者做问卷调查以收集相关数据。问卷数据通过两种渠道收集。首先，邀请在四川成都某大学攻读 MBA 或 EMBA 学位的食品企业管理者填写问卷，采用"滚雪球"的方式请被试推荐其他可能完成问卷的食品企业管理者。其次，通过委托专业的在线调研公司（问卷星，http://www.sojump.com）获取所需数据。所有数据均来自食品企业的高层、中层、基层管理者。

（7）统计分析法。本书用到的统计分析技术包括因子分析、信效度检验、频率统计和单因素方差分析等，运用 SPSS 统计分析软件，验证研究假设，修正理论模型。

第四节　技术路线

本书的研究技术路线如图1-4所示。

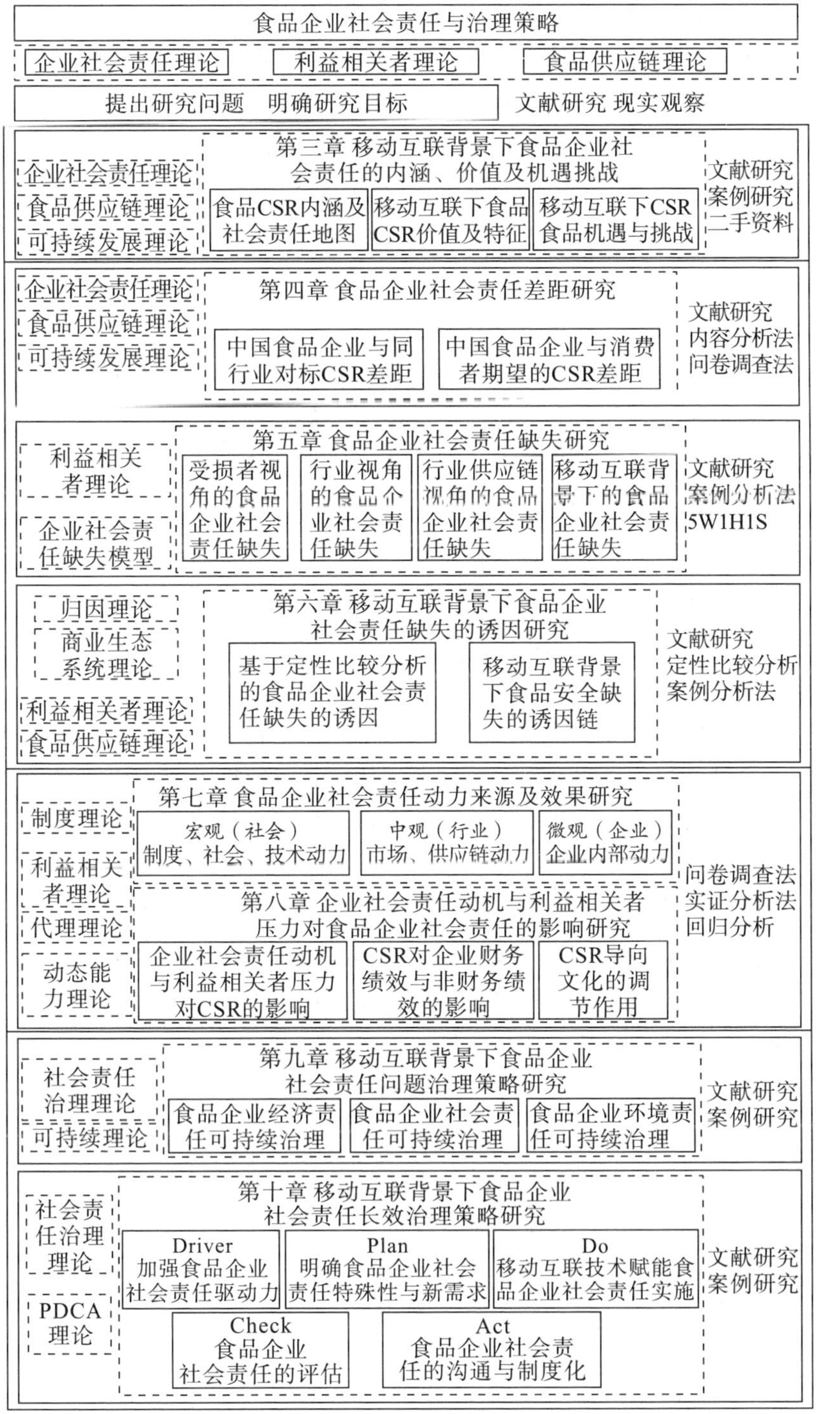

食品企业社会责任与治理策略

企业社会责任理论　利益相关者理论　食品供应链理论

提出研究问题 明确研究目标　文献研究 现实观察

企业社会责任理论
食品供应链理论
可持续发展理论

第三章 移动互联背景下食品企业社会责任的内涵、价值及机遇挑战

食品CSR内涵及社会责任地图 | 移动互联下食品CSR价值及特征 | 移动互联下CSR食品机遇及挑战

文献研究
案例研究
二手资料

企业社会责任理论
食品供应链理论
可持续发展理论

第四章 食品企业社会责任差距研究

中国食品企业与同行业对标CSR差距 | 中国食品企业与消费者期望的CSR差距

文献研究
内容分析法
问卷调查法

利益相关者理论
企业社会责任缺失模型

第五章 食品企业社会责任缺失研究

受损者视角的食品企业社会责任缺失 | 行业视角的食品企业社会责任缺失 | 行业供应链视角的食品企业社会责任缺失 | 移动互联背景导下的食品企业社会责任缺失

文献研究
案例分析法
5W1H1S

归因理论
商业生态系统理论
利益相关者理论
食品供应链理论

第六章 移动互联背景下食品企业社会责任缺失的诱因研究

基于定性比较分析的食品企业社会责任缺失的诱因 | 移动互联背景下食品安全缺失的诱因链

文献研究
定性比较分析
案例分析法

制度理论
利益相关者理论
代理理论
动态能力理论

第七章 食品企业社会责任动力来源及效果研究

宏观（社会）制度、社会、技术动力 | 中观（行业）市场、供应链动力 | 微观（企业）企业内部动力

第八章 企业社会责任动机与利益相关者压力对食品企业社会责任的影响研究

企业社会责任动机与利益相关者压力对CSR的影响 | CSR对企业财务绩效与非财务绩效的影响 | CSR导向文化的调节作用

问卷调查法
实证分析法
回归分析

社会责任治理理论
可持续理论

第九章 移动互联背景下食品企业社会责任问题治理策略研究

食品企业经济责任可持续治理 | 食品企业社会责任可持续治理 | 食品企业环境责任可持续治理

文献研究
案例研究

社会责任治理理论
PDCA理论

第十章 移动互联背景下食品企业社会责任长效治理策略研究

Driver 加强食品企业社会责任驱动力 | Plan 明确食品企业社会责任特殊性与新需求 | Do 移动互联技术赋能食品企业社会责任实施

Check 食品企业社会责任的评估 | Act 食品企业社会责任的沟通与制度化

文献研究
案例研究

图1-4　研究技术路线

根据研究技术路线图，本书的章节结构安排如下：

第一章：概论。明确研究问题，阐述研究背景和研究意义，说明研究内容及方法，介绍研究技术路线和结构安排，并指明研究的创新之处。

第二章：理论基础与文献综述。在企业社会责任理论、利益相关者理论、食品供应链理论基础上，通过对大量文献的研究，梳理食品企业社会责任影响因素、动力与绩效、缺失与诱因、治理领域的研究成果，指出其中存在的不足，明确本书切入点。

第三章：移动互联背景下食品企业社会责任的内涵、价值及机遇挑战。基于企业社会责任理论、食品供应链理论和可持续发展理论，界定食品企业社会责任的内涵，归纳企业社会责任金字塔模型、基于利益相关者的企业社会责任模型、食品供应链社会责任模型，并提出"食品企业可持续社会责任模型"，提炼出移动互联背景下食品企业社会责任的价值、特征、机遇和挑战。

第四章：食品企业社会责任差距研究。基于企业社会责任理论、食品供应链理论、可持续发展理论展开研究。第一，通过食品企业社会责任报告获取中国食品企业品牌和国外食品企业品牌的社会责任实践数据，在食品行业供应链CSR框架基础上进行国内外比较分析，构建中国食品企业社会责任与国际知名企业对标的企业社会责任差距模型；第二，基于食品行业供应链企业社会责任框架，构建消费者感知食品企业社会责任实践重要性问卷，再将之与中国上市食品社会责任实践数据进行比较分析，构建食品企业社会责任与消费者期望的企业社会责任差距模型。

第五章：食品企业社会责任缺失研究。基于利益相关者理论、企业社会责任理论和企业社会责任缺失模型，从主流媒体报道中选择2018年1月—2021年6月的食品行业相关负面新闻，共150篇，利用"5W1H1S"分析法，从社会责任缺失涉及的食品行业细分领域（对象Who）、受损者（结果Who）、供应链位置（Where）、移动互联背景（Scene）等不同视角，详细描述其发生频次（How much）及范畴（What），构建食品企业社会责任缺失模型。

第六章：移动互联背景下食品企业社会责任缺失的诱因研究。基于归因理论、商业生态系统理论、利益相关者理论，以移动互联背景下食品企业社会责任缺失案例为样本，从商业生态理论出发，分析食品企业社会责任缺失的宏观、中观和微观诱因，并利用定性比较分析（QCA）得到诱因组合，构建食品企业社会责任缺失的诱因链条；以产品生产环境/服务卫生不合格、产品质量不合格、违规使用药物/添加剂、直播平台销售假货四类移动互联背景下的食品安全问题为研究对象，利用案例分析法对四类问题进行详细描述并阐述其诱因链。

第七章：食品企业社会责任动力来源及效果研究。在梳理相关文献的基础上，基于制度理论、利益相关者理论、代理理论、动态能力理论，系统探究食品企业社会责任动力来源，总结食品企业社会责任六大动力因素，构建食品企业社会责任三层动力模型；初步构建食品企业社会责任"动力因素—实践活动—履行效果"的逻辑模型，运用问卷调查法对中国食品企业社会责任实践及其前因后果进行探究。

第八章：企业社会责任动机与利益相关者压力对食品企业社会责任的影响研究。进一步对食品企业社会责任"动力因素—实践活动—履行效果"逻辑模型进行实证检验，在自变量维度将企业社会责任驱动因素划分为内部动机和外部压力两部分，同时考察企业社会责任动机（内部动机）和利益相关者压力（外部压力）对食品企业社会责任实践的影响，以及食品企业社会责任实践对企业财务绩效和非财务绩效的影响，引入 CSR 导向文化作为调节变量，构建了中国食品企业社会责任前因后果的作用机制模型。

第九章：移动互联背景下食品企业社会责任问题治理策略研究。基于企业社会责任治理理论、可持续发展理论，采用文献研究和案例研究方法，结合两级（企业/行业）社会责任地图和食品企业社会责任问题模型，从经济、社会、环境三个方面构建食品企业可持续社会责任治理策略。

第十章：移动互联背景下食品企业社会责任长效治理策略研究。基于企业社会责任治理理论、PDCA 理论，采用文献研究和案例研究方法，提出移动互联背景下食品企业社会责任"D−PDCA"长效治理策略。

第十一章：研究结论与展望。总结本书的研究结论、研究局限与未来展望。

第五节 研究创新

本书的研究创新主要体现在以下三个方面。

（1）研究模型创新。

①总结归纳食品企业社会责任模型并提出"食品企业可持续社会责任模型"，扩展且优化了企业社会责任模型在食品企业中的运用。结合时代特征，创新性地总结出移动互联背景下食品企业社会责任的五大价值、三大特征、三大机遇和三大挑战。

②构建了"宏观（社会）—中观（行业）—微观（企业）"的食品企业社会责任三层动力模型，探明了中国食品企业社会责任动力来源，深入剖析中国食品企业履行社会责任的实践、动力、阻力、效果方面的现状。

③系统构建了移动互联背景下食品企业社会责任问题治理模型。从食品企业社会责任的经济、社会和环境出发，针对特定企业社会责任问题，运用文献综述、行业报告和现实案例相结合的方式构建了三维度七议题十五条治理策略，摒弃了单一维度提出治理策略的局限性，保证治理策略能够有效地落地实施。

④构建了移动互联背景下食品企业社会责任"D-PDCA"长效治理模型。基于 PDCA 循环的逻辑依据，为中国食品企业在移动互联背景下履行社会责任提供实践流程框架，形成相应的食品企业社会责任长效治理策略，指导企业决策。该模型包括 5 个阶段，共 14 个决策步骤。在 Plan 阶段，提出外部性视角下的企业社会责任定位模型，帮助食品企业明确自身企业社会责任水平，引导食品企业树立更高级别的企业社会责任目标。

（2）研究内容创新。

①创新性地构建了中国食品企业社会责任与国际知名企业对标的差距模型，以及中国食品企业与消费者期望的差距模型。通过内容分析法和问卷调查法，从健康与安全责任、环境责任、社区责任、公平贸易责任、生物技术责任、动物福利、劳工与人权责任、采购责任方面对中国食品企业与国外品牌食品企业、国内消费者感知重要性进行比较，将中国食品企业社会责任与国际知名企业社会责任、消费者期望之间的差距总结为"三维度八责任"。

②将企业社会责任驱动因素分为企业社会责任动机（内部动机）和利益相关者压力（外部压力），从主动和被动的视角对企业社会责任的前因变量进行了研究，引入 CSR 导向文化作为调节变量，构建了中国食品企业社会责任前因后果的作用机制模型，实证检验了企业社会责任驱动因素、企业社会责任实践和企业绩效之间的关系。

（3）研究方法创新。

①从主流媒体报道等渠道收集食品企业负面新闻案例，全面系统地探索食品企业社会责任缺失问题。本书基于"5W1H1S"分析方法，发现食品企业社会责任缺失涉及 10 个食品细分行业、14 个范畴、7 类利益受损者并贯穿整个食品供应链，其中移动互联背景下食品企业社会责任缺失涉及 3 个食品细分行业、5 类利益受损者并高发于销售、流通/配送供应链环节，以故事线形式勾勒出我国食品企业社会责任缺失模型图。

②以定性比较分析（QCA）构建移动互联背景下食品企业社会责任缺失的诱因链。本书以商业生态系统、归因理论为基础探索了移动互联背景下食品企业社会责任缺失的 7 类诱因组合；以利益相关者理论和食品供应链理论为基础，探索了移动互联背景下食品安全问题，将其整合为产品生产环境/服务卫生不合格、产品质量不合格、违规使用药物/添加剂、直播平台销售假货四类诱因集合，分别构建了诱因链条。

第二章　理论基础与文献综述

第一节　理论基础

一、企业社会责任理论

"企业社会责任"这一概念最早由英国学者 Oliver Sheldon 在 1923 年提出，他认为企业的社会责任应该包含道德因素。1932 年 Adolf Berle 和 Merrick Dodd 也针对企业社会责任的相关问题展开讨论。1953 年，Howard Bowen 将商人的社会责任定义为，商人有义务遵循符合社会目标和社会价值的理念、政策、方针去做出企业决策，首次把企业与社会的关系理论化。此后，"商人社会责任"逐渐演变发展为"企业社会责任"。1970 年，美国经济发展委员会（CED）出版了《企业社会政策新原理》。该书指出，如果企业所处的社会环境恶化，企业将失去其重要的支持结构。因此，为社会提供福祉符合企业的长远利益。Davis（1973）认为企业社会责任是一个复杂的系统性概念，应该从管理学的角度进行界定，即企业通过考虑狭隘经济、技术和法律，做出相应反应，以实现社会、环境及经济利益，并能够均衡各方利益相关者的需求；同时也指出企业所承担的社会责任应与其影响力相匹配，这就是著名的"责任定律"。随后，美国佐治亚大学的 Carroll（1979）提出了"企业社会责任综合说"。他认为企业社会责任是社会对企业在法律、伦理、慈善等方面的期望，而不只是承担经济责任，在此基础上，他在 1991 年提出的关于企业社会责任的全新框架"金字塔模型"，包括了企业经济责任、法律责任、道德责任和慈善责任。Freeman（1984）首次将利益相关者理论用于定义企业社会责任，明确了企业应承担社会责任的对象和内容。Elkington（1998）提出企业必须履行最基本的经济责任、社会责任和环境责任，形成三重底线理论。

Carroll 的开创性工作引起了研究者对企业社会责任理论框架的兴趣。20世纪 70 年代，一大批学者开始致力于更准确地界定企业社会责任的范畴。这一时期，有的学者更关注企业的社会法律责任，有的学者更偏向于关注企业的社会伦理，还有很多学者将慈善等同于企业社会责任。他们认为研究企业社会责任问题的关键并不是识别企业应当承担哪些责任，而是明确企业如何响应社会环境，以及响应的结果。Murray（1976）提出了"社会责任""社会响应"和"社会绩效"三大概念。Carroll（1979）提出了"社会责任—社会问题—社会响应"模型，罗列出了一些与社会问题相关的领域，包括消费主义、环境、歧视、产品安全、职业安全和股东利益。他指出，企业社会反应性是企业应对社会问题的策略，并确定了反应、防御、调节和主动的四种策略。在 Carroll 研究的基础上，学者们对企业社会责任理论的研究又逐渐演变出了企业社会响应和企业社会表现两大理论。Carroll 将企业社会响应界定为"企业在面对各种压力时做出的回应，是其在承担社会责任的过程中所实施的具体行动"。Wood（1991）认为企业社会表现是指一个企业所具备的社会责任原则、社会响应过程和相关结果的构架。从 20 世纪 80 年代开始，逐渐有企业将保护环境作为社会责任的一部分，并纳入经营管理范畴。因此，一批学者开始从企业社会责任角度出发研究企业的绿色管理、环境保护等问题。Elkington（1998）最早提出了企业社会责任三重底线理论，即经济、社会和环境底线，该理论从企业与社会之间的关系出发，明确企业应当承担经济、社会与环境责任，这一理论逐渐成为理解企业社会责任概念与内容的理论基础。二重底线理论认为，当企业达到经济繁荣、环境质量和社会公平的"三重底线"时，企业是可持续的。这三条底线相互关联、相互依赖，并且存在部分冲突。

我国对于企业社会责任的研究相对于西方国家起步较晚，主要经历了起步、初步发展和快速发展三个阶段。在起步阶段，学者对企业社会责任的研究较少，研究成果呈碎片化；在初步发展阶段，学者对企业社会责任的理解出现了狭义和广义的分歧，且对企业应履行社会责任的范畴的认识呈现出多样化特点，这一时期的研究尽管取得了一些进展，但总体上研究成果还比较有限，创新性和有深度的探讨还不多；在快速发展阶段，学者们的研究重点集中于公益捐赠、对员工负责、遵纪守法、关心环境和节约资源等方面。2006 年，《中华人民共和国公司法》对社会责任作了明确规定，要求企业积极承担社会责任。朱文忠（2015）对企业社会责任作出明确定义，认为企业在进行决策的过程中，应考虑企业经济效益与社会福利两方面。

二、利益相关者理论

Freeman（1984）将能够对企业目标的制定和实现施加影响的个体或群体定义为"利益相关者"。这一概念打破了传统的"股东至上"的企业理论，认为一家企业的形成和发展不只依赖股东，也是债权人、员工、供应商、客户、社区和政府等所有利益相关者努力的结果，企业的目标是为所有利益相关者创造财富。

Carroll（1989）提出，"利益相关者"是为企业投入资本、享有企业收益和权利的个人和组织。当利益相关者的利益一致时，企业可以创造最大的价值。Freeman（1994）鼓励利益相关者共同参与企业经营，共同参与企业价值创造。刘美玉（2010）提出利益相关者具有三个特点：与企业具有契约关系、承担企业相应风险和获取企业经济行为收益。大量学者的研究发现，虽然企业从利益相关者绩效获得的经济利益较小，但是却具有很好的持续性（Tebini等，2015）。

利益相关者理论的核心是呼吁企业管理层在关于公司的决策中考虑所有利益相关者的利益（Phillips，2003）。从狭义角度来看，利益相关者具体包括企业所有者、员工、消费者、供应商、当地社区、环境等；从广义角度来看，利益相关者的定义增加了竞争对手。由于商业道德、企业社会责任、战略管理、企业治理甚至企业财务等多个领域都会用到利益相关者理论，因此，为了服务不同的研究目的，学者对利益相关者的定义也不同（Freeman 和 Edward，2010）。Donaldson 等（1995）认为，政府、政治团体、贸易协会是与员工、社区、金融家、供应商、客户地位均等的利益相关者。Freeman 和 Liedtka（1997）认为，利益相关者包括公司、客户、员工、社区、金融家和供应商。也有学者认为，利益相关者理并不是一个单独的理论，而是一个根据各种实践需求融合而成的理论（Gilbert 和 Rasche，2008）。利益相关者理论具有丰富性，但这种丰富性也成了该理论的弱点：概念混淆严重（Freeman 和 Edward，2010；Kaler，2002）。这种混淆阻碍了利益相关者理论的实际应用（Thomasson，2010）。为了厘清利益相关者的定义，Miles（2015）从管理者感知的决定因素、管理者感知的关系属性、利益相关者感知的决定因素、利益相关者感知的关系属性的角度，将利益相关者分为合作者、接受者、影响者、客户。Ruiz（2020）认为，利益相关者理论的多样性是由其解释对象的特征所决定的。由于利益相关者理论面对的是社会性的问题，因此，学者通常需要从不同角度对该理论作出定义，以解决遇到的理论或实践问题。

三、食品供应链理论

"供应链"一词萌芽于 20 世纪 80 年代初，但直到 20 世纪 90 年代后期才真正流行发展起来。Pagh 和 Cooper（1998）认为，供应链是包含整个原料供应商、生产制造企业、销售企业，以及资金流、信息流、物流在内的复杂企业网络。英国著名物流学家 Martin Christopher（2001）将供应链定义为涉及将产品或服务提供给最终消费者的过程和活动的上游及下游企业组织所构成的网络。随着学者对供应链理论内涵和应用的研究越来越丰富，人们对供应链的定义也从狭义的企业内部供应链发展到了广义的整体供应链。与工业领域的供应链相比，食品供应链更加复杂。关于食品供应链的理论，最早由 Ouden 等在1996 年提出：食品供应链是食品企业为提升食品质量安全和流通效率、降低企业运营成本，而采取的食品供应垂直整合运作模式。随着学者们研究的拓展，食品供应链的概念逐渐完善，目前学界通常将其概括为包括食品原材料的生产、加工、配送、销售等多个环节的流程。具体而言，食品供应链是指和食品行业相关的供应者、加工者、分销者、销售人员、终端消费者，以及政府、行业相关机构等所有经济利益主体组成的一个整体。

本书通过对已有研究的梳理，把食品供应链界定为包括种养殖/生产、加工/制造、销售、流通/配送、消费/回收在内的生产环节（如图 2-1），共包括 9 个子环节，涉及农户、原料供应商、加工制造企业、商品超市餐馆、物流配送商等众多主体。

图 2-1　食品供应链环节

由于食品种类的多样性和供应链的复杂性，食品供应链的风险评估及管理成为学术界的研究热点。针对食品供应链风险这一问题，Tah（2001）等提出了一个可共享的知识驱动风险管理方法，并建立相应的补救措施。慕静（2012）基于企业意识的视角，将食品供应链风险定义为在特定时间和不同条件下，企业的实践、规范及食品安全意识等不确定性导致的食品供应链造成的不同程度损失及其发生的概率。Garcia（2013）阐述了食品安全社会共治的观点，认为食品供应链安全风险的治理不能仅仅依靠企业自身，还需要多个社会主体的协同参与。刘永胜和陈娟（2014）认为，食品供应链中，企业或其员工的不确定行为使企业遭受损失事件发生概率的大小即为食品供应链安全风险。陈娟和张清楠（2016）认为，企业内部管理制度、企业规模、员工素质是影响食品供应链安全风险管理水平的三大因素。晚春东等（2018）的研究指出，食品供应链安全风险更有可能发生在食品供应和加工环节。张红霞（2019）运用委托代理理论，评估双边道德风险条件，构建了基于内外损失分担的契约来研究食品供应链风险问题。Manning 等（2020）评估了粮食供应链在内部或外部冲击下面临的各种挑战。

第二节　基于 CiteSpace 的食品企业社会责任文献计量分析

基于内容分析的文献综述能帮助研究者深入分析研究主题，文献计量分析则可以使研究者更客观、科学地处理大量文献，为其研究领域提供全面的信息，且由于文献计量分析可视化强，可以帮助读者轻松、清晰地呈现该领域的研究热点（Feng 等，2017）。因此，在食品企业社会责任文献综述部分，本书首先对国内外关于食品企业社会责任研究的相关文献做文献计量分析，再对相关主题文献进行具体的内容分析。

本书运用 CiteSpace 可视化工具，对三十多年（1990—2022 年）国内外食品企业社会责任研究进行可视化分析，主要通过关键词频数统计和主题聚类分析，探析国内外食品企业社会责任研究的热点趋势，并在此基础上对比国内外差异。在检索国外研究时，本书以 Web of Science（WoS）核心合集数据库（限 SSCI 引文索引）为数据源进行主题检索。为了解食品企业社会责任领域的研究趋势，本次研究选定较宽泛的主题检索词"food corporate social responsibility"，检索时间跨度为 1990 年 1 月 1 日至 2022 年 12 月 31 日，将文献类型限定为"论文""综述论文""在线发表"，语言类型设定为英语，最终得到 660 篇文献。在检索国内研究时，本研究以相同的主题词（"食品企业社会责任"）和时间范围在 CNKI 数据库中进行检索，考虑到限定文献来源类别（CSSCI）后文献数量较少，可能会影响计量分析效果，因此中文文献中本书不做限定文献来源类别，最终得到 483 篇文献。

一、关键词频数统计与共现分析

通过运行引文空间软件（CiteSpace），设置节点类型（Node Type）为关键词（Keyword），时间范围为 1990—2022 年，时间切片长度为 1，网络裁剪方法为寻径法（Pathfinder）、修剪切片网络（Pruning sliced networks），分别将 Web of Science 和 CNKI 数据库的研究数据导入，最终得到国内外食品企业社会责任研究关键词词频及中心度列表（表 2－1）、关键词共现图谱（图 2－2、图 2－3）。

表 2－1　国内外食品企业社会责任关键词词频及中心度（前 50）

序号	国外			国内		
	关键词	频数	中心度	关键词	频数	中心度
1	corporate social responsibility	454	0.20	社会责任	141	0.52
2	impact	127	0.09	食品安全	131	0.43
3	food	99	0.17	食品企业	107	0.32
4	performance	90	0.07	食品行业	35	0.16
5	management	83	0.07	消费者	28	0.18
6	sustainability	73	0.03	信息披露	24	0.05
7	csr	72	0.10	企业责任	15	0.05
8	supply chain	60	0.06	财务绩效	14	0.06
9	social responsibility	49	0.08	对策	9	0.01
10	framework	48	0.04	企业	8	0.03
11	consumption	45	0.08	供应链	8	0.06
12	governance	44	0.04	企业绩效	7	0.00
13	food industry	42	0.05	社会共治	7	0.03
14	behavior	42	0.10	乳制品	6	0.02
15	attitude	42	0.07	影响因素	6	0.02
16	industry	41	0.01	政府监管	6	0.01
17	financial performance	41	0.01	公司治理	5	0.01
18	model	41	0.04	政府	5	0.04
19	perception	40	0.03	危机管理	5	0.02

续表

序号	国外			国内		
	关键词	频数	中心度	关键词	频数	中心度
20	strategy	37	0.06	原因	4	0.01
21	green	36	0.05	企业价值	4	0.01
22	willingness to pay	33	0.04	研究	4	0.00
23	product	32	0.03	上市公司	4	0.00
24	information	30	0.05	月度报告	3	0.00
25	innovation	30	0.01	主体责任	3	0.04
26	business	30	0.04	企业声誉	3	0.00
27	consumer	29	0.04	内部控制	3	0.00
28	quality	28	0.06	缺失	3	0.00
29	trust	27	0.01	相关性	3	0.00
30	sustainable development	25	0.02	出口食品	3	0.01
31	public health	25	0.02	实证研究	3	0.02
32	responsibility	24	0.06	企业伦理	3	0.00
33	supply chain management	23	0.04	因子分析	3	0.01
34	satisfaction	22	0.00	指标体系	3	0.00
35	choice	22	0.01	大数据	2	0.00
36	health	22	0.04	品牌价值	2	0.03
37	determinant	22	0.02	三鹿集团	2	0.01
38	mediating role	21	0.01	媒体监督	2	0.00
39	company	21	0.06	治理机制	2	0.01
40	reputation	19	0.01	价值创造	2	0.00
41	antecedent	19	0.03	监管	2	0.01
42	perspective	19	0.03	购买意愿	2	0.01
43	loyalty	19	0.01	食品监管	2	0.01
44	organic food	18	0.01	健康安全	2	0.00
45	corporate social responsibility（csr）	18	0.02	绩效关系	2	0.00
46	firm performance	18	0.01	企业自律	2	0.00

序号	国外			国内		
	关键词	频数	中心度	关键词	频数	中心度
47	knowledge	18	0.04	认知水平	2	0.00
48	obesity	18	0.02	召回制度	2	0.00
49	preference	17	0.02	内容分析	2	0.00
50	moderating role	16	0.01	评价指标	2	0.00

图 2-2　国外食品企业社会责任研究关键词共现图谱

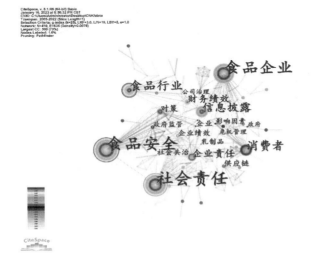

图 2-3　国内食品企业社会责任研究关键词共现图谱

研究结果发现，在国外关于食品企业社会责任的研究中，学者们侧重于研究食品企业社会责任的影响、绩效、管理/治理、供应链等方面，关键词包括"impact""performance""management""supply chain""framework""governance""supply chain management"；并将食品企业社会责任与可持续、健康、有机、绿色联系起来，关键词包括"sustainability""green""sustainable development""public health""health""organic food""obesity"同时侧重企业社会责任对企业绩效以及消费者感知、态度、行为的影响研究，关键词包括"behavior""attitude""financial performance""perception""trust""satisfaction""loyalty""firm performance"。而在国内关于企业社会责任的研究中，学者倾向于关注食品安全及其治理，如外部利益相关者如何发挥各自的作用促进食品企业履行社会责任，关键词包括"食品安全""社会共治""政府监管""政府""媒体监督""治理机制""监管""食品监管""健康安全"，同时对上市公司企业社会责任信息披露、企业社会责任对企业绩效影响的相关研究比较感兴趣，关键词包括"信息披露""公司治理""上市公司""月度报告""财务绩效""企业绩效""绩效关系"。国内外学者对食品企业社会责任的研究也有一些共同的关注焦点，如食品供应链、食品企业社会责任对消费者态度行为的影响，以及企业社会责任与企业绩效的关系等。

二、主题聚类与研究热点

为了更好地认识国内外食品企业社会责任研究热点的分布情况，本书在分析关键词频数的基础上依据关键词相似度对其进行主题聚类，通过 CiteSpace 相关算法生成可视化知识图谱，由此得到国内外食品企业社会责任研究主题聚类图谱，如图 2-4、图 2-5 所示。其中，国外食品企业社会责任关键词聚类图谱共有 501 个节点，2225 条连线，网点密度为 0.0178，Modularity Q＝0.5029（>0.3），Weighted Mean Silhouette S＝0.7419（>0.7）；国内食品企业社会责任关键词图谱共有 410 个节点，635 条连线，网点密度为 0.0076，Modularity Q＝0.7532（>0.3），Weighted Mean Silhouette S＝0.9489（>0.7）、这表明图谱聚类结构合理，各聚类同质性较好。

图 2—4　国外食品企业社会责任关键词聚类图谱

图 2—5　国内食品企业社会责任关键词聚类图谱

　　表 2—2 列出了国内外食品企业社会责任研究的前 10 个主要关键词聚类，聚类排序越靠前，聚类规模越大。通过对国内外食品企业社会责任研究关键词聚类图谱的比较分析可知，国内外食品企业社会责任研究有一些相似主题聚类，如企业社会责任、消费者方面、食品供应链，但更多的是存在区别的主题聚类，且国外食品企业社会责任领域的研究主题相比国内研究更具体明确。通过这些聚类标签，可以总结出国内外食品企业社会责任研究领域的热点研究方向。

表2-2 国内外食品企业社会责任研究的关键词聚类对比

聚类	国外	国内
♯0	food supply chain	食品安全
♯1	financial performance	社会责任
♯2	service quality	食品企业
♯3	public health	食品行业
♯4	sustainable development	消费者
♯5	corporate social responsibility	供应链
♯6	social responsibility	商业性
♯7	corporate responsibility	
♯8	consumer behaviour	劳动密集型企业
♯9	company credibility	法制

第一，食品企业社会责任有其特殊性。代表性标签：♯0 food supply chain、♯3public health、♯0食品安全、♯5供应链。主要关键词："supply chain""quality""public health""organic food""obesity""食品安全""健康安全""质量安全""健康责任"。食物直接影响人们的身体健康和生活质量，食品安全事件让消费者感到恐慌，人们更加追求健康营养的食物（如有机食品），社会对企业的期望进一步提高，期望领先品牌努力提供更健康的食物（He 和 Harris，2020）。部分食品企业（如饮料、糖果企业）具有争议属性，因为其产品富含不健康成分（如过高的碳水化合物、脂肪和糖），大量消费会导致消费者肥胖或患上其他与饮食相关的疾病（Shnayder 等，2016），食品企业应该承担部分预防肥胖的社会责任（Herrick，2010），并在公共健康问题方面采取积极行动（Liliana 等，2016）。同时，与大多数行业相比，食品行业有很长的供应链，典型的食品供应链包括生产、加工、运输、消费和店内运营（Ghadge 等，2017）。食品供应链的特殊性和复杂性使得在整个供应链中保证食品安全变得越来越困难（Shnayder 等，2015）。自三聚氰胺奶粉事件发生后，关于食品安全的研究一直备受国内学者关注，食品安全问题不仅是民生问题，也是社会问题，需要社会各界的共同努力，关键词"监管体制""监管机制""生产安全""权益保护""原因分析""产业素质""生活品质""法律规制""政府监管""企业伦理"等，体现出食品安全的监管/治理也是学者的研究重点。食品企业需积极履行责任，保障食品安全和消费者健康，从而提升人

民生活的品质与幸福感。

第二，食品企业社会责任绩效方面。代表性标签：♯1 financial performance、♯8 consumer behaviour、♯9 company credibility。主要关键词："impact""performance""financial performance""willingness to pay""trust""satisfaction""reputation""loyalty""firm performance""财务绩效""企业绩效""企业价值""品牌价值""价值创造""绩效关系"。这些标签和关键词提示食品企业社会责任实践效果是学界的一个研究热点。食品企业社会责任实践效果不仅体现在有形的财务绩效上，如 Luo 和 Bhattacharya（2006）研究发现企业社会责任实践能提升企业市场价值，Ikram 等（2020）证明企业社会责任体系对食品企业的财务绩效有显著影响；也体现在消费者方面的无形回报上，如 Pivato 等（2008）针对有机产品消费者进行的调查发现，企业社会责任实践行为能使消费者对品牌产生信任，这种信任还能转化为消费者的购买意愿、品牌忠诚度等后续行为，帮助企业获得竞争优势；Choi（2017）证实，餐饮企业显示营养信息和健康菜单增加了消费者对企业社会责任的感知，从而提升了品牌形象和消费者的购买意愿。当消费者对这些企业的这些社会责任实践行为做出积极反应时，一系列积极的结果（如满意度和行为意图）也会随之而来（Ye 等，2015），从而提升品牌识别度和品牌忠诚度（Lin 和 Chung，2019）。

第三，食品企业社会责任与可持续发展。代表性标签：♯4 sustainable development。主要关键词："sustainability""sustainable development""循环利用""低碳"。企业社会责任与可持续发展相辅相成。企业要实现可持续发展，必须站在社会的角度去看待和解决问题，并把社会责任变成企业发展战略的一部分。企业经营应是创造共享价值，在通过自身优势推进业务的同时，也给社会带来积极影响。2015 年联合国提出可持续发展目标：在 2015 年至 2030 年解决经济、环境、社会三维度下的发展问题，实现可持续发展。随着《2030 年可持续发展议程》的提出，企业社会责任研究更加向企业可持续发展、环境可持续、供应链可持续、消费可持续、采购可持续等领域发展，可持续发展是企业社会责任的长期目标和战略导向。Belyaeva 等（2020）认为，可持续发展问题是当今食品企业面临的重要挑战，建议将可持续理念融入食品企业的使命愿景，并呼吁处于不同发展水平的食品企业都应在核心商业模式上追求可持续性。食品企业通过企业社会责任寻求可持续竞争优势，促进其可持续发展（Yu 和 Liang，2020）。食品企业需要在碳排放、食物浪费、产品包装、废物回收、外卖垃圾、动物福利等主题上付出更多的实际行动，以实现其可持续发展的追求，通过加强企业社会责任参与让企业变得更有弹性、更可持续、更有竞争力（Li 等，2023）。

第三节　食品企业社会责任影响因素、动力与绩效

一、食品企业社会责任影响因素

权变理论提出，组织战略的实施受到许多情境因素的影响（Donaldson，2001），这也适用于食品企业社会责任战略的实施。通过文献梳理可以发现，企业社会责任的实施模式可能与企业规模、行业、财务状况、所有权类型和经营类型等因素有关（Lau 等，2018；Nirino 等，2019；Xu，2014）。其中，企业规模似乎是一个关键因素（Hartmann，2011；Setthasakko，2007）。Bleher 等（2013）认为，不同企业规模会影响企业社会责任履行动机，相比中小型企业来说，大型企业履行企业社会责任更多是出于战略驱动。Ikram 等（2020）也认为中小型企业和大型企业有不同的社会责任实践方法。中小型企业的特殊特征（如有限的资源、所有者经营管理或扁平的组织结构）可能给企业带来挑战，并影响他们处理企业社会责任的方式（Elford 和 Daub，2019）。与中小型企业相比，大型企业可能面临更大的压力，需采取履行企业社会责任的措施，以满足其利益相关者的需求（Lin 和 Chung，2019）。同时，企业规模越大，企业在履行社会责任上投入的资源越多（Lin 和 Chung，2019），社会对大型企业的社会责任要求也就越高（Hartmann，2011），大型企业的社会责任实践执行程度也就越高（Klerkx 等，2012）。

此外，管理者相关因素对企业社会责任的履行也有很大的影响。Hemingway 和 Maclagan（2004）认为企业社会责任是管理者个人价值观和行为的结果。Bartels 等（2015）和 El Baz 等（2016）也表明，管理者的价值观、态度和承诺是影响企业履行社会责任的关键因素。王怀明、王鹏（2015）以利益相关者理论和 ERG 需求理论为指导，通过实证分析得出，管理者社会责任态度、社会法治环境及政府响应性等是食品企业社会责任表现的重要影响因素。同时，一些学者强调了制度力量对企业社会责任实践的影响，比如中国有其独特的社会、经济和政治结构（Zuo 等，2017）。姚海琳、王昶等（2012）认为企业社会责任的履行在很大程度上受现阶段政府控制、政府层级及市场化

进程等制度因素的影响。Zhang 等（2019）甚至将中国的企业社会责任称为"政治性企业社会责任"，强调制度因素对企业社会责任实践的重要性。在学者试图解释中国企业社会责任实践时，制度因素被视为一个关键的影响因素（Zhang 等，2018，2014；Zuo 等，2017）。

二、食品企业社会责任动力

企业社会责任动力，即企业社会责任驱动因素，阐述企业履行社会责任的原因（Nybakk 和 Panwar，2015）。关于企业社会责任动力，学者们基于制度理论、代理理论、利益相关者理论、动态能力理论等不同的理论进行了研究。从制度理论来看，企业履行社会责任是国家法律、企业制度等外部强制性约束的结果（Shum 等，2011；Kong，2012；工敏等，2013；沈奇泰松等，2014）。利益相关者理论的提出使得企业社会责任动力研究跳出了从企业盈利本质出发的框架，摒弃了"股东至上""利润最大化"的经济理性观点，要求企业关注和平衡各方利益（Warhurst，2005；贾兴平等，2016；马少华，2018）。从代理理论来看，企业履行社会责任的成效取决于管理者的个人特征、价值观、对企业社会责任的态度与承诺等（Hemingway 和 Maclagan，2004；Petrenko 等，2016；Zhang 等，2018）。动态能力理论使管理者认识到企业需保持自身优势以适应不断变化的竞争环境，并将企业社会责任视为企业持续竞争的一种战略手段（Branco 和 Rodrigues，2006；Mcwilliams 和 Siegel，2011；Mclo 和 Garrido-Morgado，2012）。通过对相关文献的梳理，本书认为食品企业社会责任动力可以分为内部动机和外部压力两个方面。内部动机主要包括建立良好的品牌形象或赢得企业声誉（El Baz 等，2016；Vo 和 Arato，2020），获得市场竞争优势（Sajjad 等，2015；Garst 等，2017），促进企业的长期发展（Shnayder 等，2016；Zhang 等，2018）和改善经济绩效（Chkanikova 和 Mont，2015；Ghadge 等，2017）；外部压力主要指遵守相关法律法规（Zuo 等，2017；Zhang 等，2019）和满足利益相关者的期望和需求（Setthasakko，2007；Chkanikova 和 Mont，2015；Shnayder 等，2016）。

食品行业有其争议属性。食品安全丑闻损害食品行业形象，导致公众抵制某些品牌，从而产生商业风险（Luhmann 和 Theuvsen，2017；Gider 和 Hamm，2019；Hung 等，2019）。此外，食品行业的三个子行业，即饮料行业、糖果行业和快餐行业，一直处于争议的中心（Lee 等，2012）。这些行业公司的产品富含不健康成分（如过高的碳水化合物、脂肪和糖），对其的大量消费会导致消费者肥胖或患上其他与饮食相关的疾病（Shnayder 等，2016）。人们越来越关注食品、肥胖和疾病之间的联系，并要求食品企业为它们在这些社会问题中扮演的角色承担责任（Garst 等，2017；Wei 等，2018）。因此，食品企业应积极采取履行企业社会责任的行动，应对这些声誉挑战，树立良好的品牌形象（Peloza 等，2015；Richards 等，2015）。

企业的本质是盈利，企业会因为经济原因而履行社会责任。Naidoo 和 Gasparatos（2018）通过文献综述发现，食品零售商实施 CES 战略（CES 构成企业社会责任的环境方面）的主要动机是预期的经济效益。Jones 等（2005）的研究表明，维持或提高企业的市场地位是英国食品零售商将企业社会责任整合到企业中的原因之一。Souza－Monteiro 和 Hooker（2017）认为，企业社会责任战略是企业区别于竞争对手、提高产品线价值的工具。也有学者认为，企业社会责任是企业进行有效风险管理以降低潜在风险的一种方式（Zhang 等，2014；Sajjad 等，2015；Garst 等，2017）。由此可见，与经济利益相关的动机是企业履行社会责任的重要内在动力。一些学者将这些驱动因素定义为工具性动机，该动机假设企业社会责任被视为促进经济目标的战略手段（Sajjad 等，2015；Garst 等，2017）。

根据制度理论，企业在特定的经营环境中需要遵守社会规范，因为企业的生存离不开一定程度的外部社会认可，即其合法性（Meyer 和 Rowan，1977）。从制度理论的角度来看，企业社会责任的履行是国家法律、政府政策、企业制度等外部强制性约束的结果。政府制定法规，促使公司和行业对环境问题更负责（Ghadge 等，2017）。El Baz 等（2016）的研究表明，法律法规是食品制造业履行社会责任的重要驱动因素。Vo 和 Arato（2020）发现，越南的现代食品零售部门试图展示他们在强制法律条件下对食品卫生和安全的承诺。Setthasakko（2007）强调了政府在促进可持续社会发展方面发挥的关键作用。制度因素的作用似乎在发展中国家更明显，特别是在中国，企业社会责任履行更受政府行为的影响，例如，企业为应对相对普遍的执法水平（Lau 等，2018）需要在环境管理和劳工权利方面做出努力。Zhang 等（2014）和 Zhang 等（2018）也发现中国食品企业社会责任的外部影响因素与政府监管或政府压力有关。

企业社会责任的外部压力也要求企业尽力满足利益相关者的期望。利益相关者被视为社会的代表，符合他们的期望是企业不违反社会规范的一种方式（Garst 等，2017）。来自利益相关者的压力会影响企业社会责任选择和投资意愿（Shnayder 和 Van Rijnsoever，2018），每个利益相关者在企业社会责任决策中扮演着不同的角色。例如，Vo 和 Arato（2020）认为，企业追求社会责任的主要动机是提高消费者的信心，培养消费者对品牌的积极态度和忠诚度。竞争对手因企业社会责任而获得的知名度和经济效益是企业履行社会责任的驱动因素（Zuo 等，2017）。Sajjad 等（2015）的研究结果表明，最高管理层的可持续性价值观是企业采用可持续供应链管理的主要动机之一。企业社会责任与员工招聘和承诺的相关性研究表明，企业实施社会责任决策的目的是吸引和留住优秀的员工（Hartmann，2011），公司需要采取措施来提高员工的技能、福利和士气（Zhang 等，2018）。在供应链中，外部压力（如非政府组织）可能导致批发商和零售商要求供应商承担社会责任。在这种情况下，供应商需要实践企业社会责任来履行合同协议和要求（Klerkx 等，2012）。媒体也是监督企业履行社会责任的强大力量，特别是随着各种社交媒体的发展，媒体对食品企业不负责任行为的曝光给食品企业带来了巨大的压力，要求它们对自己的行为负责（Zuo 等，2017）。

三、食品企业社会责任绩效

企业社会责任绩效是指企业社会责任活动为公司带来的利益（Jean 等，2016；Nave 和 Ferreira，2019），即企业社会责任的履行效果。履行社会责任不仅能给企业带来财务上的有形回报，也能给企业带来如声誉等方面的无形回报。例如，Youn 等（2016）、Nirino 等（2019）和 Ikram 等（2020）调查了企业社会责任对食品企业（包括餐饮行业、饮料行业）财务绩效的影响，并证明了两者之间存在一种正向影响。Yoon 和 Chung（2018）研究发现，履行内部企业社会责任提高了企业的经营盈利能力，履行外部企业社会责任提高了企业的市场价值。Boubaker 等（2020）的研究结果表明，履行企业社会责任可以减少企业困境和违约风险，从而营造更具吸引力的企业环境，实现更好的金融稳定性，并增强经济抵御危机的能力。Chen 和 Zhang（2021）、Y Li 等（2022）研究发现，履行企业社会责任可以降低经营风险，从而降低企业成本。Ali 等（2020）的研究认为，企业通过履行社会责任在利益相关者中树立积极形象和降低总体成本，显著影响企业的财务绩效。有学者发现，履行企业社会责任可以降低企业债务成本（Gangi 等，2021）或提高企业知名度和好感度（Zhang 和 Ouyang，2021）、企业声誉和竞争优势（Saeidi 等，2015），间接提高企业财务绩效。Vishwanathan 等（2020）则通过元分析总结了四种企业社会责任与企业财务绩效之间关系的实证机制，解释了企业社会责任如何积极影响财务绩效，即提高企业声誉、增加利益相关者回报、降低企业风险和增强企业创新能力。国内学者多通过面板数据探究企业承担社会责任对财务绩效的影响，如郑培等（2020）、张劲松和李沐瑶（2021）的研究结果都表明，企业社会责任履行对财务绩效具有显著正向影响。沈红波等（2021）的实证检验发现，企业社会责任的投资策略为投资者带来了良好的投资回报，主要体现在通过增加财务绩效、提高盈余质量和投资效率，提高股票收益率。也有学者反过来证实了财务绩效对企业社会责任水平的正向促进作用（孙晓妍和宋岩，2021；谢昕琰和刘溯源，2021）。该研究结论支持了闲置资源假说，认为财务绩效越高，表明企业有更多的剩余利润用于承担对利益相关者的社会责任。

也有许多研究证明了企业社会责任在非财务绩效中的作用。例如，Martos-Pedrero 等（2019）认为管理者不应该期望获得更大经济利益的短期投资回报，因为企业社会责任的回报可能是以企业声誉或利益相关者满意度的形式呈现，是值得保护的无形资产。企业社会责任不仅能促进销售增长，还可以增加就业与投资（Sen 等，2006），吸引更多优秀的员工（Carmeli，2005），增强用户忠诚度（Fernández-Ferrín 等，2021；Islam 等，2021），提升企业声誉（Javed 等，2020；Kader 等，2021）。Kim 和 Bhalla（2022）研究发现，食品企业的主动企业社会责任比被动企业社会责任更能引起消费者的积极识别，从而产生对企业有利的消费者态度和行为意图。具体来说，积极的企业社会责任不仅会产生更积极的消费者—企业认同，还会产生更有利的消费者态度、更强的支持性沟通意愿和购买意愿。Robichaud 和 Yu（2021）研究发现，消费者愿意从承诺对社会和环境产生积极影响的企业购买和支付更多的可持续产品，证实了年轻消费者的道德消费倾向。Wong 和 Chung（2021）研究发现，"Z 世代"在做出购买决策时会考虑食品企业的社会责任绩效。这项研究表明企业社会责任倡议对消费者购买意愿有正向影响。Flores-Hernández 等（2020）认为，专门的企业社会责任政策可以提升品牌形象，品牌形象作为一种高价值无形资产，将促进消费者的决策过程，并提高其对所购买的产品或服务的满意度水平。Ali 等（2021）的研究结果显示，感知企业社会责任对消费者忠诚、企业声誉和消费者满意度有显著的正向影响，且消费者满意度和企业声誉在感知企业社会责任和消费者忠诚度之间起到中介作用。企业社会责任对消费者的认知和行为带来积极影响，如积极的购买意愿和购买行为（龙贤义等，2020）、正向的品牌评价（李江等，2020）。Dang 等（2020）的研究结果显示，企业社会责任不仅可以提高消费者的效用感知和消费者信任，还可以促进消费者的公民行为，包括对公司和其他消费者有益的建设性行为、积极的口碑分享、提供有价值的建议，以及在服务不能满足自身需求时表现出的宽容。

第四节　食品企业社会责任缺失及其诱因

一、食品企业社会责任缺失

（一）企业社会责任缺失的内涵

企业社会责任缺失（CSI）通常被用来描述企业对企业内部和外部利益相关者造成的、从物质损失到生命死亡等不同程度伤害的不道德行为（Alcadipani 和 Rodrigues，2019）。Lin－Hi 和 Muller（2013）将企业社会责任缺失事件定义为对其他行为人造成（潜在）不利或伤害的企业行为。Pearce 和 Manz（2011）认为企业社会责任缺失是管理者不顾他人福祉的不道德行为，其极端表现为管理者以牺牲员工、股东和其他组织利益相关者，甚至整个社会为代价，以寻求个人利益。企业社会责任缺失的研究不仅需要考虑组织和消费者的行为，还需要考虑利益相关者生态系统中的相互作用（Zhang 等，2021）。随后，企业社会责任缺失概念进一步纳入了对相关实体产生有害影响的企业行为。社会责任的工具利益相关者理论认为，企业的负面行为可能会破坏其与利益相关者的关系，从而对股东的评估产生负面影响（Kang 等，2016）。企业社会责任缺失反映了企业不符合"企业与利益相关者关系的最低行为标准"的情况（Campbell，2007）。企业社会责任缺失包括但不限于欺骗消费者、剥削员工或供应商、将消费者置于危险之中、污染环境和欺骗政府（Mazzei 等，2015）。企业不当行为是指企业直接伤害利益相关者的非法、不道德或对社会不负责任的行为（Greve 等，2010）。

（二）食品企业社会责任缺失行为研究

关于企业社会责任缺失的分类，可以依据企业社会责任缺失伤害的利益相关者群体类别进行划分。如 Scheidler 和 Edinger－Schons（2020）将企业社会责任缺失划分为涉及人类利益相关者（顾客、雇员、供应链活动/海外运营、竞争对手、股东）、由政府和社区组成的公众利益相关者、非人类利益相关者（自然环境和动物）三类。Xie 和 Bagozzi（2019）采用人类学的三种伦理规范框架来分类企业社会责任缺失：神性伦理、社区伦理和自治伦理。当一个人导致自己、他人或自然环境的堕落时，就违反了神性伦理；没有在社区内履行其职责时，就会发生违反社区伦理的行为；当个人行为直接伤害他人或侵犯其作为个人的权利或自由时，会导致违反自治伦理（Rozin 等，1999）。

根据归因理论，Nardella 和 Surdu（2019）提出了企业罪责、受影响方非共犯和效应不可取性对组织声誉的影响。罪责衡量企业是否被发现曾造成企业社会责任缺失事件（Lange 和 Washburn，2015）。非共犯性衡量的是涉及利益相关者受害群体的事件，这些利益相关者可能被视为非共犯，并能唤起一般利益相关者更多的同情。当企业社会责任缺失事件引发了反射性判断，潜在地导致评估者对企业行为的认可或不认可时，就测量了效应不可取性（Kim 和 Cameron，2011）。由于利益相关者很少亲身体验事件，他们通常依赖信息中介来沟通有关企业社会责任缺失的信息（Deephouse 和 Heugens，2009）。

目前学术界关于食品企业社会责任缺失行为的研究主要集中在以下两个方面。

（1）食品安全缺失。Robson 等（2020）研究了牛肉养殖场的食品安全脆弱性。其中，假冒产品是牛肉行业最常见的欺诈类型（Robson 等，2020）。在已报告的供应链假冒产品事件中，36.4% 是由初级加工造成的，其中 95.5% 是假冒事件。企业社会责任缺失关注饮料行业的典型例子是食品欺诈，这反过来引发了严重的食品安全问题。饮料行业中最常见的不道德行为是标签错误、含有非特定添加剂的非正宗饮料泛滥，尤其是能量饮料等含有大量且不受管制的咖啡因和其他未知化学试剂（Seifert 等，2011），这些都会使消费者食用后存在严重的健康风险（Kamiloglu，2019）。食品公司倾向于不道德生产，主要是因为消费者很难通过品尝和评估外观来确定食品质量（Achilleas 和 Anastasios，2008；Spink 和 Moyer，2011）。学者常将导致食品安全的社会责任缺失行为分为"无良"和"无知"，前者主要是因食品生产者败德，而非技术水平问题；后者则是食品生产者知识、能力、技术装备等缺乏或不足，使食品达不到相应标准（左伟，2022）。

（2）食品供应链存在食物浪费、欺诈交易等企业社会责任缺失行为。食物浪费也被视为不负责任的企业表现，因为它突出了过度生产的制度化再生产，其中生产的食品 50% 在整个食品供应链中被作为废物处理，约 20% 在零售组织中处理（Heikkurinen，2010；Kihlberg，2014；WRAP，2008）。Yngfalk（2019）发现食品零售商倾向于通过处理仅表面上"损坏"或"有缺陷"的食品，或临近保质期的产品，以管理客户关系和保护品牌。从营销角度，管理者将食物浪费这种不符合可持续性的行为视为一种维护工作的合理化形式。饮料行业中，水的大量使用通常会导致水资源枯竭（Weber 和 Saunders Hogberg，2018），塑料污染是全球饮料行业运营造成的更明显的负面环境影响。法国零售业也出现了许多企业社会责任缺失的案例，如与低技能任务自动化相关的裁员（Le，2019），或使供应商和农民的利润减少（Binninger 和 Robert，2011）。食品和饮料公司的商业不道德行为表现为欺诈性交易活动，包括商品模仿、虚假陈述、创造性会计、贿赂和腐败等（Insch 等，2011）。这些食品丑闻严重影响了法国零售商的正常经营。这些企业社会责任的缺失会导致利益相关者对企业更高程度的怀疑和不信任，从而损害企业声誉（Mombeuil，2020）。同时，很多食品企业也将企业社会责任缺失作为降低运营成本的战略（Riera 和 Iborra，2017），如非法排放油污（Vollaard，2017）、避税、可疑会计行为和慈善信托（Christensen 和 Murphy，2004）等。

二、食品企业社会责任缺失的诱因

一方面，企业的内部管理漏洞就像"基因"，会导致企业很难预防个人社会责任问题的出现。另一方面，企业的外部系统漏洞就像"诱因"，让那些无视职责的人能够模拟、蔓延和传递其不良行为，从而导致集体的社会责任问题（姜丽群，2016）。学界关于企业社会责任缺失诱因的研究已有丰硕成果，本文将其归纳为外部环境因素、组织因素和个人因素。

（一）外部环境因素

早期研究已经证实，环境中的资源稀缺程度、社会动荡程度、各个地区政策制度的差异性、竞争程度等可能对企业社会责任缺失产生正向影响（Baucus 和 Near，1991）。随着商业世界的发展越来越全球化和个性化，企业已经逐步脱离了社会规范的制约，从而使企业社会责任缺失行为越来越不受控制（Gonin 等，2012）。Walker 等（2019）通过对制度环境这一因素的研究，提出相比于协调市场经济，在一个强调市场力量、自上而下的单边决策、移动资产、快速变化的市场和强有力的竞争政策的自由市场经济的制度环境中，企业更有可能产生企业社会责任缺失行为。邓泽宏和谭力（2010）则探究了国内的制度环境对企业社会责任缺失行为的影响，认为企业社会责任缺失行为出现的主要原因在于改革开放之初中国构建的社会主义市场经济体制主要侧重于获得公司的经济利益，与国内相关的法律法规不完善等原因有关。Greve 等

（2010）对组织不当行为产生的相关理论进行了综述，他得出的结论是组织不当行为并没有明确的界限，而依赖于社会控制代理方对其的定义和判断，世界政体、国家和专业协会被视为社会控制代理方。社会对企业的信任持续下降，普遍的社会不公和企业腐败作为其他社会因素，经常导致利益相关者对管理者运营公司的良好意愿产生更高的怀疑（Mombeuil 和 Zhang，2020）。政府腐败也会对企业社会责任缺失行为产生影响；此外，政府与企业间的互动过程也有可能导致企业社会责任缺失行为（Hamann，2019），在这一过程中，谈判规则的模糊和难以执行、国家从企业社会责任活动涉及的领域退缩都会导致企业产生损害弱势利益相关者的行为，尤其是政治性企业社会责任缺失行为。政府监管部门监管缺位和政治寻租，也会加剧企业社会责任缺失行为的蔓延（浮婷和王欣，2019）。而行业协会和公众监督不力同样也会为企业社会责任缺失行为提供生长的土壤，这其中一个很重要的原因就是公众的企业社会责任意识低（Cm 等，2019）。

外部环境不仅包括宏观的社会系统环境，还包括行业环境。行业中松散的监管因素必然会使企业失去制约，从而出现更多不负责任的行为。而市场的财务状况、环境的竞争力水平或公司之间的竞争压力（Martínez 和 Fernández，2016）也可能使企业不惜冒险采取超越底线的行为。Wu（2014）还对市场成本压力这一因素进行了实证研究，结果表明，原材料和其他投入价格的上涨增加了企业社会责任缺失的可能性。这表明，为了在不利的市场条件下取得成功，许多公司可能会以对社会或环境不负责任的方式进行竞争。企业项目社会责任缺失的动因还可以归结为利益相关者之间联系不够紧密、参与度低、核心利益相关者不主动担当、信息传递过于依赖第三方和处于信息孤岛四个因素（杨德磊等，2023）。

（二）组织因素

企业战略对组织内部的一切制度和决策具有指导和统领的作用，研究发现，效率导向的商业战略相比于创新型战略更容易导致企业采取不负责任的行为（Yuan 等，2020）。同时，Greve 等（2010）的研究证实竞争型的组织文化会对企业社会责任缺失行为产生正向影响。商业组织的战略工具竞争观、综合价值创造观等，也会诞生企业社会责任行为的"赚钱论""工具论""公共物品论"等错误认知，进一步导致大量的企业社会责任缺失与异化行为（李井林等，2019）。一些学者也关注企业绩效的影响，但研究形成了相互矛盾的观点，即无论企业绩效高低都有可能导致企业社会责任缺失行为（Wiengarten 等，2019）。企业绩效的影响实际上与企业本身对其财务绩效的期望有关，现实绩效与期望绩效水平的偏离程度越高，企业越有可能违反环境、健康和安全法规。研究者也从企业结构的角度进行探索，发现当跨国公司的扩张导致一定的网络规模时，子公司可能会因为面临外部成员的强烈要求、企业发展的不确定性以及对其他公司经理的合规性缺乏信任而发生协调问题，从而导致子公司采取企业社会责任缺失行为（Asmussen 和 Fosfuri，2019）。董事会结构对企业社会责任缺失行为也具有显著影响（Jain 和 Zaman，2020），更大、更独立的董事会能显著减少企业的社会责任缺失行为，董事会企业社会责任委员会也能对企业社会责任缺失行为产生有效控制。研究还发现，当董事会中女性比例较高，或董事会活动较频繁时，企业的社会责任缺失行为发生的频率会显著降低。此外，Akerlof（1970）提出，当企业生产的产品质量不容易观察和辨别时，就会使企业在利益驱动下做出欺骗消费者的行为。食品企业的短视认知偏差是企业社会责任缺失行为产生的主要原因，它产生了自我强化效应和互动传染效应（Tian 等，2024）。

（三）个人因素

早期对企业社会责任缺失诱因的研究多集中在企业的领导者和员工上，例如员工的人为错误、管理层故意、自作自受的不当行为（如违反合规准则）导致的事故或产品损坏等，这些故意危害他人、采取不当措施或违反法律法规的情况将会形成强烈的企业社会责任缺失归因（Grunwald，2022）。由于 CEO 在企业决策中起到了至关重要的作用，因此大量的研究讨论了 CEO 的性别（Mui 和 Hill，2023）、能力、道德水平和性格特质对企业社会责任缺失行为的影响，如 CEO 的低水平道德发展和自私自利的性格特质，都会导致企业产生企业社会责任缺失行为（Giacalone 和 Knouse，1990）。Pearce 和 Manz（2011）研究发现，CEO 的权力需要程度越高，越会采取集中化的领导方式，这将会对企业社会责任缺失行为产生显著影响。另外，CEO 的政治取向也有可能影响企业 CSI 行为的产生（Jeong 和 Kim，2019；Markoczy 等，2023）。学术型 CEO 不鼓励企业社会责任缺失，因为他们有更高的道德标准，因此他们的企业不太可能参与企业社会责任缺失活动（Ren 和 Zhong，2023）。CEO 的薪酬结构严重影响着企业的战略选择（Ren 和 Zhong，2023；Jain 等，2023）。有学者将领导者放入组织中进行研究，发现由于领导者在组织中拥有权力，因此可以通过允许、奖励或忽视腐败，默许或明确授权企业社会责任缺失行为（Ashforth 和 Anand，2003；Zahra 等，2005）；同时，企业领导者在制定和实施社会责任倡议中的作用大小也对企业社会责任缺失行为的产生具有显著的影响（Waldman 和 Siegel，2008）。员工作为企业决策的执行者，在企业社会责任缺失产生过程中也起到重要作用。除了员工的性别、个性等因素，员工的道德认知水平也对企业社会责任缺失行为具有显著的影响（Ashkanasy等，2006；彭本红等，2022）。学者也从心理学的角度试图解释员工采取企业社会责任缺失行为的原因，如将个人责任归因于他人的行为，发生基本归因错误，或者通过否认责任、最小化不当行为的不良性质来合理化不当行为（Maclean，2008），从而没有道德负担地行使不当行为。同时，领导者与员工之间也存在相互影响。领导者可以通过影响员工的忠诚度，从而对企业社会责任缺失行为产生显著影响（Craig等，2010）。Volgger和Huang（2018）将酒店和旅游业中的企业社会责任缺失行为也归咎于个人，将其分为游客越轨和服务人员的社会责任缺失。

第五节　食品企业社会责任治理

一、企业社会责任治理范式

企业社会责任治理可以定义为企业自愿采取将社会和环境关切整合到其业务运营中的控制机制，这导致了不同的企业社会责任策略（Wang和Sarkis，2017）。Kim等（2012）特别指出了两种类型的企业社会责任战略，一种是企业只实施象征性的社会责任治理以回报股东，但管理者没有分配足够的资源来实现真正的社会和环境目标；另一种是在企业内部做出严肃的战略决策，以显示对环境和社会的积极行为。企业有效实施企业社会责任治理产生的积极员工满意度可以增强企业生产力，对企业利润和声誉产生积极影响（Franceschelli等，2018；Nirino等，2019）。学者对企业社会责任治理范式进行了大量探究，Husted（2003）发现企业通常有三种企业社会责任治理模式：通过慈善捐赠将企业社会责任外包，通过内部项目将企业社会责任内部化，采用合作模式。Steyn和Niemann（2014）为组织的企业战略（社会角色/利益相关者）发展提出了一个规范的框架，说明其与治理、可持续性和企业社会责任的关系。规范框架包含两个维度：企业战略是在企业治理以及社会和环境的可持续性和企业社会责任的背景下制定的，以实现组织的非财务战略目标（可持续性维度）；公司战略是在公司治理以及经济可持续性和企业社会责任的背景下制定的，以实现财务/经济战略目标（业务维度）。食物链责任以不同的深度和广度与企业战略相联系，形成超越响应性和整体性责任，响应和整体性责任，超越响应性和箭头责任，响应性和箭头责任。Albareda等（2018）将网络发展、网络结构、网络治理和制度、战略维度相结合，形成了元治理的整体网络方法，并对企业社会责任治理、协同企业社会责任治理、网络化企业社会责任治理和一体化网络化企业社会责任治理进行了解释。四种类型的战略企业社会责任组合可以产生持续的竞争优势和高于正常企业的经济表现（Heikkurinen和Forsman-Hugg，2011）。Heikkurinen（2010）创造了企业责任5个层次和5个目标，即创造性企业责任旨在创造新的竞争优势，企业家责任旨在发现新的竞争优势，积极的企业责任旨在增强竞争优势，主动企业责任旨在保持竞争优势，被动企业责任没有竞争优势。

国内学者关于企业社会责任治理的研究重点关注平台企业。肖红军和李平（2019）提出平台化履行社会责任的"底线要求""合理期望"和"贡献优势"层次，"底线要求"指企业应严格遵循特定社会问题的相关法律法规，高标准、严要求地确保企业行为符合社会活动运作规范；"合理期望"需要平台型企业回应社会公众和参与各方对社会化履责平台运作的关注；"贡献优势"是通过积极倡议、鼓励甚至合作促进平台型企业利用与卖方的链接关系。王仙雅和吴珍（2024）验证了三种治理模式对用户满意度和认同度从弱到强的正向影响程度。肖红军和张力（2021）以美团外卖以例，构建了以社会责任价值主张为引领、社会责任生态系统为核心、社会责任推进管理为保障的新型履责范式。阳镇（2021）提出平台型企业社会责任实践范式创新主要体现为平台型企业基于平台化履责与履责平台化两种社会责任实践范式，并呈现出社会责任实践管理与实践行为的双元结构、社会责任行为的网络外部性、高阶价值共享与价值创造的全方位超越四大具体表征。当下的平台型企业社会责任治理更需注重平台商业生态圈（肖红军和张力，2020），只有保持生态系统中各主体之间的健康互动，才能促进企业社会责任生态环境的改善。

二、食品企业社会责任缺失治理

在食品供应链中，食品企业的社会责任缺失行为覆盖众多环节，食品的生产、加工、流通、销售各个环节都与食品安全相关。食品企业需要具有一定的社会责任，专业化的生产可以为社会公众提供安全的食品（Reinhard和Lovell，2002）。在整个食品行业中，现代食品生产通常涉及两个或多个决策者，通过立法分配社会责任、依靠食品供应链的整合（Robert等，2001），可以保证食品治理，从而有效规避食品企业的社会责任缺失行为（Hennessy 和 Miranowski，2001）。一方面，完善食品企业社会责任缺失行为的社会监管体系，也要使更多主体参与监管。政府、食品企业、消费者等主体共同承担食品企业社会责任缺失行为的监管责任，其中食品企业在食品生产销售过程中要确保不存在社会责任缺失行为，政府与消费者要承担起检查和核实食品企业是否存在社会责任缺失行为的责任（Tompkin，2001）。政府作为主导者，制定治理食品企业社会责任缺失行为的政策要尽量满足社会公众对食品安全的需求，引导消费者自觉加入食品企业社会责任缺失行为的监管行列（Barling 和 Lang，2003）。保障食品行业的良性发展，需要建立政府、食品企业、社会公众共同参与的联合监管体系（Martinez 等，2007）。另一方面，第三方主体也要和政府交流，建立三方合作机制，共同寻求治理食品企业社会责任缺失行为的解决方案（李玉等，2011）。食品行业协会要提升其内部专业性，行业协会的内部治理和监督可以使其充分参与食品安全监管，提升食品企业社会责任缺失行为的治理水平（马宗利等，2017；牛哲，2018）。同时，食品企业要调整、完善食品企业社会责任缺失行为的监管体制，通过建立市场、国家、行业、社会四方监管体系显著减少食品企业的社会责任缺失行为，促进食品行业健康发展（周应恒和王二朋，2013）。

在"互联网＋"背景下，食品企业的食品安全问题治理尤为突出。食品安全相关社会主体具有分布广、数量大和信息分散的特征（Mock 等，2013），而且食品供应链中的每一个环节均可能导致食品安全问题的发生，因此企业需要借助大数据技术，对全链条的数据进行覆盖，以最低化数据成本和食品安全治理成本为目的，采取集约化方式采集供应链数据（陶光灿等，2018）。Ahearn 等（2016）也认为大数据在改善食品供应链、环境可持续性和食品安全方面具有潜力，当代食品运动至少部分是由信息技术推动的，消费者更加关注食品供应链的整个过程（Poppe 等，2013）。Zhi 等（2017）开发了一种灵活的分层体系结构，用于预包装食品跟踪平台，为了在实现细粒度跟踪的同时降低实施成本，提出了一种同时使用二维码和射频识别（RFID）标签的集成解决方案。此外，采用可扩展标记语言（XML），方便应用程序和涉众之间的信息共享，实现基于物联网技术对预包装食品供应链的实时跟踪，最终确保食品消费环境的良性、安全。数据治理作为一种数据科学的技术手段，以量化分析减少风险、以相关关系捕捉未来、以数学模型为分析工具，能为政府决策提供依据（单勇，2015）。在社会共治视角下建立面向食品安全的智慧监管平台，不仅为消费者提供价值创造中的相关信息，也通过食品安全信息的公开监督企业生产，提高政府监管效率（宋绍义等，2018）。

三、企业社会责任长效治理

企业社会责任长效治理聚焦企业社会责任实践的规划执行，为企业提出治理策略，让供应链上每一个食品企业在开展社会责任实践时都能得到启示，最终促进整个食品行业的可持续发展。学界的相关文献主要是阐明企业社会责任如何运作，如何将企业社会责任集成到企业现有业务流程中，如何将企业社会责任理念转化为实践，表现在企业社会责任实施过程中。

Asif 等（2013）就如何有效地将企业社会责任集成到现有业务流程中，提出一个框架，该框架同时强调了自上而下整合方法和自下而上社区相关指标开发方法的概念。自上而下的整合方法侧重于识别利益相关者的需求，并将企业社会责任与内部管理系统进行整合；自下而上的社区相关指标制定方法侧重于与社区的利益攸关方进行磋商，并制定与社区需求有关的指标。Kuokkanen 和 Sun（2020）构建了企业社会责任战略管理的概念框架，认为企业社会责任管理过程包括企业社会责任战略制定、实施和评价三个关键环节。Panapanaan 等（2003）认为企业社会责任管理有五个基本活动：组织和结构、规划、执行、监测和评估、沟通和报告。Bondy 等（2012）列出了导致企业社会责任制度化的六个阶段：研究，战略发展，系统开发，推广，嵌入、管理和评审，持续改进。Khoo 和 Tan（2002）基于澳大利亚商业卓越框架，确定了一个组织从初始状态转变为可持续组织的四个阶段：准备工作（包括领导和战略规划）、转换（涉及人员和信息管理）、实施（包括在公司流程中嵌入可持续性）、可持续经营的结果（包括系统的绩效评价）。Vigneau（2020）调查跨国企业子公司的企业社会责任实施过程，将国际商业和企业社会责任管理两种不同的实施视角结合在一起，开发了一个实施框架，即一个 2×2 的矩阵，说明了跨国公司实践实施涉及的四个方面。这个框架可以推广到评估跨国公司内部任何实践的实施，也有助于整合平行的国际商业和企业社会责任管理文献的实施。Fatima 和 Elbanna（2023）在 Maon 等（2009）研究的基础上，将提高企业社会责任意识、嵌入企业社会责任、实施企业社会责任活动、沟通企业社会责任、评估企业社会责任纳入企业社会责任实施框架。Beyne（2020）为设计和实施可持续发展目标提出四个层次和七个步骤的综合框架，从而实现企业的可持续转型。Colle 和 Gonella（2003）确定了两种广泛的企业社会责任实践方法：以内部为中心的方法，处理企业使命、价值观、文化和期望的商业行为，即商业伦理计划；以外部为中心的方法，处理社会或外部利益相关者的问题，即社会责任项目，并建议使用平衡的方法（即两者结合的方法）将企业社会责任整合到传统的企业管理系统和流程中。

Vidal 等（2015）没有列出企业社会责任实施活动的清单，而是试图识别出影响企业社会责任实践过程的因素，并确定了四个影响企业社会责任实践的因素：内部驱动、组织结构、实践的属性、正式过程。Zahidy 等（2019）旨在探讨和评估建筑行业成功采用企业社会责任的关键因素，研究结果显示，企业社会责任实践成功实施取决于八大因素，包括财务资源、高层管理支持、企业社会责任的管理或内部技能、国民经济增长、员工社会责任教育和培训、关键利益相关者参与企业社会责任过程、有效的企业社会责任沟通、组织结构。dos Santos 等（2022）总结了企业社会责任项目中最具影响力的六个关键成功因素：正确定义项目范围的能力、将企业社会责任项目与公司战略整合的能力、识别利益相关者需求的能力、具备风险分析的能力、识别并参与组织外部的利益相关者、授予财政资源以满足项目需求。

目前关于企业社会责任管理的研究文献倾向于列出企业社会责任实施过程中涉及的步骤，其范围涉及从制定企业社会责任政策到评估企业社会责任绩效。这些文献通常将企业社会责任如何运作描述为一系列连续的阶段（Risi等，2022）。很多学者试图绘制实施企业社会责任所涉及的步骤（如表 2-3）。

表 2-3　关于企业社会责任实践研究的代表性观点

作者	CSR 实践步骤
Werre（2003）总结出企业责任（CR）实施模型包括四个阶段	1. 提高高层管理意识； 2. 制定 CR 愿景和企业核心价值观； 3. 改变组织行为； 4. 锚定效应的变化
Cramer（2005）设计了一种结构化的企业社会责任方法，包括六项主要活动	1. 列出利益相关者的期望和要求； 2. 制定企业社会责任的愿景和使命，并在需要时制定行为准则； 3. 制定有关企业社会责任的短期和长期战略，并利用这些战略起草行动计划； 4. 建立监测和报告系统； 5. 将过程嵌入质量和管理体系； 6. 就方法和取得的结果进行内外部沟通

作者	CSR 实践步骤
Maignan 等（2005）从市场营销的角度概述了实施企业社会责任的八个步骤	1. 发现组织的价值和规范； 2. 确定利益相关者及其各自的突出特点； 3. 确定主要利益相关者所关心的主要问题； 4. 评估企业社会责任的意义； 5. 审计当前实践； 6. 优先考虑并实施企业社会责任的变化和倡议； 7. 通过提高公众意识和让利益相关者参与来促进企业社会责任实践； 8. 获得利益相关者的反馈
Maon 等（2009）基于多重案例研究和 Lewin（1951）的变革模型，提出了一个整合的企业社会责任设计和实施框架，该框架包括四个阶段九个步骤	四个阶段分别是解冻、移动、再冻结、敏感化。 　　九个步骤包括： 1. 提高企业社会责任意识； 2. 评估企业社会责任的社会意义； 3. 建立企业社会责任的工作定义和愿景； 4. 评估企业社会责任的现状； 5. 制定企业社会责任综合战略计划； 6. 实施企业社会责任综合战略计划； 7. 保持企业内外沟通； 8. 评估企业社会责任相关战略和沟通； 9. 将企业社会责任政策制度化
Tourky 等（2020）的研究结果揭示了企业发展和实施企业社会责任倡议所采取的九个步骤	1. 识别启动器和驱动程序； 2. 确定关键利益相关者及其问题； 3. 建立愿景和企业社会责任工作定义； 4. 评估当前的企业社会责任标准和竞争对手； 5. 制订 CSR 整合的战略计划； 6. 实施社会责任综合战略计划； 7. 沟通企业社会责任的承诺和绩效； 8. 评估企业社会责任综合战略和沟通； 9. 企业社会责任制度化

第六节　研究述评与本书切入点

通过回顾学界已有研究成果可以发现，学者对企业社会责任的关注较多，关于企业社会责任缺失及其诱因、企业社会责任动力与绩效、企业社会责任治理等研究不胜枚举，这些研究使得本书有着较好的研究基础。但是，聚焦食品行业与移动互联背景下的这些主题的企业社会责任研究，却呈现出系统研究不足、成果碎片化等问题。本书系统探究移动互联背景下食品企业社会责任问题及诱因、动力来源及作用机制、食品企业社会责任问题治理策略和食品企业社会责任长效治理策略等问题，详见表2-4。

表2-4　食品企业社会责任研究评述与本书切入点

研究领域	已有研究	代表学者	研究机会	研究切入点
食品企业社会责任水平研究	开发了大量的企业社会责任实践理论框架，通过不同的理论视角对食品企业社会责任水平进行统计；通过食品行业企业社会责任报告对研究主题进行描述性统计分析	Spiller（2000），Heikkurinen和Forsman Hugg（2011），Maloni和Brown（2006），Scheidler和Edinger—Schons（2020）	缺少食品企业之间横向的比较分析；缺少从供应链角度对食品企业社会责任的目标及实践内容的详细描述	从供应链角度考虑食品企业之间的比较，考虑企业社会责任与消费者感知之间的比较，从而得到食品企业社会责任与国际知名企业、消费者期望的差距
移动互联背景下食品企业社会责任缺失及其诱因	关注企业社会责任缺失的不同类型对消费者的负面影响及对企业声誉的影响，更加关注企业不道德行为；利用问卷调查和案例分析等方式归纳食品企业社会责任缺失；从单一视角研究食品企业社会责任缺失	Greve等（2010），Pearce和Manz（2011），Scheidler和Edinger—Schons（2020），Zhang等（2020），Walker等（2019）	没有基于具体的案例进行研究，没有将定量研究与定性研究相结合；没有注意结合特定食品行业和移动互联背景的双层限制；没有从宏观、中观、微观角度分析食品企业社会责任缺失的诱因	将定量研究与定性研究相结合，关注移动互联背景下食品企业社会责任缺失及其诱因；从生态系统角度探索食品企业社会责任缺失的诱因
食品企业社会责任动力来源与作用机制研究	关于企业社会责任驱动因素已有大量文献，大多数研究是概念性的，系统的实证研究有待丰富	Chkanikova和Mont（2015），Shnayder等（2016），Naidoo和Gasparatos（2018），Zhang等（2019），沈奇泰松等（2014），贾兴平等（2016）	在食品行业，系统研究企业社会责任动力来源的研究很少；企业社会责任的驱动因素、实践和企业绩效之间的关系尚未被深入探索；且在前因变量中，同时考虑内部动机和外部压力的研究很少；在结果变量中，对财务绩效的研究比较广泛	运用问卷调查与实证研究的方法，系统研究中国食品企业社会责任动力来源，并对食品企业社会责任的驱动因素、实践和企业绩效之间的关系进行实证检验，从主动和被动的视角考察企业社会责任的前因变量，并引入CSR导向文化作为调节变量
移动互联背景下食品企业社会责任问题治理策略研究	从社会治理或者公司治理角度分析企业社会责任治理	Husted（2003），Heikkurinen（2010），Heikkurinen和Forsman（2011），Steyn和Niemann（2014），姜丽群（2016），Albareda和Waddock（2018）	针对食品企业具体社会责任问题治理策略的研究成果较少，对食品企业社会责任治理的研究缺乏系统性和全面性	从食品企业社会责任治理的具体问题出发，结合移动互联技术深入探究食品企业社会责任治理策略

续表

研究领域	已有研究	代表学者	研究机会	研究切入点
移动互联背景下食品企业社会责任长效治理策略研究	关于企业社会责任实施的研究文献倾向于列出企业社会责任实施过程中涉及的步骤	Maon 等（2009），Cramer（2005），Khoo 和 Tan（2002），Maignan 等（2005），Werre（2003），Bondy 等（2012）	关于企业社会责任如何实施的已有文献较为传统，没有考虑移动互联背景下社会发生的一系列变化；食品企业需要在 CSR 上进行创新，满足社会对食品企业社会责任的一些新需求与新期望	明确移动互联技术的发展与应用如何赋能食品企业更好地履行社会责任，如何更好地与利益相关者进行 CSR 沟通、互动，结合现实案例，为中国食品企业在移动互联背景下履行社会责任提供长效治理策略

（1）针对食品企业供应链社会责任的比较分析相对缺乏。一方面，现有的研究开发了大量的企业社会责任实践理论框架，通过不同的理论视角对食品企业社会责任实践进行统计，通过赋值方式分析食品企业社会责任实践水平，但是缺少食品企业之间横向的比较分析；另一方面，关于食品行业企业社会责任报告的研究主要关注环境保护、负责任的消费、健康和生活质量、关心员工和当地社区、教育活动以及与可持续发展的利益相关者合作等领域（Bobola 等，2018），集中在描述性统计分析，缺少通过供应链角度对食品企业社会责任的目标及实践内容的详细描述。因此，通过比较分析发现和总结中国食品企业社会责任存在的问题，成为本书的第一个切入点。本书不仅从供应链角度对食品企业社会责任进行比较，还从消费者这一主要利益相关者的角度与企业社会责任重要性进行比较，从而揭示食品企业社会责任与国际知名企业以及消费者期望之间的差距。

（2）结合移动互联背景研究食品企业社会责任缺失及其诱因的相关研究不足。从文献综述来看，国内外学界主要关注不同类型的企业社会责任缺失对消费者的负面影响及对企业声誉的影响，更加关注企业不道德行为。从研究方法来看，学者倾向于利用问卷调查（Scheidler 和 Edinger-Schons，2020）和案例分析（Zhang 等，2020）等方式归纳食品企业社会责任缺失行为，没有基于具体的案例、采用定量与定性结合的方式探究食品企业社会责任缺失及其诱因；从研究内容来看，已有的研究成果通常适用于大多数行业，没有结合特定的食品行业和移动互联的双重背景，深度挖掘食品企业社会责任缺失及其诱因的特点；从研究视角来看，也有研究从单一视角出发，如从制度环境（Walker 等，2019）、竞争型的组织文化（Greve 等，2010）、CEO 道德（Pearce 和 Manz，2011）等方面对企业社会责任缺失的影响进行研究，没有从宏观、中观、微观层次分析食品企业社会责任缺失的诱因。因此，本书的第二个切入点是结合移动互联背景，从多视角、多层次，将定量研究与定性研究结合，探究食品企业社会责任缺失及其诱因。

（3）在企业社会责任动力来源及作用机制方面，虽然关于企业社会责任驱动因素已有大量研究（如 Chkanikova 和 Mont，2015；Naidoo 和 Gasparatos，2018；Shnayder 等，2016；Zhang 等，2019；沈奇泰松等，2014；贾兴平等，2016），但大多数研究是概念性的，系统的实证研究有待丰富。行业背景是影响企业社会责任及其维度的关键因素。在食品行业，系统研究企业社会责任动力来源的研究很少；企业驱动因素、企业社会责任实践和企业绩效之间的关系尚未被深入探索；且在前因变量中，同时考虑内部动机和外部压力的研究很少；在结果变量中，财务绩效研究较为广泛。本书同时考虑了财务与非财务绩效的结果变量，全面探究企业社会责任给企业带来的有形和无形的回报。

（4）基于食品企业社会责任问题建立的治理策略研究较少。国内外学者往往从社会治理或者公司治理角度分析企业社会责任治理，而针对食品企业社会责任的具体问题治理策略的研究成果较少，使食品企业社会责任治理研究缺少系统性和全面性。因此，本书从有关食品企业社会责任的具体问题出发，结合移动互联技术深入探究食品企业社会责任在经济、社会和环境等方面的可持续策略，为食品企业的可持续发展提出建议。

（5）在食品企业社会责任长效治理策略方面，关于企业社会责任如何实施的已有研究较为传统，没有考虑移动互联背景下社会发生的一系列变化，食品企业需要在企业社会责任上进行创新，满足社会对食品企业社会责任的新需求与新期望。本书将明确移动互联技术的发展与应用如何赋能食品企业更好地履行社会责任，如何更好地与利益相关者进行企业社会责任沟通、互动，结合现实案例，为中国食品企业在移动互联背景下履行社会责任提供长效治理策略，指导企业决策。

第三章　移动互联背景下食品企业
社会责任的内涵、价值及机遇挑战

本书基于企业社会责任理论、食品供应链理论和可持续发展理论，运用文献研究、案例分析的方法，界定出移动互联背景下食品企业社会责任的内涵，总结企业社会责任经典常用模型，在此基础上提出本书的"食品企业可持续社会责任模型"。同时，本书通过文献梳理出食品企业社会责任价值，运用多案例方式论证移动互联背景下食品企业社会责任特征，并总结归纳出移动互联背景下食品企业社会责任面临的机遇与挑战。

第一节　食品企业社会责任的内涵

一、企业社会责任的内涵

Carroll（1979）认为现代企业社会责任（Corporate Social Responsibility，CSR）概念起源于 1953 年 Bowen 出版的《商人社会责任》（*Social Responsibilitiesof the Businessman*）一书，并提出企业社会责任的最早定义：商人的社会责任指商人有义务执行那些在我们社会的目标和价值方面可取的政策、决定和行动路线。Carroll（1991）提出的企业社会责任金字塔模型，将企业社会责任分为经济责任、法律责任、伦理责任和慈善责任。这一定义得到了学界的广泛认同。此后，有关企业社会责任的研究逐年增加，关于企业社会责任的内涵及定义也越来越多。

从利益相关者角度出发，Freeman（1984）提出了利益相关者理论，将利益相关者群体划分为主要利益相关者群体和次要利益相关者群体。大量组织也以此理论为蓝本制定行动框架，例如 ISO 标准、KLD 指数等。利益相关者理论有利于企业从工具性视角来管理企业社会责任活动和沟通，并收获企业社会责任价值。企业社会责任的规范性观点认为应该建立伦理驱动的企业社会责任，建立一套独立于社会义务或利益相关者义务的企业行为的评价标准（Donaldson 和 Preston，1995）。例如，遵循基于正义的道德规范，一家公司可以尝试有系统地支持一些决定和程序，这些决定和程序可以为其不同的合作伙伴和合伙人带来平等、自由、公平的机会。将企业社会责任嵌入企业价值观、战略和流程，从而产生内生动力。伦理导向强调了企业文化的重要价值，其主要观点是企业社会责任面临严峻的式微态势，重塑企业文化和价值或可以从根本上推动企业社会责任。

从可持续角度发展出的三重底线理论认为，当企业达到经济繁荣、环境质量、社会公平的"三重底线"时，企业是可持续的，因此可以从经济、环境和社会三维度对企业社会责任展开评估。所以，企业社会责任可以被定义为在经济发展、环境保护和社会促进之间寻求良性平衡。具体而言，要通过市场的方式，而非传统的命令和管制的方式，使企业在可持续目标基础之上提高绩效；商业领袖要有商业不仅是创造经济价值，也包括创造社会价值和道德价值的认识；企业经营要透明化，从而可以被外界监督；关注产品的整个生命周期；通过企业间合作实现可持续发展；企业的时间视角从短期转向长期；可持续经营需要对公司资产所有权、股东与利益相关者之间的平衡做出新的定义（Elkington，1997）。在三重底线理论提出的三个领域中，经济层面的企业社会责任关注企业的经济产出，以及社会整体效用最大化（Tate 和 Bals，2018；Walker 等，2020）。企业经济社会责任可以提供良好的经济成果发展社会财富，以消除贫困（Kucukvar 和 Tatari，2013；Hsu 等，2019）。社会层面的企业社会责任涉及通过解决和最小化与公平、健康和个人生活质量相关的社会问题来关心社会中人们的福利（Hammer 和 Pivo，2017；Tate 和 Bals，2018；Hsu 等，2019；Pan 等，2021）；环境层面的企业社会责任，意在强调人类离不开自然环境，对自然环境的污染会导致自然灾害和疾病（Medarevic，2012；Tate 和 Bals，2018；Burki 等，2018）。随着时间的推移，消费者越来越关注自然环境，使得企业更加重视投资环保管理（Shou 等，2019；Pan 等，2021），企业被要求以更环保的方式管理其生产经营（Hammer 和 Pivo，2017；Ahmad 和 Wong，2019；Walker 等，2020）。

由于关于企业社会责任的定义具有多样性，很难确定一个单一的处于支配地位的企业社会责任概念。总体来讲，有关企业社会责任的研究可以分为两个方面：规范性研究和工具性研究。规范性研究关注企业对整个社会的责任，工具性研究关注单个企业如何成功地管理企业社会责任（管理方法）或者企业社会责任如何产生组织效益（工具方法）。规范性研究提供了指导原则，工具性研究则将其落实为企业行动。

二、食品企业社会责任的内涵

国内学界关于食品企业的概念界定较为模糊，相关概念之间并没有非常明确的区隔。例如，赵越春（2013）研究了食品企业社会责任实践评价及消费者响应行为，但没有明确界定研究对象及其特征。国外学者的食品企业研究对象包括农业综合企业（Luhmann 和 Theuvsen，2016）、食品和农业综合企业以及食品加工部门（Ali 等，2017）、生鲜食品电商企业（Siddh 等，2017）、食品制造企业（Tarnanidis 等，2019）、食品生产企业（Akbari 等，2019）、食品供应商（Ye 等，2015）等。其中，食品生产企业又包括初级农产品生产、食品的生产加工和包装环节。当下，消费者不仅对食品安全、环境、动物福利和生物多样性等问题越来越敏感，还对消费伦理价值、人权和工人的尊重也越来越敏感。张蓓和盘思桃（2018）基于可持续发展理论将生鲜电商企业社会责任分为消费、品牌、法律、道德和环境五个方面的责任。

本书从食品供应链视角出发，将食品企业界定为从事种养殖的农户或农产品企业、食品加工和生产企业、食品物流企业，以及食品经销企业，实行自主经营、自负盈亏、独立核算的法人或其他社会经济组织。具体类别则采用2014年颁布的《食品安全法》的适用对象。食品行业供应链是一个复杂的系统，包括食品从最初的生产阶段到最后的消费阶段的流通及回收（如图 3—1）。

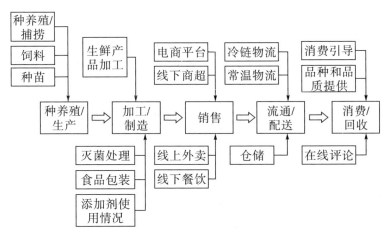

图 3—1　食品供应链

Ouden 等（1996）将食品供应链界定为食品企业为降低物流成本、提高质量安全水平和服务水平的垂直一体化运作模式。食品供应链包括从种子到餐桌链条上所有的产品、运输、销售、服务、信息等。食品供应链是一个包含"种养殖/生产—加工制造—销售—流通/配送—消费/回收"的多主体、多节点网链式结构（如图3-2），因此，其承担社会责任的主体是供应链上的所有企业，包括农户、初级农产品企业、食品加工企业、食品制造企业、物流企业、食品经销企业、食品零售企业，以及移动互联背景下的食品生活平台、食品零售平台等。张红霞等（2013）将食品供应链界定为四个环节，分别为初级农产品种养殖环节、食品加工环节、食品流通环节、食品消费环节，具体指食品从初级农产品种养殖开始，经过加工、流通等，最终转移到消费者手中的全过程。其特征有结构复杂、管理难度大，参与主体成熟度较低，风险性高（张红霞和安玉发，2014）。

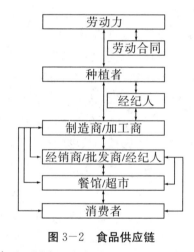

图3-2　食品供应链

来源：Maloni 和 Brown（2006）

食品供应系统的健康和安全显然是消费者的重点关注事项，未达到食品安全标准的产品可能会对食品行业产生有害影响（Morgan 等，2017）。食品从生产、加工、流通到消费的各个环节中都存在食品质量风险（王海燕等，2020）。可见，任何一个环节上的风险均会影响到整个食品供应链质量安全水平（张蓓和盘思桃，2015）。食品从研发、生产、销售到消费，环节之多、过程之复杂一定程度上提升了食品安全问题的出现概率（易开刚和范琳琳，2014）。Heikkurinen 和 Forsman（2011）提出企业责任的威胁和机遇正日益从单一企业层面转向供应链，并进一步转向网络（Heikkurinen 和 Forsman，2011）。

关于食品企业社会责任的研究必须跨越单个企业的边界，将社会责任延伸至整个食品供应链，才能带来食品企业社会责任问题的根本改善。Maloni 和 Brown（2006）等学者从食品供应链的视角出发研究企业社会责任。在这些研究中，管理学文献中的定义被引入食品企业社会责任研究中，并增加了农业企业所特有的一些社会责任要素（Luhmann 和 Theuvsen，2016），详见表 3-1。

表 3-1　食品供应链视角的食品企业社会责任维度

学者	定义
Maloni 和 Brown（2006）	安全与健康、社区、环境、劳工与人权、动物福利、生物技术、公平贸易、采购
Heikkurinen 和 Forsman（2011）	产品安全、营养、职业福利、动物福利、当地市场存在、经济责任、环境
Forsman 等（2013）	环境、产品安全、人类健康、营养、职业和动物福利、经济责任和地方福利
Hartmann 等（2013）	动物福利（如畜牧业、动物待遇、屠宰场运输距离、屠宰前麻醉充足）、雇佣（如员工培训、公平工资、无合同工、工作条件好）、环境（如环境保护、食品原产地）、慈善（如员工志愿活动、企业捐赠）
齐丽云等（2016）	责任采购、经济责任、人权、环境保护、社会发展、产品责任、劳动实践、动物保护

本书借鉴 Maloni 和 Brown（2006）的研究成果，从食品供应链视角界定食品企业社会责任，具体包括安全与健康、社区、环境、劳工与人权、动物福利、生物技术、公平贸易、采购八个方面。本书将食品企业社会责任界定为：食品供应链上涉及的所有主体企业，包括初级农产品企业、食品制造加工企业、食品物流企业、食品经销企业，以及移动互联背景下食品零售平台和生活服务类平台企业等，主动承担从种子到餐桌以及垃圾处理回收利用等全过程的八个方面的社会责任，即健康与安全、社区、环境、劳工与人权、动物福利、生物技术、公平贸易、采购。

第二节　食品企业社会责任模型

企业社会责任是一个非常广泛的管理领域，涵盖广泛的商业活动的经济、环境和社会问题（Luhmann 和 Theuvsen，2017）。学者们从不同的理论、视角或标准出发构建了企业社会责任框架。根据已有研究成果，我们总结出了三种典型的食品企业社会责任实践模型——食品企业社会责任金字塔模型（Carroll，1991）、基于利益相关者理论的食品企业社会责任模型（Spiller，2000）、食品供应链社会责任模型（Maloni 和 Brown，2006），并提出了食品企业可持续社会责任模型。

一、食品企业社会责任金字塔模型

Carroll（1991）提出的金字塔模型（如图 3－3）包括经济责任（长期盈利能力）、法律责任（遵守现行法律）、伦理责任（社会规范和价值观）、慈善责任（支持当地社区），是用来描述企业社会责任的最经典框架（Luhmann 和 Theuvsen，2017；Lee 等，2012；Kim 和 Thapa，2018）。

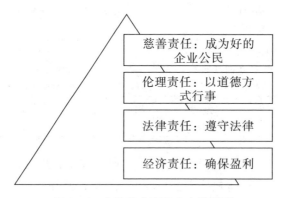

图 3－3　企业社会责任金字塔模型

来源：Carroll（1991）

二、基于利益相关者理论的食品企业社会责任模型

利益相关者的概念对于理解企业社会责任至关重要。大量的企业社会责任模型是根据利益相关者理论构建的，在企业社会责任上的运用十分广泛，对于理解企业社会责任的价值和内涵至关重要（Lamberti 和 Lettieri，2009；Martos－Pedrero 等，2019；Ikram 等，2020；ElBaz 等，2016）。"利益相关者"可被定义为"可以影响组织的使命或受其影响的群体和个人"（Freeman，1984），或者"那些具有组织使命感的群体和个人，股份或对公司的债权"（Evan 和 Freeman，1988）。此外，利益相关者的概念可以被扩展到更广阔的范围，包括所有对公司参与者保持"批判性眼光"的实体（Lépineux，2005）。

利益相关者理论强调组织的生存与成功取决于组织能否为其主要利益相关者产生足够的财富、价值或满意度，而不仅仅是为股东带来利益（Clarkson，1995）。该理论将研究对象从单一股东群体扩展到员工、消费者、社区、供应商、媒体和政府等群体。不同的利益相关者群体对企业决策或行为的影响不同（Spiller，2000）。研究发现，食品行业更大的公众知名度及其所感受到的外部压力，可能是促使这些公司采取履行社会责任行为的原因（Hartmann，2011）。

根据 Spiller（2000）提出的企业社会责任实践分类，Lamberti 和 Lettieri（2009）对一家意大利食品制造商进行了纵向案例研究，以进一步揭示企业如何采用企业社会责任实践以满足利益相关者的需求并巩固其信任。他们将利益相关者分为六个部分（详见表 3-2），包括社区、环境、员工、消费者、供应商、股东。

表 3-2 基于利益相关者理论的食品企业社会责任模型

一级	二级
社区	慷慨的捐款，创新的给予，支持教育和职业培训方案，直接参与社区项目和事务，社区志愿者计划，对当地社区的支持，环境和社会变革运动，员工主导的慈善事业，高效社区活动，环境和社会绩效的披露
环境	环境政策、组织和管理，减量化、再利用和再利用的政策，监测、减少和承担向环境排放的责任，废物管理，节能，有效的应急响应，公众对话和公开，产品监管，对供应商的环境要求，环境审计
员工	公平报酬，有效沟通，学习和发展机会，完成工作，健康安全的工作环境，平等就业机会，工作保障，称职的领导，社区精神，社会使命整合
消费者	行业领先的质量计划，物有所值，真实的推广，全面的产品披露，在研发中的领导地位，最低限度的包装，对客户意见/关注的尊重和快速回应，客户对话，安全的产品，对环境和社会负责的产品组成
供应商	发展和保持长期的采购关系，明确的期望，根据商定的条款支付公平的价格和账单，公平和有能力处理冲突和纠纷，可靠的预期采购要求，鼓励提供创新建议，协助供应商改善其环境/社会绩效，利用本地供应商，从少数股权供应商处采购，在供应商选择中纳入环境/社会标准
股东	良好的股东长期回报率，传播全面清晰的信息，鼓励员工持股，发展和建立与股东的关系，明确的股利政策和适当的股利支付，公司治理问题得到妥善管理，接触公司董事和高级管理人员管理者，年报提供公司业绩，明确的长期经营战略，与金融界的公开沟通

来源：Spiller（2000）

三、食品供应链社会责任模型

食品供应链是食品企业的重要组成部分，是从"田间到餐桌"的一个漫长而复杂的体系。典型的食品供应链包括生产、加工、运输、消费，甚至店内运营（Ghadge 等，2017）等过程。食品供应链任何环节出问题都可能给食品企业带来风险和危机。因此，一些学者从供应链的角度构建了企业社会责任框架。Maloni 和 Brown（2006）为食品行业开发了一个全面的供应链企业社会责任框架（见表3-3）。该框架详细介绍了食品供应链中独特的企业社会责任应用，包括动物福利、生物技术、环境、公平贸易、采购、社区、安全与健康、劳工与人权。Morgan 等（2018）发现安全与健康被认为是最重要的企业社会责任领域，其次是环境；女性或年龄超过 65 岁的消费者会更加重视安全与健康。Forsman 等（2013）确定了七个关键的食品供应链企业社会责任维度：环境、产品安全、营养、职业福利、动物福利、经济责任和社区福利。

表 3-3　食品供应链社会责任模型

一级	二级	三级
动物福利	人道主义待遇	虐待、处理、安置、屠宰、运输
生物技术	动物、植物	抗生素、生长激素、组织培养、基因检测、重组 DNA、克隆
环境	保护	损害赔偿、能源、食物里程、森林、耕作方法、包装、资源、物种、水、土壤
	污染与废物处理	排放物、废物、肥料、水、有害物质、有机物、除草剂、杀虫剂、灭鼠剂、回收利用、全球变暖
公平贸易	公平	公平贸易、利润分享
采购	行为	行为、专业能力
	购买过程	保密/专有信息、利益冲突、欺骗、不当行为、影响、互惠、对雇主的责任、滥用权力、特殊待遇
	合法	适用法律
	多样化的供应商	弱势供应商、少数供应商、供应商的少数劳动力/项目
社区	支持	经济发展、慈善事业、艺术、教育支持、工作培训志愿服务、扫盲、卫生保健、儿童护理、住房
安全与健康	安全	食品安全、食品保障、可追溯性、运输、披露
	健康	健康的生活方式、当地的食物来源

一级	二级	三级
劳工 与人权	补偿	补偿
	法律劳动	俘虏/强迫/保税劳工、童工、身份验证
	机会	培训、教育、晋升、正规就业
	待遇	残疾人住宿、纪律/虐待、歧视、尊重
	工人权益	法律权利、公民权利、多样性、隐私、集体谈判、申诉、权利披露
	工作环境	卫生、健康、质量、安全、运输安全、住房安全、培训/公开、工时

来源：Maloni 和 Brown（2006）

四、食品企业可持续社会责任模型

2015 年联合国提出可持续发展目标，旨在 2015—2030 年解决社会、经济和环境三维度下的发展问题，实现可持续发展。为了提升我国生态文明发展水平，党的十八届五中全会将"创新、协调、绿色、开放、共享"确定为我国的发展理念。经济可持续发展必须与社会可持续发展并驾齐驱。环境的压力和政策的引导使越来越多企业、机构和个人表现出对环境、生态、可持续性问题的关注，并提倡绿色化、简约化、共享化的生活方式。

为了实现可持续发展，企业的产品、生产过程和服务不仅需要应对产品功能、性能和成本方面的挑战，还需应对环境和社会问题。"可持续"的生产过程不仅应该有利于社会和经济发展，也应该减少对环境的污染，尽可能地对环境产生正向影响。Touboulic 等（2014）认为可持续发展是满足和平衡当前和未来利益相关者需求的必须的商业投资战略。Grimm 等（2016）认为可持续性是一个公司在激烈竞争和不断变化的全球商业环境中繁荣发展的能力。那些通过关注质量、创新和生产率来预测和管理当前和未来经济、环境、社会机会和风险的公司将更有可能成为创造竞争优势和长期利益相关者价值的领导者。可持续发展是现在和未来时代发展的重要基调。从三重底线理论角度来看，经济社会责任可以避免垄断和寡头垄断，有助于商品的公平分享，因为在低水平的竞争下，价格可能会被扭曲（Ahmad 和 Wong，2019；Lock 和 Araujo，2020）。在食品服务行业，提供健康的食物、保持良好的卫生环境和消费者的健康状况，是食品企业社会责任的构成元素（Chen 等，2017；Tomaszewska

等，2018）。环境企业社会责任包括减少食物浪费，使用可回收的包装和物品，以及降低二氧化碳和水污染水平（Guzzo 等，2020；Rhou 和 Singal，2020）。

食品企业社会责任金字塔模型分为经济责任、法律责任、伦理责任和慈善责任四个维度；基于利益相关者理论的食品企业社会责任模型分为六大利益相关者，分别是社区、环境、员工、消费者、供应商、股东；食品供应链社会责任模型按照企业社会责任议题分为：动物福利、生物技术和新颖产品、公平贸易、采购、社区、安全与健康、劳工与人权。基于上述对企业社会责任模型的归纳整理，本书在 Maloni 和 Brown（2006）食品企业社会责任维度的基础上进一步提炼出了三维（环境、经济、社会）八主题（动物福利、环境、生物技术、采购、公平贸易、安全与健康、劳工与人权、社区）的食品企业可持续社会责任模型（如图 3—4 所示）。

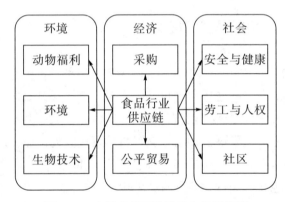

图 3—4　食品企业可持续社会责任模型

第三节　移动互联背景下食品企业社会责任的价值

基于企业社会责任理论、利益相关者理论、价值创造理论和风险管理理论，本书将移动互联背景下食品企业社会责任价值划分为：声誉价值及营销价值、风险防范及保险价值、利益相关者关系价值、顾客与员工的吸引力价值和可持续发展价值。

一、声誉价值及营销价值

(一) 声誉价值

食品企业社会责任具有声誉价值。声誉是利益相关者群体如何看待企业的一种体现，包括了员工、客户、供应商、分销商、竞争对手和公众对企业的普遍评价。企业社会责任对企业声誉和品牌声誉具有直接、显著的影响。Czinkota 等 (2014) 发现合法性、声誉与企业供应链之间的相互关系，并根据欧洲牛肉产品错贴马肉标签的供应链丑闻，论述了企业社会责任对企业声誉和企业可持续发展的影响。Biloslavo 和 Trnavčevič (2009) 运用内容文本与语义分析的研究方法探索了 20 多家企业的可持续发展内容，提出"绿色声誉"价值。另外，良好的企业声誉会增加企业产品的销售额，因为它降低了消费者首次购买的风险并刺激其再购意愿，最终形成客户忠诚。Peloza 等 (2015) 的研究证明，企业社会责任声誉感知会使企业产品产生健康光环，进而使消费者低估产品的卡路里含量，过度消费。De Magistris 等 (2015) 对比考察了社会和环境属性对消费者支付意愿的影响，并验证了企业社会责任认证会影响食品消费者的支付意愿。研究发现，企业积极履行社会责任可以提高企业声誉、建立品牌形象、增加市场影响力，提升企业价值 (陈晓易等，2020)。企业社会责任实践作为一种战略工具，使企业能够改善利益相关者的认知，从而有助于改善品牌形象和企业声誉 (Singh，2021)。Getele 等 (2020) 的研究表明，在环境实践方面承担企业社会责任能塑造企业正面形象，良好的企业形象是一种吸引劳动力的资产，企业社会责任实践也会激励员工。Lauritsen 和 Perks (2015) 对年轻人对英国超市的看法进行了研究，认为基于企业社会责任实践的人力资源管理系统的实施，会给企业带来积极的品牌形象，有利于吸引员工。

良好的企业社会责任实践会给企业带来声誉价值；相反，负面的企业社会责任实践会给企业带来声誉风险。例如，在中国奶粉产业的三聚氰胺奶粉事件，由于供应商向牛奶中添加三聚氰胺，使婴儿出现严重的健康问题，完全摧毁了企业的声誉。企业应该利用社会责任计划与实践长期、可持续地维护企业声誉，将企业社会责任融入采购和供应管理业务流程，建立合乎道德的供应链，以降低风险、保护声誉、实现既定价值、提高供应商生产效率，并减少对社会和环境的影响。

（二）营销价值

企业社会责任实践已经成为企业获得竞争优势的一种手段，企业社会责任实践会给企业带来营销价值，直接影响企业的财务绩效、投资者交易行为、消费者购买和评价行为。大量的研究发现，企业社会责任实践会带来更佳的营销效果和更好的财务绩效。

Misani 和 Tencati（2007）通过对意大利有机食品消费者的调查研究发现，企业社会责任实践状况会影响消费者信任，并最终影响企业的销售收入和财务绩效。De Magistris 等（2015）对比考察了社会和环境属性的相关认证对消费者支付意愿的影响，并验证了企业社会责任认证会影响食品消费者的支付意愿。通过研究美国食品与饮料供应链上企业的环境排名与财务绩效之间的关系，学者发现环境排名较高的企业往往比排名较低的企业在财务绩效上表现得更好。Hartman 等（2013）聚焦德国消费者对肉类生产和加工部门的企业社会责任感知，发现企业可以通过负责任的行为及沟通和宣传来获得竞争优势，企业对动物福利领域的明显关注可以影响消费者的购买决策。从市场营销的角度来看，企业社会责任实践会为企业带来许多好处，可提高客户和员工的满意度和忠诚度（Sitnikov 等 2021）。Luo 和 Bhattacharya（2006）的研究发现，企业社会责任实践对提升企业市场价值具有积极作用，并证实消费者满意度能够在两者之间起部分中介作用。韩鹏程等（2020）、陈晓易等（2020）通过对客观数据的回归分析，证实了企业社会责任实践对企业价值的影响。薛姣（2021）研究发现，强制企业披露履行社会责任信息会显著提升企业的风险承担水平，进一步提升企业价值。李园园等（2020）通过建立门槛面板数据模型，得出研究结论：企业社会责任实践能有效提升市场对企业品牌价值的评估，但需避免企业社会责任投入过高产生的负面作用。还有学者证实了企业社会责任实践可以显著提升企业绩效（张雪和韦鸿，2021；冯锋和张燕南，2020）、企业竞争力（徐天舒，2020）。

由于日益严重的肥胖问题以及消费者对健康生活方式的新追求，食品企业通过履行健康责任，可以为消费者提供更加绿色健康的产品。越来越多的品牌企业将营养健康作为宝贵的营销工具和品牌价值来源。

二、风险防范及保险价值

企业社会责任具有保险价值：一是在危机发生前，企业社会责任具有风险防范与监控前置的作用；二是在危机发生后，企业社会责任具有危机缓和、精准应对的作用。

企业社会责任被认为是企业防范食品安全、环境或社会风险的一种方式。企业社会责任有助于社会不同群体间建立信任、声誉、商誉。在基于企业社会责任的危机响应中，企业社会责任历史可能会对消费者产生光环效应。有良好的企业社会责任历史，可以使企业更容易获得客户、供应商等利益相关者的信任、支持，这些"历史资本"可以用作企业信用，从而防止潜在的突发危机事件对企业造成不良影响。同时，消费者也更倾向于认为企业是正直的、有责任且有担当的，从而对消费行为产生积极影响。

企业社会责任是一种风险管理工具。周方召等（2020）的研究表明，企业社会责任能显著促进企业财务绩效的增长，同时也能够减轻企业的财务风险、债务违约风险和特质风险。Suto 和 Takehara（2022）研究发现，企业社会责任强度高（定义为企业累积的社会责任活动）不仅可以直接降低企业风险，还可以负向调节企业创新与风险之间的关系，间接降低企业风险。该研究结果表明，企业社会责任强度作为投资者信任的信号，通过降低市场对企业风险的感知，有助于研发投资的顺利融资。Rizky 和 Liliana（2021）的实证研究发现，参与企业社会责任活动可以显著降低企业的不确定性，从而向利益相关者发出积极的信号，降低企业风险。良好的企业社会责任已被视为企业风险管理的一个重要因素，因为它有助于帮助利益相关者识别企业出现的问题，防止欺诈，维护公司的声誉（Tangngisalu 等，2020）。Karwowski 和 Raulinajtys－Grzybek（2021）的研究证实了企业社会责任在风险缓解中的作用。Singh（2021）发现，如果企业采取供应链风险管理和企业社会责任实践等战略举措，可以降低风险事件对企业声誉的影响。Kim 和 Pennington－Gray（2017）的研究结果表明，如果期望企业社会责任活动能产生类似"保险"的收益，企业需要制定危机应对措施以增强消费者对企业长期履行社会责任的认知。相反，较短历史的企业社会责任履行活动可能适得其反，它可能被消费者视为简单的"噱头"，从而导致更多负面企业评价。

良好的企业社会责任履行有助于保护或恢复企业的声誉。蔡玉程等（2020）研究发现，在产品伤害危机下，企业的慈善责任声誉能起到"缓冲垫"作用。樊建锋等（2020）通过事件研究方法，探讨了在危机事件前后，企业社会责任对企业股东财富的影响，研究发现，在危机事件之前的企业社会责任存在保险效应；在危机事件之后的企业社会责任，具有挽回效应。李四兰等（2021）研究发现，企业社会责任正向影响消费者—企业认同和消费者宽恕，从而起到信任修复的作用。花拥军等（2020）研究发现，企业社会责任对企业融资约束具有缓解效应。Zhang 等（2015）通过对中国 161 家食品企业的经理进行深度访谈，发现企业社会责任与风险管理之间的关系，企业社会责任绩效较高的公司面临的风险更小。Hung 等（2019）研究了 30 家台湾食品企业2007—2017 年企业社会责任与企业成长之间的非线性动态关系数据，发现企业成长与企业规模存在非线性关系，企业社会责任有助于降低企业风险，无论企业类型和规模如何，对于食品行业来说，企业社会责任已经成为企业基本要求。

企业社会责任通过增强内部和外部利益相关者之间的信任，建立社会资本、降低交易成本来降低财务绩效的波动性。积极的企业社会责任降低了与营销、组织和运营管理相关的企业特定风险，而消极的企业社会责任会损害企业利益，加剧企业不确定性的波动性，带来更大的风险。

三、利益相关者关系价值

企业社会责任意味着，企业绩效不仅取决于企业所提供的服务、产品所带来的利润（经济责任），还取决于其对社会福祉以及对本地和全球环境的影响（社会责任和环境责任）。换句话说，企业不仅应该对股东负责，还要对社会上的其他利益相关者负责，包括消费者、员工、供应商、零售商等。

企业社会责任会为不同的利益相关者关系带来不同的价值。企业的长期经营和发展关系到所有利益相关者的利益，企业在为利益相关者关系带来价值的同时，也为企业维持、稳定、赢得更好的外界关系，并最终实现可持续发展（Jones 等，2005）。Suto 和 Takehara（2022）认为企业社会责任可以建立良好的利益相关者关系，通过组织的自律机制向企业传递信任，影响企业的市场价值。Yu 和 Liang（2021）认为，如果企业能够战略性地实施社会责任，不仅会提高股东价值，也有助于企业的可持续发展。菜单是餐饮企业的主要沟通工具，餐厅菜单上提供的信息会影响顾客对餐饮企业社会责任行为和透明度的感知。Shafieizadeh 和 Tao（2020）实证研究结果表明，在菜单上使用本地食材和提供本地食材、生产商的信息，提高餐厅透明度，不仅可以帮助顾客做出有意识的选择，还让顾客觉得餐厅除了盈利外，还关心当地社区和环境，从而增强顾客对餐厅的信任，影响顾客积极选择餐厅的意愿。田虹和所丹妮（2020）的研究发现，环境变革型领导能够促进员工的环境组织公民行为，使其更积极响应组织的环保实践，该研究证实了管理者的个人特征及行为对员工行为的深远影响，员工会根据组织价值导向确定自己的行为方式，模仿领导处理类似问题的做法。企业的社会责任行为会鼓励员工在工作和生活中表现出"成熟公民"的担当，表现出品牌公民行为（田启涛和葛菲，2021）。其他研究发现，企业的社会责任行为不仅能提升员工的工作意义感（谢玉华等，2020）、幸福感（朱月乔和周祖城，2020），还能激发员工创新行为（颜爱民等，2020），提升员工韧性（何洁等，2020）。

企业社会责任会显著影响利益相关者的认知及态度，进而影响利益相关者的响应行为。因此，承诺和履行积极的企业社会责任对于利益相关者关系的建立、维护具有重要的作用。

四、顾客与员工的吸引力价值

（一）顾客吸引力

企业社会责任会通过消费者的感知信任、认同、满意来提升企业声誉、企业社会责任形象、品牌忠诚和品牌拥护，因此，高水平的企业社会责任会带来更好的顾客吸引力。

企业社会责任实践会影响消费者的感知、情绪和行为。Chuah 等（2020）的研究证明，感知企业社会责任与品牌契合度对促进可持续客户参与行为的影响，是通过自我一致性和品牌一致性的链式中介作用实现的。同时，消费者对环境的关注程度和对绿色行为的信任感，会调节这种中介效应对消费者后续行为的影响。消费者感知企业社会责任与品牌的契合度会影响消费者的可持续参与行为。Dang（2020）以社会认同理论和信号理论为基础，研究了消费者对网络零售企业社会责任的感知，研究表明在线零售商必须努力采用社会责任策略，以提高消费者的购买意愿和促进其购买行为。同时企业还应制定宣传计划，突出企业在社会责任活动中的参与，以提高企业的品牌形象。Jin 等（2020）研究了中国食品行业在道德消费背景下，影响人们购买食品的意图。消费者感知的品牌企业社会责任动机，也会影响消费者的决策行为。

营养与健康成为近年来食品企业社会责任研究的热点。Roper 和 Parker（2013）研究了快餐企业社会责任实践对英国年轻消费者的影响，发现品牌价值、营养价值、道德价值和食品质量是影响消费者购买行为的主要原因。Pulker 等（2019）探讨了超市、家长和儿童之间的"健康"责任关系。Herrick（2009）探讨了健康在企业社会责任中的重要性，提出企业应该承担部分预防肥胖的社会责任。Lee 等（2013）研究了消费者对食品公司发布的健康和肥胖相关博客的反应。他们还考虑了企业社会责任倡议与公司产品或宣传内容之间的契合度。Lee 等（2013）发现餐厅主动提供健康营养食品信息，创造健康的就餐环境，可以吸引更多的顾客，让顾客感知餐厅的社会责任。

不同的企业社会责任主题会对不同类型的消费者产生吸引，同时对不同特质（环境知识、健康需求、环境关注）的消费者产生不同的影响。企业需要打造与企业自身和产品品牌契合的企业社会责任计划，并付诸实践，以赢得消费者的"投票和选择"。

（二）员工吸引力

企业社会责任还有助于提高员工满意度，从而吸引更好的员工，提高企业生产力。学界对企业社会责任如何影响员工参与态度和行为展开了广泛的研究（Lee 等，2013；Kim 等，2010；Bhattacharya 等，2008；Lee P 等，2013）。Wang 和 Pala（2021）研究了员工对慈善性、道德性和法律性企业社会责任的评估和反应。管理员工的态度是成功实施企业社会责任举措的决定性因素。作为一个被广泛认可的重要的利益相关者群体，员工对企业社会责任的看法可能会影响他们的工作满意度、生产力和保留率，从而影响一个组织长期的增长潜力和盈利能力（Bhattacharya 等，2008；Carmeli 等，2005）。Lee 等（2012）从关系营销视角，讨论了企业社会责任四个维度经济、法律、伦理、慈善对于韩国特许餐饮企业员工的关系质量的影响，验证了经济和慈善维度对员工的组织信任有显著影响，且只有道德维度对员工工作满意度有正向影响。同时，积极的企业社会责任实践也有助于企业吸引潜在员工（Hu 等，2019；Simpson 等，2020），因为他们相信在这些组织中有良好的个人发展机会（Bhattacharya 等，2008）。Stojanović 等（2020）调查发现，企业社会责任意识水平越高的员工对企业的忠诚度和认同感越高，从而能够更好地执行自己的任务。企业社会责任活动显著影响员工忠诚度，使其与公司价值观保持一致。员工的忠诚度越高，公司的绩效和竞争力越强。通过关注员工方面的企业社会责任举措，食品企业可以提高员工满意度和员工忠诚度（Usmani 等，2021）。

五、可持续发展价值

企业社会责任能够创造可持续发展价值（经济、环境、社会）。可持续发展是伴随着工业化和全球化出现的问题，劳工、平等、人权，尤其是环境问题日益引起国际社会的关注。同样地，可持续发展也是食品企业迫切需要解决的问题。这不仅是因为全球食品消费显著增加，还因为食品生产企业经常被迫平衡其经营业绩、经济成就与社会、环境绩效（Emamisaleh 和 Taimouri，

2021）。企业社会责任对环境、经济、社会的影响突出，依赖性更强（Usmani 等，2021）。

当下，企业社会责任研究向企业可持续发展、环境可持续、供应链可持续、消费可持续、采购可持续等领域发展。随着社会发展及消费者健康意识的不断提升，人们对于企业经营管理创新的要求不断提高，这些要求促使企业从企业能力、物流保障、创新研发、风险管理等角度提高自身的可持续发展能力。研究显示，战略性企业社会责任是对企业未来竞争力的长期投资（Lai 等，2015）。各组织应自愿将社会责任纳入其企业发展战略，实现企业可持续发展。Wu 等（2018）认为，企业社会责任是用于实现可持续发展目标（SDG）的工具之一。来自内部和外部利益相关者的压力，将日益成为企业采取环境可持续战略的主要驱动力（Naidoo 和 Gasparatos，2018）。根据 Garzon-Jimenez 和 Zorio-Grima（2021）的研究，如果餐饮企业改善其可持续行为，其将以更低的资本成本获得收益。Yu 和 Liang（2020）认为，如果企业能够战略性地履行社会责任，企业的社会责任实践不仅会提高股东价值，也会有助于企业的可持续发展。Currás-Pérez 等（2018）从可持续发展的角度（即经济、社会、环境）分析了消费者感知对企业社会责任的影响。Castro-González 等（2019）在探究企业社会责任对消费者感知与行为的影响时，也从经济、社会、环境三维度测量企业社会责任。

第四节　移动互联背景下食品企业社会责任的特征

移动互联、社交媒体等网络平台改变了人与人之间的互动方式（Nikolinakou 和 Phua，2020）。数字时代不仅在改变企业与消费者的沟通、互动、共创方式，也在不断创新企业社会责任实践的范式（Sharma 等，2020；Verk 等，2021）。数字技术为企业提供了供应链和价值链透明的机会，为食品溯源、消费者社交媒体参与和互动创造了有利条件。通过数字技术可以在线追踪产品的生产来源、工作条件和环境。随着互联网、物联网等技术不断发展，食品行业种养殖、生产、加工、物流、销售供应链向数字化、智能化、信息化转型发展。食品企业通过不断提高供应链创新整合能力、自主创新能力和数字化能力，靠行业创新、企业创新带动整合上下游供应链共同创新并实现价值共创。从传统零售到在线零售，再到直播电商、机器人配送、在线问诊、远程办公，新业态新模式不断涌现，数字经济加速发展。数字经济加速食品行业的品牌化、连锁化和集团化，运用数字技术对食品种养殖生产、加工制造、运输储存、库存订单、销售、客户等各个环节进行实时监控和精细管理，可以减少食品质量问题的出现，使企业发展更加规模化、集成化。

根据时代发展背景和企业实践情况，本书提出移动互联背景下食品企业社会责任的三大特征：数字化（新技术）、平台化（新模式）、共享化（新价值）。数字化指的是利用数字技术，对企业社会责任实践更好地管理、监督和赋能。平台化是指通过平台型企业（如支付宝、京东、淘宝等），实现企业社会责任渠道和模式的创新。共享化是指在移动互联背景下，为食品供应链上的多元主体提供参与和共创的共享化价值。本节将从数字化、平台化、共享化三大特征出发，选取多个企业案例展开论证分析。

一、数字化

数字化，是指企业利用数字技术对企业社会责任实践实现更好的监督、管理和赋能。例如：

新希望六和利用云计算、物联网、人工智能等数字技术，赋能企业数字化智能化发展，打造出"数智养殖"全链条智慧养殖产业体系。实现生物技术助力安全优质养殖、智能养殖、智能报警等数字化养殖系统，通过为养殖户及产业链上下游企业打造的一系列产业互联网生态圈产品，全方位助力农村养殖用户线上服务，逐步建立农牧食品产业的数字化生态[①]。

伊利为便利消费者选购健康食品，保障营养供应，在新型冠状病毒感染疫情防控期间积极拓展线上社群。为帮助牧场解决技术难题，采取以"远程服务为主，现场服务为辅"的模式，为牧场提供技术服务。伊利牧场饲养员所使用的数字化系统，可以连接到牛耳上的耳标识别系统，从而读出牛的健康档案，做到个性化检测和精准饲养，从源头保证产品品质，这就是"数字伊利"在做的事：把数字技术应用在养殖、运输、生产、流通、消费等各个环节[②]。

美团通过深入洞察消费者的需求，为用户提供便捷、高品质、可信任

---

① 新希望六和股份有限公司：《可信赖的力量 2020 企业社会责任报告》，https://newofficial－website. newhope－liuhe. cn/guanwang/20230609/20230609091206－7115. PDF。

② 《数字伊利加速构建"全球健康生态圈"》，https://finance. sina. cn/chanjing/gsxw/2021－06－17/detail－ikqcfnca1432389. d. html?from＝wap。

的消费参考，帮助用户实现从"好吃"到"吃好"，从"品味"到"品位"的消费升级。通过丰富服务品类，美团致力于提升社会大众对膳食营养、运动健康等的重视，倡导健康生活新方式①。

二、平台化

平台化，是指通过平台型企业（如支付宝、京东、淘宝等）实现企业社会责任渠道、实践模式的创新。例如：

> 京东的企业社会责任战略与企业整体发展战略高度一致，将以领先技术的研发和应用为驱动力，推动建立共生、互生、再生的零售盟国。京东现在不仅仅是在线零售商而是"服务全社会的零售基础设施服务商"，在线零售平台数字化赋能合作伙伴，推动区域经济发展，共同创造经济增长，为消费者提供更便捷和优质的产品和服务。京东将始终坚持"假货零容忍"，不断推动技术革新，满足顾客随时随地、高品质的购物需求，带给顾客极致的购物体验。科技创新带给慈善公益新的活力。透明、高效、可信赖是京东对公益的诉求，创新、开放、赋能是公益探索的方向。在"公益新时代"下，融合京东的业务优势，开放核心资源，携手众多公益伙伴与爱心人士，共同打造公益生态圈②。
>
> 美团致力于在整个生态系统中共享其社会责任理念，以促进所有参与者的发展和进步，不断地为用户、行业和社会创造价值。美团坚持"以客户为中心、正直诚信、合作共赢、追求卓越"的价值观。餐饮行业是与我国民生相关的重要行业。美团持续面向广大餐饮企业提供数字化解决方案，通过营销、配送、IT、供应链、经营及金融服务，打通餐饮商户原材料采购、生产、门店管理、市场开拓、物流配送及融资等各个经营环

---

① 《美团发布 2019 年企业社会责任报告　数字新基建助力美好生活》，https://xueqiu.com/4712978991/149933383。

② 北京京东世纪贸易有限公司：《2021 环境、社会及治理报告》，https://ir.jd.com/system/files－encrypted/nasdaq＿kms/assets/2022/05/30/14－31－40/2021％E5％B9％B4％E4％BA％AC％E4％B8％9C％E9％9B％86％E5％9B％A2％E7％8E％AF％E5％A2％83％E3％80％81％E7％A4％BE％E4％BC％9A％E5％8F％8A％E6％B2％BB％E7％90％86％E6％8A％A5％E5％91％8A.pdf。

节，实现对餐饮业经营全链路的覆盖，帮助它们更好地实现数字化升级①。

腾讯在2021年4月发布题为《推动可持续社会价值创新》的致员工信，宣布"扎根消费互联网，拥抱产业互联网，推动可持续社会价值创新"的战略。腾讯宣布首期投入500亿元用于可持续社会价值创新，对包括教育创新、乡村振兴、碳中和、FEW（食物、能源与水）、养老科技和公益数字化等领域展开探索，为实体经济、社会服务和网络文化的升级提供优质服务。此外腾讯在公益生态建设、助力减贫助农、消除数字障碍和低碳环保等领域持续开展行动。首创"农业人工智能系统"，有效提高农产品产量和资源利用率；与中粮集团和新希望集团等伙伴，合作探索智慧农业②。

三、共享化

共享化，是指企业社会责任在移动互联背景下，为食品供应链上的多元主体提供参与和共创的共享化价值。例如：

玛氏箭牌在全球各地积极开展呵护地球系列行动，2013年在中国启动了"垃圾投进趣"公众教育项目，以"垃圾投进桶、世界大不同"为理念，致力倡导"包好不乱丢"的文明意识，培育妥善处理垃圾的负责任公民行为、营造更绿色更洁净的社区。利用社交媒体（例如微博、小红书、知乎、微信公众号）发起多个主题活动，包括"随身垃圾袋大学生创意设计大赛"、"'垃圾投进趣'青年公益实践大赛"、学生志愿者下社区活动、"腾讯乐捐：支持环保一步之遥"微信公益活动等③。

---

① 北京三快在线科技有限公司：《美团2020企业社会责任报告》，https://media－meituan. todayir. com/20230118 174511364553278 _ sc. pdf。

② 深圳市腾讯计算机系统有限公司：《2021年度腾讯可持续社会价值报告》，https://static. www. tencent. com/attachments/ssv/2021/TencentSSVReport2021. pdf。

③ 《玛氏：将可持续解决方案落地 拓企业立体发展之道》，https://chn. mars. com/news－and－stories/press－releases/%E7%8E%9B%E6%B0%8F%EF%BC%9A%E5%B0%86%E5%8F%AF%E6%8C%81%E7%BB%AD%E8%A7%A3%E5%86%B3%E6%96%B9%E6%A1%88%E8%90%BD%E5%9C%B0－%E6%8B%93%E4%BC%81%E4%B8%9A%E7%AB%8B%E4%BD%93%E5%8F%91%E5%B1%95%E4%B9%8B%E9%81%93?language _ content _ entity=zh－hans。

李锦记积极倡导"精准扶贫，用厨艺为有志青年打开一扇希望之门"，结合企业自身优势，推出了希望厨师项目，通过资助家庭困难的有志青年入读重点职业高中中餐烹饪专业，让他们学习厨艺，实现就业创业，带动稳定脱贫。希望厨师项目启动于2011年，该项目通过整合行业优势资源、跨界合作、校企共育的方式，资助学生入读国家重点职业高中的中餐专业，学制3年，"育人心，启人智，授人技，助人立"，走出了一条特别的公益之路。在共同的教育梦想及价值理念下，李锦记先后与北京市劲松职业高中、四川省成都市财贸职业高级中学校、广州市旅游商务职业学校携手开启校企合作，共同为中餐行业人才培养搭建平台①。

第五节　移动互联背景下食品企业社会责任的机遇

食品安全关系中华民族的未来。食品是健康中国战略的关键环节，吃得放心是提升人民获得感、幸福感、安全感的重要前提。食品企业不仅需要切实保障产品质量安全，还应遵循更高的道德伦理标准，积极承担社会责任以维护国家、社会和人民的根本利益。因此，食品企业社会责任不仅要实现经济层面的利润，还要兼顾社会层面人的健康、福利以及环境层面的地球生态可持续。新时代的使命驱动食品企业参与解决社会问题，技术赋能企业推动社会进步，唯有坚持长期主义，追求企业的发展和社会的共赢，食品企业才能提升核心竞争力，实现高质量可持续发展。当前，数字经济的发展给食品企业社会责任实践带来了新的机遇。

一、食品消费向健康营养、可持续升级

消费者对健康、高营养的产品需求强烈，加上食品安全问题、环境污染问题和资源短缺的影响，消费者开始追求食品的营养与可持续，更加关注食品消费对自己、他人乃至整个社会和环境的影响，甚至从根本上转向更负责任、更亲社会的消费行为。食品企业需顺应消费升级趋势，加大研发力度，推出健康营养和生态友好的产品。在食品供应链种养殖、生产、加工制造、流通配送、

①　李锦记希望厨师项目介绍：https://www.xinhuanet.com/food/xiwangchushi/index.htm.

消费、回收各个环节贯彻高质量和绿色低碳标准，以保证食品安全、营养、可追溯，向消费者传递负责任生产、合乎道德采购、绿色和可持续的发展理念。

二、数字化技术赋能食品企业高质量发展

移动互联、大数据、物联网、区块链、人工智能等新技术在食品研发设计、生产制造、流通消费等环节的深度应用，推动了食品行业变革。网购食品、团购点评、生鲜新零售、无接触配送、无人超市、敏捷供应链、食品溯源等新业态新模式重构了食品产业的发展格局。食品企业应把握新发展理念、运用新技术，以食品安全为基准，以客户需求为导向，引领企业高质量发展。食品供应链复杂且长，易发生问题环节多，企业可通过技术创新将食品生产制造、流通供应、销售环节标准化、规模化、数据化、智能化，建立从源头到终端的质量控制体系，加强上下游企业之间的信息共享，实现全流程可追溯、敏捷响应，降低食品损耗与排污，有助于构建安全、科学、高效、生态的食品供应链。同时，新技术给"可持续"和"责任感"的绿色消费赋能，推动社会责任和企业创新的协同，将实现产品全生命周期透明化、全流程道德规范和生态可持续。

三、互联、共享促进企业社会责任价值共创

新时代互联、共享、互动成为重要的社会精神，企业社会责任将朝着创造价值的方向演化。食品企业可将解决社会和环境问题当作自我生存与发展的机遇，以实现经济效益和社会效益共同发展的目标。首先，食品企业可以与食品价值链上的利益相关者合作，让其广泛参与社会责任活动，通过各自的资源整合，持续创造社会价值。通过参与企业社会责任活动，食品企业不仅可以获得利益相关者更好的态度和行为，还可建立牢固的利益相关者－企业关系。其次，食品企业使用具有商议性和工具性的社交媒体践行企业社会责任有助于减少公众对企业社会责任的怀疑，消费者可以撰写并分享他们对企业社会责任举措的看法，共创社会价值。此外，食品企业可以通过产品技术创新、原材料创新、口感创新、包装创新、管理创新实现社会责任实践创新，发挥产业集群效应，体现行业责任担当。

第六节　移动互联背景下食品企业社会责任的挑战

"民以食为天"，随着移动互联网的迅猛发展，消费者在关于"食"的行为和需求上都发生了改变，食品行业的发展关系到全体人民的身体健康和生命安全，是全民健康的重要支撑。食品行业作为保障民生需求的核心行业，加快数字化转型，提高自身的创新和响应能力，构建完善的管理体系是当务之急。当前，数字经济的发展给食品企业社会责任实践带来了新的挑战。

一、消费者对食品企业社会责任有更高的期望

食品是人类赖以生存的基本要素，追求吃得好又安心是当下消费升级的重要体现。众多研究表明，消费者倾向于在食品消费和购买决策中考虑企业的社会责任形象，对于主动履行社会责任的食品企业会表示认同，并表现出更加积极的消费行为倾向。对那些发生过食品安全事件、不道德商业行为、不履行或者虚假履行社会责任的企业，消费者会对其产生消极情绪、非议和抵制等行为。消费者对企业社会责任的期望与关注将会督促食品企业社会责任活动向真实可信、有效解决社会问题、创造社会价值的方向努力。

二、食品企业社会责任面临更大的网络舆情风险

在移动互联时代，食品企业社会责任将会面临更大的网络舆情风险。人们对食品的关注也使得关于食品的信息传播更广更快。数字通信工具的普及带来信息流转性加快、不对称性降低，促使企业社会责任的透明度提升，会使食品企业的所有行为都处于社会公众的监督之下。首先，社交媒体上关于食品企业社会责任的信息可能源自企业管理者、员工、供应链上的合作者、其他媒体和用户，信息源分散而不易控制。其次，食品企业社会责任内容难以判别，诸如面对健康与安全、员工权益、环境保护、动物福利、公平贸易、慈善扶贫、生物技术等议题，该如何做、如何说，对食品企业是一大挑战。正面的社会责任信息经过舆论发酵也可能会引起消费者怀疑，给消费者带来伪善感知。更重要的是，关于企业社会责任缺失的负面信息往往流传速度更快、覆盖范围更广，会使企业深陷食品丑闻，品牌形象面临崩塌。

三、食品行业碳排放对环境污染及气候变化的影响依然严峻

据 Science（2020）资料，全球食品系统的温室气体排放占了全球温室气体（GHG）总排放量的近三分之一（Clark 等，2020）[①]，碳达峰与碳中和已被纳入生态文明建设整体布局，食品行业碳排放的主要来源包括用于农业和牲畜生产的土地清理和森林砍伐，肥料的生产和使用，食品生产和供应链中化石燃料的燃烧。目前国家开展的减污降碳行动主要聚焦于工业、建筑、交通领域，食品领域碳排放对于环境的影响也不容小觑。食品企业应积极承担环境责任，走生态优先、绿色低碳的高质量发展道路，在食品生产、包装、运输、贮存、销售、消费、回收各个环节大力推广节能减排，使用新能源，避免过度包装，减少塑料使用，杜绝食物浪费、有效回收食物残渣，引导建立食品行业绿色供应链。未来中国食品企业或可效仿欧盟 PAS 2050 标准（商品和服务在生命周期内的温室气体排放评价规范），建立适用于我国国情的碳排放评估体系，以评估食品和食品服务的碳足迹。

---

① CLARK M A，DOMINGO N G G，COLGAN K，et al，Global Food system emissions could preclude achieving the1.5°and 2℃ climate change targets，Science，2020，370（6517）：705-708.

·问题诱因篇·

第四章 食品企业社会责任差距研究

第一节 问题提出

由于供应链的多层次和复杂性（Maloni 和 Brown，2006），企业社会责任负面事件频繁发生，供应链中的企业社会责任问题解决迫在眉睫。食品工业是当今地方经济和社会发展的关键动力。消费者也越来越多地寻找有关生产商、产品和供应链的信息，揭示了企业社会责任政策可以影响食品加工或生产（Nazzaro 等，2020）。食品行业的社会责任问题涉及食品安全、生态环境、动物福利等，得到了强大的利益相关者团体的支持（Rahdari 等，2020）。Morin（2017）还补充说，立法者、企业和大众媒体都在关注发展中国家恶劣的劳动实践和工作条件问题。例如，通过将生产转移到发展中国家来降低材料和工艺成本，但这却增加了食品安全问题（Tsai 等，2020）。

这些问题在行业发展中的重要性和相关性不断上升，已成为影响企业业务增长和战略发展的关键因素。因此，食品公司已经开始注意到企业在社会、环境和经济方面的可持续性的复杂性（Rana 等，2009）。由于学界对发展中国家和食品行业的企业社会责任研究较少，人们对亚洲食品企业（尤其是中国）供应链的现状及水平知之甚少。食品供应链往往被认为是质量安全事件发生频率较高的供应链。鉴于中国食品行业的重要性，研究者有必要从供应链角度对中国食品企业社会责任现状进行研究。

本书从食品供应链角度出发，分析中国食品企业与国外食品企业之间、与国内消费者感知之间的差距，为食品企业如何应对投资者、消费者或其他利益相关者的供应链社会责任需求提供参考。

第二节　国内外食品企业社会责任水平的比较研究

一、研究设计

Spiller（2000）开发了一个利益相关者分类法，将 60 种商业实践分为构成企业社会责任的六个视角。Spiller 识别的视角包括：社区、环境、员工、客户、供应商和股东。Maloni 和 Brown（2006）开发了一个食品行业供应链企业社会责任的全面框架。该框架详细介绍了企业社会责任在食品供应链中的独特应用，包括动物福利、生物技术、环境、公平贸易、安全与健康、劳工与人权、社区、采购。该框架是一个综合工具，支持食品行业从业人员和研究人员评估企业战略和供应链企业社会责任实践。Richards 等（2015）利用包容性社会评级标准（ISRC）总结了大型食品行业的企业社会责任活动，包括社区、公司治理、多样性、员工关系、环境、人权和产品（Heikkurinen 和 Forsman，2011）。食品供应链责任可以与不同深度和广度的企业战略相联系。四种企业社会责任战略组合可以产生持续的竞争优势和高于正常水平的经济绩效。Scheidler 和 Edinger-Schons（2020）的研究认为，行为者可能是人类利益相关者，如客户、供应商、员工、竞争对手、股东和投资者，以及政府和社区的公共利益相关者；以及非人类利益相关者，如自然环境和动物。虽然关于企业社会责任的许多框架和指标已经被开发出来，但是对于在评估社会责任实践时应该使用哪些标准学界并没有达成一致。如前所述，企业需要与外部组织建立良好的关系，以应对来自外部组织的企业社会责任压力。企业意识到，可以通过与这些组织保持积极的关系，尽量减少潜在风险和实现企业社会责任，进而对其长期业务运营和利润产生积极影响（Kim 和 Nam，2012）。

本书将通过对国内外企业社会责任实践标准和排行榜的比较，寻找中国食品企业与行业内企业社会责任水平较高的企业之间存在哪些差距，从而为食品企业的社会责任实践提供依据。

二、国内外食品企业社会责任实践标准及权威评价

（一）国内外企业社会责任实践标准

企业社会责任日益引起各界重视，各种类型的企业都需要可以融入企业战略的企业社会责任标准和指南（Poetz 等，2013）。除了食品安全和质量法规，还有数以百计的各种行为准则、行业规范、全球倡议，以及越来越多的国家标准和指导性文件，用以指导企业处理社会责任议程（Poetz 等，2013）。决策者、研究人员和消费者需要通过越来越多的企业社会责任指导工具来管理企业社会责任行为。

企业社会责任标准已经成为公认的控制、协调企业行为的指导框架，在全球范围内法律缺位或执法薄弱的情况下尤其如此（Vogel，2006）。由于发展中国家的立法框架较差，企业社会责任标准作为规制手段就显得非常重要（McEwan 和 Bek，2009）。企业社会责任标准化是一项非常具有挑战性的任务，如 ISO26000 准则涉及多方利益相关者（Potez 等，2013）。在食品和农业方面，企业社会责任标准起着重要作用。除了安全、植物保护和标签技术法规外，由于市场对食品质量和安全保证的需求，农业综合企业的强制性和准强制性标准迅速增加。系统机制已经从关注终端质量转向关注生产链的每一个环节，来确保产品质量（Trienekens 和 Zuurbier，2008）。具有全球性质并被我国食品企业广泛采用的标准包括：ISO 26000、SA 8000、HACCP、ISO 45001：2018、GRI 以及 ISO 14000 认证等。

1. ISO 26000 社会责任指南

国际标准化组织 ISO 于 2010 年发布 ISO 26000 社会责任指南，将企业社会责任推广到了任何组织形式的社会责任，重点关注组织管理、人权、劳工标准、环境、公平运营、消费者议题、社区参与及发展。ISO 26000 不属于认证型的管理体系标准，但那些愿意遵守标准要求的企业必须履行七项原则：担责、透明度、道德行为、尊重利益相关方利益、尊重法律规范、尊重国际行为规范、尊重人权。

2. SA 8000 社会责任国际标准体系

1997 年首次出版的 SA 8000 社会责任国际标准体系是企业社会责任领域首个可认证的国际标准，可与质量、环境、职业健康与安全各管理体系兼容。该标准涉及童工、强迫性劳动、健康与安全、工会自由与集体谈判权、歧视、

惩戒措施、工作时间、工资及管理体系，旨在确保工人在供应链中的各种基本权利得到尊重。SA 8000 社会责任国际标准体系是全球工厂和组织的领导性社会认证标准。多年来，该标准已经发展成一个能够帮助不同行业和国家组织证明它们致力于公平对待员工的总体框架。

3. 全球报告倡议组织《可持续发展报告指南》

全球报告倡议组织成立于 1997 年，是可持续发展报告领域的先锋，该组织集合了上千企业、非政府组织、工会协会的实践结果和建议。2006 年该组织发布了第三代《可持续发展报告指南》（G3），鼓励企业将其改善经济、环境和社会发展的表现、成果、未来的战略等对外沟通。这份指南对企业实施其行为规范非常有帮助。全球报告倡议组织还开发了针对不同行业的指南，包括金融服务、电子设备、矿业和金属业、食品加工等。

4. 道琼斯可持续发展指数

道琼斯可持续发展指数主要从经济、社会、环境三方面出发，从投资角度评价企业可持续发展的能力。该评价体系中的数据主要通过调查问卷、公司文件、公共信息、与公司直接联系四种渠道获得。

5. 摩根士丹利资本国际公司经济、社会、治理指数（MSCI ESG）

摩根士丹利资本国际公司（MSCI）是国际知名的指数编制公司，其 ESG 评级主要通过公开信息抓取 8500 家上市公司 37 项 ESG 关键议题，涉及环境、社会和治理三大领域，其评级结果已成为全球各大资产管理机构制定投资决策的重要依据。其中，环境领域涵盖（气候变化、自然资源、污染和排放、环境计划）13 项议题；社会领域包含（人力资本、产品责任、关联交易、社会责任）15 个议题；治理领域包含（企业治理和企业行为）9 个议题。

6. 润灵环球 MCTI 2012 版评级体系

润灵环球（RKS）是中国企业社会责任第三方权威评级机构，致力于为责任投资者（SRI）、责任消费者及社会公众提供客观科学的企业责任评级信息。润灵环球 MCTI 2012 版评级体系参考最新国际权威社会责任标准 ISO 26000，从整体性（Macrocos）、内容性（Content）、技术性（Technique）、行业性（Industry）四个层面出发，设立 15 个一级指标，即战略、治理、利益相关方、经济绩效、劳工与人权、环境、公平运营、消费者、社区参与及发展、内容平衡、信息可比、报告创新、可信度与透明度、规范性、可获得及信息传递有效性，63 个二级指标，并采用结构化专家打分法进行评价。

7. 中国国家标准《社会责任指南》（GB/T 36000—2015）

《社会责任指南》（GB/T 36000—2015）为组织理解社会责任并管理和实施相关活动提供指南，旨在帮助组织在遵守法律法规和基本道德规范的基础上实现更高的组织社会价值，最大限度地致力于可持续发展。该标准适用于所有类型的组织。

8. 《中国企业社会责任报告编写指南（CASS—CSR3.0）》

中国企业社会责任报告编写指南 3.0 提出"企业社会责任报告全生命周期管理"的概念，期望指导企业从报告组织到编写、发布和使用的全流程中实现利益相关方参与、实质性议题识别、持续改进公司可持续绩效等，切实发挥社会责任报告的价值，实现以社会责任报告推动社会责任管理的目的。其中，全球报告倡议组织发布的第四代《可持续发展报告指南》（G4）、国际标准化组织发布的 ISO 26000 以及全球契约组织发布的"十项基本原则"等标准和倡议对全球企业编制社会责任报告起到了重要指导作用。

9. 中国 100 强企业社会责任发展指数

中国社会科学院经济学部企业社会责任研究中心根据经典社会责任理论和国际典型评级方法，结合中国实际，首次发布了《中国 100 强企业社会责任发展指数》（2009），从责任管理、市场责任、社会责任、环境责任等四个方面评价中国企业年度社会责任管理现状和责任信息披露水平，辨析中国企业社会责任发展的阶段性特征。

（二）国内外企业社会责任权威排行榜

1. 路透社全球商业责任大奖

自 2010 年创立以来，路透社全球商业责任大奖已连续举行了十余届，是世界上最具影响力、唯一面向全球评选的企业社会责任类奖项，旨在表彰为环境和社会未来发展带来革命性影响的企业和机构。该奖项被公认为是衡量可持续商业领导力的重要国际基准，历届获奖者均是国际商业巨擘或引领技术创新的新锐力量，既有联合利华、可口可乐、宜家、金佰利、阿斯利康、捷豹路虎等快消、医药、汽车行业巨头，也有英特尔、英国电信、万事达、毕马威、高盛等大型跨国科技和金融公司。路透社全球商业责任大奖在评判视角上也展现出高度多元化和包容性。该奖项曾颁发给了来自全球 18 个国家和地区的典范企业，鼓励社会各界共同采取行动，在应对气候变化、消除贫困和饥饿、尊重和保护人权、促进教育公平等领域推动可持续发展目标的实现。

2020 年路透社全球商业责任大奖共设置了"可持续发展创新""社会影响力""商业模式转型""年度合作伙伴关系"等 14 个奖项类别，而"可持续发展创新奖"则是其中含金量最高的奖项之一。评审委员会在颁奖词中称："创新、影响力和可扩展性是可持续发展创新奖的三大评判标准。这一奖项的评选极为注重商业模式的创新驱动力和可持续发展潜力。我们所表彰的企业机构，不仅把解决特定社会和环境问题作为商业使命之一，更是在定性和定量相结合的企业社会责任评价体系中，展现出其对环境保护、社会平等和商业发展的积极影响。"

2020 年是重构可持续商业秩序至关重要的一年。除了突如其来的新型冠状病毒感染疫情危机，气候变化和社会发展失衡的威胁也日益严重。因此，路透社全球商业责任大奖设立背后的意义显得更为重大，它有利于鼓励企业将环境和社会责任融入其发展战略和商业运营中，把变革、技术和创新作为助力经济复苏的关键驱动力。

2. 中国社会科学院：企业社会责任发展指数排行榜

2009 年，中国社会科学院经济学部企业社会责任研究中心结合中国实际情况，基于经典社会责任理论和国际典型评级方法，首次发布了《中国 100 强企业社会责任发展指数》（2009），从责任管理、市场责任、社会责任、环境责任等四个方面评价我国企业年度社会责任管理的现状和责任信息披露水平，并分析了我国企业社会责任发展过程的阶段性特征。由中国社会科学院研究团队编写的《企业社会责任蓝皮书》已连续出版十余年，系统评估了前 300 家国有企业、前 300 家民营企业、前 300 家外资企业和 10 个重点行业的社会责任管理水平和社会责任信息披露水平。

3.《南方周末》：中国企业社会责任榜单

《南方周末》中国企业社会责任研究中心每年定期针对中国企业进行企业社会责任调研、定期发布企业社会责任报告并定期举办年度企业社会责任年会，是国内由媒体发起的企业社会责任排行榜（报告）中最具影响力的品牌之一。《南方周末》中国企业社会责任榜单从 2003 年已经开始关注企业社会责任对企业经营发展的影响，其评价体系涵盖治理指标、公平运营指标、产品指标、环境指标、员工指标、经济指标、社区指标七大维度。

三、中美食品企业 ESG 评分比较分析

全球有近 9000 家公司参与路孚特（Refinitiv）的 ESG 评级，该评级涵盖

了最重要的行业指标，基于重要性权重、透明度激励、ESG 争议叠加、使用行业和国家基准、百分排名计分等原则进行计算，旨在根据公司报告的数据，透明、客观地衡量公司的相对 ESG 表现、承诺和有效性。因此，本书选择路孚特（Refinitiv）的 ESG 评级作为评分标准，其评价主题详见表 4-1。

表 4-1 路孚特（Refinitiv）ESG 主题

支柱	类别	主题
环境	排放	排放
		污染
		生物多样性
		环境管理系统
	创新	生产创新
		绿色收入、研发和资本支出
	资源使用	水
		能源
		可持续包装
		环境供应链
社会	社区	对所有行业团体同样重要
	人权	人权
	生产责任	责任营销
		产品质量
		数据隐私
	劳动力	多样性和包容性
		职业发展和培训
		工作条件
		健康与安全
治理	CSR 战略	CSR 战略
		ESG 报告和透明度
	管理	结构（独立、多样性、委员会）
		补偿
	股东	股东权利
		收购防御

来源：Environmental，social and governance scores from LSEG

2020 年全球食品饮料行业中共有 1455 家公司，参与 ESG 评级的有 685 家，产业评级得分为 53。路孚特（Refinitiv）公司对食品饮料行业 338 家企业进行了评估，其中美国作为发达国家代表，有 132 家食品企业参与评估，有显著参考价值；中国有 97 家企业参与评估。其中，有 ESG 评分的企业中国占 40 家，美国 60 家，得分均值如图 4-1 所示。从图 4-1 可以看到，美国食品饮料行业 ESG 平均分（43.05）比中国企业的（31.48）高，中国食品饮料行业在环境（27.33）、社会（25.00）、治理（47.30）方面的得分都不如美国（34.90、45.51、47.84），只有在排放、社区、股东和企业社会责任战略主题方面比美国稍高。

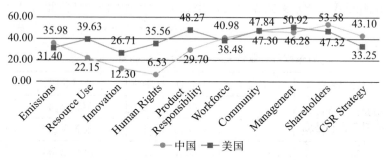

图 4-1　中美路孚特（Refinitiv）ESG 得分均值比较

在环境主题方面，中国的产品创新分数最低，美国的排放分数最低，其中，中国排放得分比美国高，其余都比美国低。这说明虽然中国食品饮料行业创新能力欠佳，但是实现了二氧化碳排放减少的效果。在社会主题方面，中国的人权得分最低，美国的人权得分也比较低，但是依旧比中国得分高，中国只有在劳动力主题方面比美国得分略高。这说明中国食品饮料企业在社会主题方面与美国相比还有巨大差距。在治理主题方面，中国的企业社会责任战略得分最低，美国在企业社会责任战略方面得分也较低，且中国在该主题与美国的差距最小，尤其在股东权益和企业社会责任战略方面还比美国食品企业高，这说明中国食品饮料企业的治理水平整体较高。

四、中外食品企业社会责任实践比较分析

在英国品牌评估机构"品牌金融"（Brand Finance）发布的《2020 年全球食品和饮料品牌》排行榜中，在 50 强食品品牌（Food 50）中，雀巢、伊利、泰森、达能、家乐氏名列前五位。50 大食品品牌总价值 1764 亿美元。中国上

榜的品牌为：伊利、蒙牛、海天、康师傅、统一、旺旺。Brand Finance 使用"授权节省法"（royalty relief）计算品牌价值，即测算未来授权使用对应品牌需要支付的费用。因此，我们选择中国上榜的伊利、蒙牛、海天，国外的雀巢、泰森和达能，对比分析这 6 家食品企业社会责任报告披露情况与企业社会责任实践情况。Maloni 和 Brown（2006）开发了一个食品行业供应链企业社会责任的全面框架，该框架详细介绍了企业社会责任在食品供应链中的独特应用，包括动物福利、生物技术、环境、公平贸易、采购、社区、劳工与人权、安全与健康。该框架是一个综合工具，支持食品行业从业人员和研究人员评估战略和运营供应链企业社会责任实践，详见表 4-2，本书将利用该模型对 6 家食品企业社会责任实践进行对比分析。

表 4-2 食品行业供应链企业社会责任框架

一级	二级	三级
动物福利	人道主义待遇	虐待、处理、安置、屠宰、运输
生物技术	动物、植物	抗生素、生长激素、组织培养、基因检测、重组 DNA、克隆
环境	保护	损害赔偿、能源、食物里程、森林、耕作方法、包装、资源、物种、水、土壤
环境	污染与废物处理	排放物、废物、肥料、水、有害物质、有机物、除草剂、杀虫剂、灭鼠剂、回收利用、全球变暖
公平贸易	公平	公平贸易、利润分享
采购	行为	行为、专业能力
采购	购买过程	保密/专有信息、利益冲突、欺骗、不当行为、影响、互惠、对雇主的责任、滥用权力、特殊待遇
采购	合法	适用法律
采购	多样化的供应商	弱势供应商、少数供应商、供应商的少数劳动力/项目
社区	支持	经济发展、慈善事业、艺术、教育支持、工作培训志愿服务、扫盲、卫生保健、儿童护理、住房
安全与健康	安全	食品安全、食品保障、可追溯性、运输、披露
安全与健康	健康	健康的生活方式、当地的食物来源
劳工与人权	补偿	补偿
劳工与人权	法律劳动	俘房/强迫/保税劳工、童工、身份验证
劳工与人权	机会	培训、教育、晋升、正规就业
劳工与人权	待遇	残疾人住宿、纪律/虐待、歧视、尊重

一级	二级	三级
劳工与人权	工人权益	法律权利、公民权利、多样性、隐私、集体谈判、申诉、权利披露
	工作环境	卫生、健康、质量、安全、运输安全、住房安全、培训/公开、工时

1. 安全与健康责任

（1）国外食品企业较早注重食品健康与营养。

　　雀巢鼓励消费者过更健康的生活，如推广健康的烹饪、饮食和生活方式；在销售点和网站上应用和解释包装上的营养信息，建立个性化营养和数字解决方案，为各个年龄段消费者分享营养知识；其母婴产品减少了糖、钠和饱和脂肪，简化成分表，去除人工色素，强化微量营养等。

　　达能通过在产品的包装背面提供详细的营养成分表，在包装正面提供关键影响信息，以及获取产品及营养信息的有效途径，引导消费者认识到健康饮食和健康生活习惯的重要性；还为专业医护人员提供全生命周期的合理营养的知识。

　　泰森为消费者分享营养知识，为员工提供营养教育。建立了创新实验室，开发消费者期望的产品，包括纯天然、无麸质、无抗生素（NAE）、无人工成分（NAI）、低钠、有机和100%全谷物，同时包含肉类和植物性蛋白质的食品。同时，会为员工提供维持高FSQA标准所需的资源、知识、教育、沟通反馈循环和管理支持。

（2）国内食品企业更多披露食品质量管控信息，尤其是通过质量管理体系和数字技术保障食品全流程安全。

　　伊利建立了全员、全过程、全方位的"三全"质量管理体系，以及"集团—事业部—工厂"三级食品安全风险监测防控体系，实施"质量标准三条线"，在行业内率先构建完整的产品可追溯程序，从源头到终端实现对食品安全和质量控制各关键点的监测、分析、控制、预防。通过科技创新，应用了MES等数字化管理系统，自动化生产线与机器人紧密配合，建设了"智能化工厂"，有效提升了生产效率与产品品质。

蒙牛依据 ISO 9001、FSSC 22000、HACCP、ISO 14001、ISO 45001，建立了产业链安全质量风险管理机制——从牧场饲料兽药、安全环保管理到终端市场，覆盖关键业务与安全质量相关的所有过程。在技术方面，对标先进牧场技术标准、参考专家意见，设立《蒙牛奶源牧场标准化操作规程（SOP）》《牧场运营技术指导手册》，指导牧场进行标准化操作，加快实现现代化奶源基地建设。

海天通过智能化、数据化、自动化、信息化等大数据方法控制整个生产过程，确保产品品质；建立了业内先进和完善的留样管理和质量跟踪制度，通过产品留样，研究保质期内产品各种指标的动态变化并进行分析，以不断提升产品质量。

2. 环境责任

（1）国外食品企业更重视披露水资源管理信息、保护资源能源和气候。

雀巢联合供应商，特别是农业供应商一起改善水资源管理，长期提倡和参与了减少食物损失和浪费、促进气候政策的透明度等行动。达能贯彻执行了以当地流域环境为基础的水管理战略；通过邀请社区成员、企业和政府机构合作，减少工厂所有区域的用水、减少奥加拉蓄水层的用水量、优先考虑工厂饮用水和洗涤用水的可用性、直接作业中使用科技和回收系统来节约和再利用废水等行动，保护当地水资源；通过降低电力和化石燃料的消耗，为加工设备提供动力，并为产品提供烹饪、冷藏和冷冻服务。

（2）国内食品企业更多宣传循环经济、绿色供应链和生物多样性。

伊利推行"种养一体化"生态农业模式，通过帮助合作牧场就地就近解决饲料供应，降低饲养成本，同时推动粪污还田，实现农牧循环发展；全面实施绿色包装，从包装减材设计、绿色包材的应用到使用后的回收利用，创新 4R+1D 模式，即拒绝（REFUSE）、重复利用（REUSE）、可回收（RECYCLE）、轻量化（REDUCE）和可降解（DEGRADABLE），全过程降低对环境的影响；持续开展温室气体碳盘查，减少温室气体排放；通过创新环保技术，提升能源效率等方式，确保高效利用资源，减少生产运营对环境的影响；签署联合国生物多样性公约《企业与生物多样性承诺书》，并连续三年披露《生物多样性保护报告》，展示企业在生物多样性保护领域的最新进展。

蒙牛建立生态牧场，分类回收循环再生、绿色采购环保排放、重复使用多次利用、节约资源减少污染、保护自然和谐发展；要求牧场合理利用当地水资源，实行科学化严格管理，要求合作牧场水质应符合国家生活饮用水标准，并每年提供第三方机构出具的检测合格报告；鼓励牧场进行节水节电技术改造，如使用喷淋水、自动感应电扇等，降低水电耗用量；在合作牧场大力实行粪污资源化技术，对粪污采用干湿分离以制作有机肥、复混肥原料等，既实现粪肥资源化利用、降低环境污染，又减少了农户化肥的使用量。

海天将先进节能技术运用于生产工艺和设备改造，建立并实施 ISO 14001 环境管理体系，投资大型技改项目，加强对环境的保护管理，保障绿色生产；实行旧物换绿植、人走灯灭、节约用纸等倡导绿色办公。

3. 社区责任

（1）国外食品企业在农民生活质量和解决饥饿问题投入大量精力。

崔巢通过改善原材料的供应方式，提高农民经济收入，改善了农民供应商的食物供应和饮食多样性，并且与可可农民一起推出"崔巢可可计划"，帮助改善农民生活。

泰森通过食品捐赠、"紧急喂养"等饥饿救济项目使更多人获得营养食品，同时也建立了社区食品贮藏室，与社会组织建立饥饿救援伙伴关系。

（2）国内食品企业更强调精准扶贫、疫情防控、抢险救灾等实践。

伊利联合中国西部人才开发基金会，推进"伊利方舟"儿童安全公益项目，落实"安全、成长、梦想"的理念；与中国红十字基金会等公益机构共同推出精准扶贫项目"伊利营养2020"；持续开展"D20中国小康牛奶行动""国民营养行动计划""金领冠母爱计划"等活动，通过营养调研、健康教育与公益捐赠等多种形式全面聚焦贫困地区人口的营养与健康改善；为受自然灾害比较严重的地区捐赠物资，积极参与志愿活动。

蒙牛积极响应农业农村部和中国奶业协会的"中国小康牛奶行动"号召，于2017年启动"营养普惠计划"公益项目，为贫困地区儿童捐赠学生奶，同时开展营养健康科普教育，提升贫困地区儿童营养水平；以"产业扶贫、营养扶贫、定点扶贫"的蒙牛特色模式，开展精准扶贫工作与小区公益工作，为社会带去更多温暖和关爱；集团志愿者积极参与无偿献血、植树、节约环保、岗位帮扶等活动，前往定点扶贫的和林格尔县开展慰问敬老、爱心捐赠等活动。

4. 采购责任

（1）国外食品企业更加注重供应链评估。

达能通过实施 RESPECT 项目，对某些品类直接供应商的社会、环境、道德表现进行严格评估，旨在提升达能供应链的可靠程度，节约自然资源。

泰森确保供应商通过 GFSI 认证，同时遵守美国食品安全法规，通过技术确保供应链透明度，同时与农户建立资源保证，确保使用本地谷物。

（2）国内食品企业侧重产业链协同发展、责任采购和廉洁健康的采购流程。

伊利积极扶持和赋能产业链上下游合作伙伴，为合作牧场、供应商、经销商等提供技术、资金等支持，打造产业链共同体；持续完善全生命周期管理体系，严把准入关，强化过程管理，组织培训赋能，提高供应商履行社会责任的能力，开展负责任采购，携手供应商共同实现可持续发展。

蒙牛推出"136"工程，通过谋划"一大战略布局"、搭建"三大服务平台"、实施"六大联结举措"，与遍布全国的牧场主要伙伴共享资金、技术、信息资源，实现产业协同发展；通过将供货商纳入廉洁反腐、质量管控管理范畴，将可持续发展理念融入供应链管理，降低产业链上的社会与环保风险，与供应商协同发展。

海天搭建了采购平台，联动供应商上下游，推进生产和销售均衡，通过制定严格的供应商准入机制和采购流程，保证来料的稳定性和安全性。

5. 劳工与人权责任

（1）国外食品企业更加重视员工多元化、保障员工的健康与人权。

雀巢为员工提供了有效的申诉机制，倡导健康的工作场所和员工，加强劳动力中的性别平衡，并且重视赋予女性权力。

泰森重视员工多样化，团队成员中有很多刚来美国的移民；保障安全的工作环境、安全运输、生产线安全；发起了反对叛卖人口承诺和提供道德帮助（免费电话和网络举报机制）。

（2）国内食品企业更注重员工的合法权益、安全健康和职业成长。

伊利秉持"成为全球食品行业 EHS 管理典范"的愿景，以"人员零伤害、环境零污染、财产零损失"为目标，建立具有伊利特色的 EHS 管理体系，以"三安全"（生产安全、食品安全、危机安全）管理为抓手落实 EHS 管理主体责任；并且关注帮扶困难员工、关心海外外派员工、关爱女性员工，助力员工共同成长。

蒙牛按照《培训管理办法》，构建蒙牛学习发展体系，为员工搭建在线培训平台，根据员工岗位需求为员工组织专项培训，以提升员工专业技术能力及综合能力；启动的"员工幸福计划"全面覆盖员工食、住、育、孝、医、贫等方面的问题及需求；同时也为困难员工设置蒙牛集团关爱基金和爱心互助基金，帮助患重大疾病、遇到重大意外的员工及其直系亲属。

6. 公平贸易责任

（1）国外食品企业重视股东权益、利益相关者参与。

泰森通过强有力的问责实践，维护公众对企业的信任，同时维护股东的利益；积极与业务中的主要利益相关者建立伙伴关系；与客户、非政府组织、投资者、学术界、当地社区官员、监管机构和其他利益相关者进行互动。

（2）国内食品企业注重保障出资人权益、防范经营风险、推崇创新发展。

蒙牛关注资产保值增值、开拓新市场与新机会、投资回报稳健增值。伊利关注可持续经济增长、稳健经营、研发与产品创新。

7. 动物福利和生物技术责任

国内外食品企业对动物福利和生物技术责任的披露都相对较少。

（1）国外食品企业注重动物福利。

泰森通过建立动物福利研究中心等，持续监控动物生存状况，并持续推动动物境况改善。

（2）国内食品企业生物技术的应用。

蒙牛配备了专业人员严格监测与管理兽药（含抗生素）使用。

五、中国食品企业与国外食品企业社会责任的差距模型

通过对中国食品企业伊利、蒙牛、海天和国外食品企业雀巢、泰森和达能企业社会责任的比较分析，根据图3-4（食品企业可持续社会责任模型），得出社会责任差距模型如图4-2。我们发现国外食品企业在经济方面更加重视供应链评估、利益相关者参与，在社会方面更加注重食品健康与营养、农民生活、员工人权等，在环境方面更注重保护水资源、能源、动物福利等，这些都值得中国食品企业学习和借鉴。

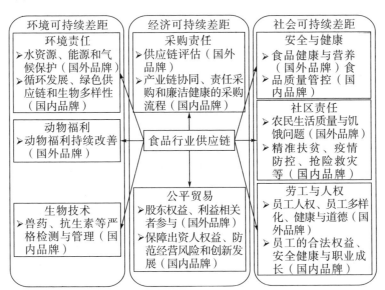

图4-2　中国食品企业与国外食品企业社会责任对标的差距模型

第三节　中国食品企业社会责任行为
与消费者期望的比较研究

本章利用内容分析法，对中国上市食品企业社会责任报告进行分析，以明确中国食品企业社会责任的履行水平；利用问卷调查法，对中国消费者感知食品企业社会责任重要性进行探索，对两者进行比较分析，得出中国食品企业社会责任行为与消费者期望的差距模型。

一、基于内容分析的中国食品企业供应链企业社会责任行为分析

（一）研究方法

1. 研究设计

利益相关者越来越希望了解他们购买的产品和产品背后的企业，并寻求更高的透明度和问责制。通过企业社会责任报告，利益相关者可以看到企业的责任和绩效，评估企业在履行法律义务之外采取的行动，同时企业也向利益相关者表达了对其的关注。利益相关者可以在企业提供的备选方案之间进行基准测试，并反馈给公司（Arendt 和 Brettel，2012）。非财务数据以声明或单独报告的形式包含关于商业模式、指标、与员工和社会问题相关的政策、对自然环境的影响、对人权的尊重和供应链的信息（Bobola 等，2018）。除了将企业社会责任作为其使命的一部分，企业有责任向利益相关者传达其企业社会责任战略和进展（Brønn 和 Vrioni，2001）。Du 等（2010）认为，由于这些报告可能对企业具有战略意义，未来研究的主要需求是探索为每个利益相关者量身定制的有效企业社会责任沟通机制。关于企业社会责任信息是如何被传达的，研究表明公司使用不同的渠道——电视广告活动、新闻稿、互联网来传播他们的企业社会责任信息，包括但不限于企业社会责任报告（Esrock 和 Leichty，2000；Line 等，2002）。Kim 等（2015）的研究证明了无论是印刷的还是在线的书面报告，都是利益相关者更喜欢的企业社会责任沟通方式。企业使用企业社会责任报告主要是为了与利益相关者进行沟通，这些工具允许呈现单个组织的操作，使得公司可以展示它们的战略、公司治理和公司绩效如何一起创造价值（Bobol 等，2018）。Ross 等（2015）分析了美国食品公司的供应链企业社会

责任报告，并发现这些公司的可持续性项目主要关注内部措施，以解决环境和供应链问题。在多数情况下，对于一组确定了的企业社会责任活动或实践，每解决一个问题，分配给 1 分；如果没有解决问题，则得分为 0（Holcomb 等，2013；Mak 等，2007）。本书采用内容分析法，对中国食品企业社会责任报告进行分析，以明确中国食品企业社会责任的现状和水平。

2. 数据收集

目前，在上海证券交易所、深圳证券交易所上市的中国食品相关企业有 145 家，主要集中在"酒、饮料和精制茶制造业""食品制造业""农副食品加工业"等领域。2020 年共有 34 家食品企业发布了企业社会责任报告，这些报告构成本次研究的样本。食品企业发布企业社会责任报告的数量见图 4-3。在本次研究分析的公司中，有 14 家公司（32%）从事"酒、饮料和精制茶制造业"，11 家公司（22%）从事"农副食品加工业"，9 家公司（18%）从事"食品制造业"。在从事"酒、饮料和精制茶制造业"的 14 家公司中，有 12 家是酒类公司。与其他类别相比，白酒企业更重视社会责任的传播。随着公众更多认识到酒精消费造成的严重危害，越来越多的酒精企业开始相互竞争，并采取企业社会责任战略，把自己描绘成良好的"企业公民"（Yoon 和 Lam，2013）。尽管如此，食品行业的社会责任总体披露水平仍然较低（23%）。

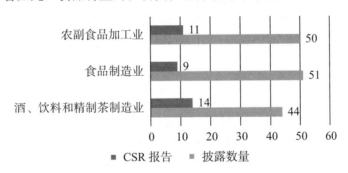

图 4-3 中国上市食品企业社会责任报告数量

3. 步骤

内容分析法在企业社会责任研究中被广泛使用，属于分析企业社会和环境报告最流行的方法。本研究对所收集的数据采用内容分析法进行分析。此外，内容分析法被认为是合适的研究方法，因为它可以让研究人员对特定现象有更好的理解（Hughes，2004）。本次研究对收集到的企业社会责任报告进行细化，构建基于行业供应链的企业社会责任框架（Maloni 和 Brown，2006），详见表 4-1。对于每个主题，记录公司是否报告了任何特定的计划和支持目标。

本次研究数据由三位研究人员共同收集和编码，为检查数据的可靠性，研究人员使用指定的编码系统分析随机选择的五份企业社会责任报告，接着对所有编码变量的编码器间信度进行评估，结果一致程度从85％到100％，信度较高，表明数据可靠。

（二）食品企业社会责任水平及行为

Lu 和 Abeysekera（2017）采用内容分析法研究了一个项目的相对重要性的披露量。本书以报告企业社会责任主题的食品公司的数量作为衡量该主题重要程度的指标，食品企业供应链中企业社会责任主题重要性如图4-4所示，具体数据见表4-3。这些评级并不是对利益相关者重要性的明确陈述，而是基于本书依据的实践信息。图4-4表明食品企业关注社区、环境、劳工与人权、安全与健康，这基本符合学者们（Lee 和 Park，2009；Pulker 等，2018）的发现。食品公司通过强调其在环境和员工方面的社会活动来提高企业的社会声誉。每个公司都会采取大量措施确保食品安全，具体包括构建食品安全可追溯系统（Wei 等，2017；Zheng，2015）、食品供应链预警（Huang 和 Li，2011）、食品安全事故应急响应（闫海和孟竹，2018）、缺陷食品召回（高芳，刘泉宏和龚迪迪，2016）等。但多数中国企业不怎么关注动物福利和生物技术。在本书研究的34家食品企业中，只有一家企业提到了生物技术。由于该项企业社会责任实践没有为企业创造收入，大多数企业认为没有必要披露相关信息。同时，除了安全与健康，其他企业社会责任主题都明显上升，说明企业日益重视供应链企业社会责任。

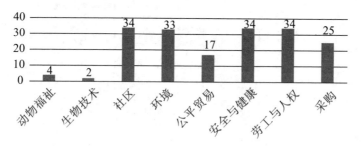

图4-4　食品企业供应链 CSR 主题重要性

表 4－3 中国上市食品企业社会责任主题数量

食品企业供应链社会责任实践主题	2020年实践数量	食品供应链社会责任实践主题	2020年实践数量	食品供应链社会责任实践主题	2020年实践数量
动物福利	4	排放物	19	法律权利	19
虐待	0	废物	17	公民权利	3
处理	0	肥料	3	多样性	23
安置	2	水	23	隐私	0
屠宰	1	有害物质	8	集体谈判	1
运输	1	有机物	1	申诉	1
生物技术	2	除草剂	1	权利披露	1
抗生素	2	杀虫剂	0	保健	8
生长激素	0	灭鼠剂	0	卫生环境	10
组织培养	0	回收利用	14	健康	23
基因检测	0	全球变暖	7	质量安全	8
重组 DNA	0	安全与健康	34	运输安全	2
克隆	0	食品安全	30	住房安全	1
社区	34	食品保障	5	培训公开	21
经济发展	23	可追溯性	25	采购	25
慈善事业	16	运输	8	行为	
艺术	3	披露	1	经营	0
教育支持	18	健康的生活方式	10	专业能力	0
工作培训	9	当地的食物来源	5	保密/专有信息	7
志愿服务	12	劳工与人权	34	利益冲突	0
扫盲	0	补偿	11	欺骗	2
卫生保健	31	非法劳工	2	不当行为	9
儿童护理	8	俘房/强迫/报税劳工	1	影响	1
住房	5	童工	3	互惠	13
环境	33	身份验证	0	对雇主的责任	2
损耗赔偿	0	培训	30	滥用权力	0

食品企业供应链 社会责任 实践主题	2020年 实践数量	食品供应链 社会责任 实践主题	2020年 实践数量	食品供应链 社会责任 实践主题	2020年 实践数量
能源	18	教育	4	特殊待遇	0
食物里程	0	晋升	8	使用法律	7
森林	4	正规就业	0	弱势供应商	1
耕作方法	0	残疾人住宿	1	少数供应商	1
包装	1	纪律/虐待	0	供应商的少数劳动力/项目	0
资源	2	歧视	3		
物种	5	尊重	9		
水	5				
土壤	1				

（三）中国食品企业社会责任分析

1. 动物福利和生物技术

中国食品企业对"动物福利"的供应链企业社会责任行为表现较弱，鲜少有食品企业将"动物福利"纳入自身企业社会责任议题中。我们在研究中发现，仅有极少数乳制品和肉制品企业较好地履行了有关供应链企业社会责任。光明乳业为提高奶牛舒适度，为奶牛提供"大通铺"，扩大其生存空间；建立奶牛专属"淋浴房"，配备淋浴和风扇，使奶牛在夏季保持凉爽。三元食品注重提高奶牛生活舒适度，减少、预防奶牛患病。双汇集团重点关注动物的饲养、转运和屠宰三个环节，对每一个环节的负责员工进行动物福利培训，以保障动物在生理、环境、健康、行为和心理五个方面的福祉。或许是受到企业产品种类的影响，肉制品和乳制品企业对动物的依赖程度更高，因此更为关注动物福利，而其他粮食加工、饮料、酒类企业由于对动物的依赖程度相对较低，从而对与"动物福利"有关的食品供应链企业社会责任重视程度和履行程度较低。

2. 社区

自国家在2013年提出"精准扶贫"以来，中国食品企业积极响应国家号召，大力开展"精准扶贫"活动。中国食品企业通过慈善捐赠、产品采购、人才派遣等方式积极履行"精准扶贫"责任。例如，五粮液集团建设升级专项粮食基地，工业扶贫成果显著；舍得酒业捐赠 20 万元帮助阿坝州红原县脱贫。

3. 环境

科学发展观强调全面协调可持续的发展，党的十八大以来，政府提出践行"绿水青山就是金山银山"的发展理念，中国食品企业一直重视对食品供应链企业社会责任中环境责任的履行。食品行业零售商不仅需要向消费者提供好的环保产品，还要在其供应链中展示企业负责任的环保措施。我国食品企业在履行环境责任方面的特征词有节能减排、可持续发展，具体表现在企业社会责任实践活动中则主要为节约能源、降低损耗和减少排放等。冠农股份、新疆伊力特等企业构建了水资源循环利用系统；古井贡酒、燕京啤酒等企业打造绿色办公模式，减少企业内部资料打印、控制空调温度和照明时间等；洽洽食品大力发展循环经济，采取 100% 回收的全产业链模式；海欣食品将水电气能耗目标与绩效挂钩，提高员工环保意识等；中炬高新集团加大企业研发投入，开展对酱油生产废渣再利用的研究。中国食品企业不仅遵守国家相关法律法规，还投入大量资金研究废弃物处理技术，致力于减少环境污染。

4. 公平贸易

尽管大部分中国食品企业都秉持着"公平""公正""公开"的贸易理念，但在具体的实践中，中国食品企业仍旧更多关注自身利益，缺乏对供应链上下游伙伴的支持。相关报道显示，一些被认为从事公平贸易的食品企业，不仅会签署正式的合作协议以避免商业贿赂，还会采用公开招标采购、构建供应商质量管理模式来规范企业公平贸易行为。在追求利润和组织目标的过程中，越来越多的企业被鼓励承担社会责任。张裕葡萄酒等少数企业在这方面的企业社会责任实践行为较为突出，通常会采取"公司＋农户"或"公司＋合作社＋农户"的模式，保障上游农户的权益。但对于普通农户群体，大部分食品企业共享的更多是"风险"而不是"利润"。

5. 安全与健康

食品安全始终是食品企业的立足之本，我国食品企业不断完善自身食品质量管理体系，积极履行食品供应链企业社会责任中的安全与健康责任。我国食品企业在"安全与健康"维度上的特征词主要有产品质量、食品安全等，也就是说绝大部分企业主要关注食品质量安全。

为了确保食品安全，食品企业通常会实施各种法律法规，建立全生命周期的食品安全管理体系，并运用专业技术对整个过程进行监督和控制。以食品追溯为例,顺鑫农业建立了二维码追溯系统;江苏洋河集团建立了食品安全信息库,实现了产品的正向追溯和反向追溯;燕京惠泉啤酒实行"公司—产品—代码"管理;伊利充分利用大数据平台,为每一头奶牛建档,实现从生产到装箱的无菌自动化生产,构建"智慧工厂",实现全程可溯源管理;青岛啤酒建立了产品从原材料、生产加工到销售物流的全生命周期管理制度。在保障食品安全的同时,也有部分企业倡导健康的生活方式,如五粮液、青岛啤酒等酒类企业都开展了倡导消费者"适量饮酒、健康生活"的活动;伊利、光明等乳制品企业为倡导消费者健康生活,多次举办公益活动;调味品企业如安琪酵母也推出"减盐不减味"的新产品,支持消费者少盐生活。

6. 劳工与人权

员工是企业发展的基础,也是企业的第一客户,为员工提供良好的工作条件、保障其合法权利,可以提升员工对企业的满意度和归属感。我国食品企业非常重视劳工与人权责任的履行,此责任维度下的特征词有薪酬、健康、安全生产、培训等,在实践活动中则主要表现为为员工提供公平的薪资待遇、发展机会和安全健康的工作环境。如通过竞争选拔技术人才,营造有利于员工职业发展的职场环境,为员工提供多元化的晋升渠道。食品企业以职工权益为目标,坚持安全发展理念,保障职工健康权益。

7. 采购

安全的产品从安全的原料开始。为保证食品质量,我国食品企业十分重视"采购"维度的企业社会责任履行。采购维度的高频特征词包括采购和供应商管理。如燕京啤酒在采购过程中,对供应商的原料质量、交货期、技术支持等方面进行考核和跟踪评价,不断完善采购流程,加强对采购系统的监督;燕京惠泉啤酒完善 PMS 采购系统,实现采购全流程的信息化管理,提高采购效率;新希望集团严厉打击灰色利益链行为。

二、消费者对食品企业社会责任重要性的感知研究

(一)问卷设计

消费者是一个大样本群体,要了解其对客观事物的认知和评价,采用问卷调查的形式较为合适。在确保问卷设计合理、样本选择恰当的前提下,该方法往往能够获得客观真实的第一手资料。本章意在从消费者视角探究其对食品企业社会责任行为的感知。本研究的调查问卷由三部分组成:第一部分为问卷填

写说明；第二部分为基于 Maolni（2006）的食品企业供应链企业社会责任行为，结合中国上市食品企业发布的企业社会责任报告高频词统计形成的调查问卷量表，共 4 个题目，21 个题项；第三部分为被试人口统计变量。

问卷调查以课题组成员的同事、同学、亲友等作为最初的问卷发放对象，通过他们进行网络"滚雪球"式随机发放 100 份问卷进行预调研。随后，根据调查对象填写情况，对其难以理解的一些措辞或表述进行修改与调整。最终通过同学、亲友关系网络，以网络"滚雪球"形式发放问卷，展开正式调研。调研时间为期两个星期，共发放问卷 739 份，发放问卷全部回收，剔除填写不完整或者答案完全一致的问卷，剔除从事食品行业的调查对象的问卷，最终得到有效问卷 687 份，有效率为 93.0%。

（二）数据分析

1. 样本描述性统计

调查对象的男女比例分布比较均匀，且大部分调查对象为年轻消费者，21~30 岁的共有 358 人，占 52.11%，占调查对象的一半多。调查对象的教育程度整体一般，其中本科人数占比最高，为 31.44%，高中学历占 25.62%。从中可以看出，大部分调查对象为已从业者，问卷数据能够较好地反映消费者对食品企业社会责任行为的认知情况。详情见表 4—4。

表 4—4　参与者样本描述性统计表

类别	特征	样本数	百分比（%）
性别	男	349	50.00
	女	338	49.20
年龄	20 岁及以下	21	3.06
	21~25 岁	181	26.35
	26~30 岁	177	25.76
	31~40 岁	191	27.80
	41 岁以上	117	17.03
教育程度	初中及以下	59	8.59
	高中	176	25.62
	大专	157	22.85
	本科	216	31.44
	硕士及以上	79	11.50

2. 消费者获取食品企业 CSR 信息的渠道分析

从消费者感知角度来看，消费者最关注的食品企业责任是食品安全与健康责任，样本量达到了 65.07%，然后是劳工责任（51.09%）、社区责任（50.95%）、环境责任（48.76%）、公平贸易责任（48.03%）、动物福利（46.29%）、生物技术责任（34.93%）、采购责任（34.79%），详见图 4-5。

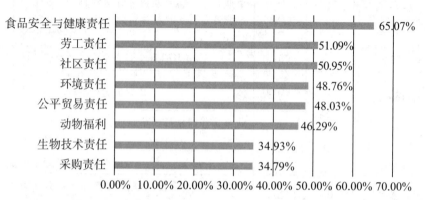

图 4-5　消费者关注的食品企业社会责任重要性排序

从食品企业安全与健康责任重要性评分（见图 4-6）来看，消费者认为食品卫生环境（3.92）、食品安全信息披露（3.92）和不含违禁有害物质（3.91）同等重要，且最重要；其次是不携带病毒（3.85）和食品全过程可追溯（3.85）。

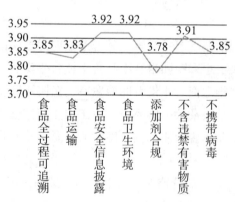

图 4-6　食品企业安全与健康责任重要性得分

从食品企业环境责任重要性评分（见图 4-7）来看，消费者觉得污染物处理（3.96）是最重要的，接着是保护水资源（3.90）、森林保护（3.88）等。

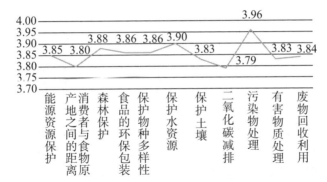

图4-7 食品企业环境责任重要性评分

从食品企业社区责任评分（见图4-8）来看，消费者认为慈善捐赠（3.91）最重要，解决当地居民住房（3.89）、关注儿童（3.88）等紧随其后。

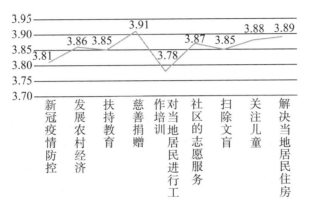

图4-8 食品企业社区责任重要性评分

食品企业劳工责任重要性的整体评分（见图4-9）都比较高，说明大部分填写问卷的消费者也是员工，非常注重企业的劳工责任。消费者比较看重员工隐私（4.12）、员工集体协商（4.12）、员工申诉渠道（4.08）、不强迫员工（4.08）、员工的安全生产（4.05）、员工法律权益（4.04）等员工权益。

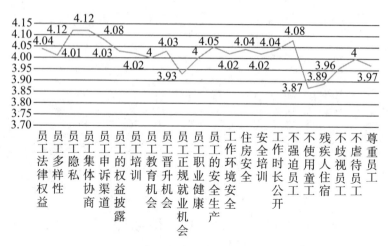

图4-9 食品企业劳工责任重要性评分

在食品企业采购责任重要性评分（见图4-11）中，消费者认为企业不滥用权力（4.15）非常重要，其次是采购过程遵守法律（4.05）、使用弱势供应商（4.04）、公平公正对待供应商等（4.02）。

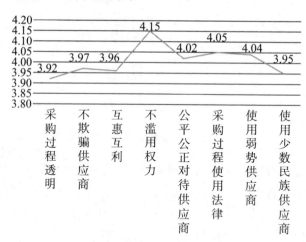

图4-10 食品企业采购责任重要性评分

在食品企业公平贸易责任重要性评分（见图4-11）中，消费者认为与公司成员分享利润（3.95）是最重要的，其次是不虚假包装（3.92）和不虚假宣传（3.91）。

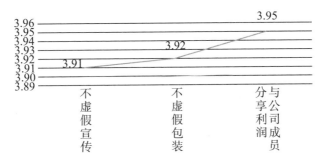

图4-11 食品企业公平贸易责任重要性评分

在食品企业动物福利责任重要性评分（见图4-12）中，消费者认为不使用不正当动物屠宰方式（4.02）、良好的动物安置场地（4.01）比较重要。

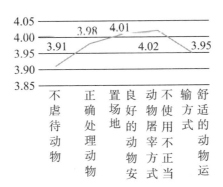

图4-12 食品企业动物福利责任重要性评分

在食品企业生物技术责任重要性评分（见图4-13）中，不使用转基因技术（4.01）、不使用生产激素（4.00）比较重要。

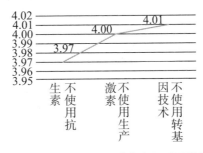

图4-13 食品企业生物技术责任重要性评分

（三）食品企业社会责任行为与消费者期望的差距模型

本章分别探究了企业和消费者对食品企业社会责任行为重要性的认知，最终提炼了各自的供应链企业社会责任行为重要性排序，详见表4-5。

表 4-5　供应链企业社会责任行为重要性排序

CSR 主题	企业重视的 CSR 行为	消费者重视的 CSR 行为
食品安全 与健康责任	食品安全体系认证	食品安全信息披露
	食品质量管理	食品卫生环境
	食品可追溯	食品不含违禁有害物质
	健康的生活方式	不携带病毒
环境责任	节约能源	污染物处理
	排放物处理	保护水资源
	废水处理	保护森林
	废物处理	保护物种多样性
	回收利用	环保包装
社区责任	扶持教育	关注儿童
	慈善事业	志愿服务
	志愿服务	发展农村经济
劳工责任	员工培训	员工隐私
	员工法律权益	员工集体协商
	多样性	员工申诉渠道
	员工职业健康	不强迫员工
	员工安全培训	员工安全生产
采购责任	互惠互利	不滥用权力
	购买过程遵守法律	采购过程遵守法律
	购买过程阳光廉洁	使用弱势供应商
	保护采购专有信息	公平公正对待供应商
公平贸易	利润分享	利润分享
		不虚假包装
		不虚假宣传
动物福利	安置	良好的动物安置场地
	屠宰	不使用不正当屠宰方式
生物技术责任	抗生素	不使用转基因技术
		不使用生产激素

　　在食品安全与健康责任方面，食品企业重视保障食品安全的手段，如食品安全体系认证、食品质量管理、食品可追溯等，而消费者更加注重食品的安全

信息披露、卫生环境、是否添加有害物质、不携带病毒等与食品相关且与自身关系较大的社会责任行为。在环境责任方面，食品企业更加注重能源节约和废弃物的处理及回收；在消费者端，则更加注重污染物的处理和生态保护。在社区责任方面，食品企业响应国家号召，关注教育和慈善事业等；消费者则更加注重慈善捐赠、居民住房、儿童问题等企业社会责任行为。在劳工责任方面，食品企业注重员工的职业发展及人权，如培训、法律权益、职业健康等；而消费者更加注重员工自身的权利和自由，如隐私、集体协商、申诉渠道和尊重。在采购责任方面，食品企业看重采购过程的互惠互利、权益及透明等；消费者认为企业在采购过程中不滥用权力、遵守法律、尊重和扶持供应商更加重要。在动物福利方面，企业在动物安置、屠宰等过程有大量企业社会责任行为；消费者认为企业不虐待动物、为动物提供良好的生存空间是重要的。在生物技术责任方面，食品企业重视不使用抗生素；消费者则认为不使用转基因技术和生产激素是重要的。

通过调查我们发现，消费者比较重视与自己息息相关的企业社会责任行为，尤为关注食品品质、生态保护及周边社区服务等；企业重视为了响应国家号召或为了遵守法律法规而采取的社会责任行为，为展示两者之间的这种差异，我们构建了中国食品企业社会责任行为与消费者期望的差距模型，见图4－14。

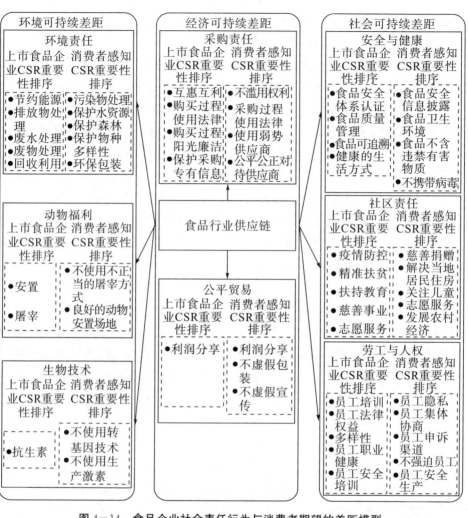

图4-14 食品企业社会责任行为与消费者期望的差距模型

第四节 研究结论

本章基于内容分析法、问卷调查法,在食品企业可持续社会责任模型(见图3-4)的基础上进行研究。该模型把可持续发展和食品行业供应链企业社会责任相结合,其中环境可持续包括环境责任、动物福利和生物技术,经济可持续包括采购责任和公平贸易,社会可持续包括安全与健康、社区责任、劳工与人权责任。

　　本章将国内外知名食品企业社会责任信息进行比较，探究中国食品企业与国外食品企业社会责任差距；将企业、消费者对企业社会责任信息的重要性感知进行比较，探究中国食品企业社会责任行为与消费者期望的差距模型。详见表4—6。

表4—6　食品企业社会责任差距

维度	国内外知名食品企业 社会责任差距	中国食品企业社会责任行为 与消费者期望的差距
经济 可持续	供应链全流程评估不足 利益相关者参与社会责任不足	采购过程不滥用权力、使用弱势供应商和 公平公正对待供应商方面没有达到期望 消费者权益保护也没有达到期望
社会 可持续	食品企业对健康与营养关注不足 员工的人权保护不足 对儿童、农民的关怀不足	食品安全与健康没有达到期望 员工人权没有达到期望 居民关注没有达到期望
环境 可持续	食品企业对动物福利的持续改善 不足 水资源保护不足	污染物处理、水资源保护没有达到期望

第五章　食品企业社会责任缺失研究

第一节　问题提出

虽然企业社会责任的影响已经得到了学界的普遍关注，但企业社会责任实践的反面——企业社会责任缺失，可以产生更大的影响（Lin-Hi 和 Muller，2013）。由于关于负面事件的报道通常具有更大的影响力，企业社会责任缺失事件通常比正面的企业社会责任活动更能吸引媒体的关注（Sun 和 Ding，2020）。例如，在 2020 年 4 月，媒体报道瑞幸咖啡涉 22 亿交易额造假事件，给投资者和供应商造成了重大损失，在关于瑞幸咖啡财务造假的报道中，Muddy Waters Research 公司发挥了重要作用。企业社会责任缺失是不道德的、令人厌恶的行为，这些行为可能对企业内部和外部利益相关者造成负面伤害（Mena 等，2016）。随着外部利益相关者对企业社会责任缺失行为的宽容度下降，企业往往要为其社会责任缺失行为负责（Kang 等，2016；Kölbel 等，2017）。消费者对企业社会责任缺失越来越敏感，其对企业社会责任缺失的抗议，往往会给违规企业带来严重后果（Xie 和 Bagozzi，2019）。研究企业社会责任缺失，更能为企业社会责任倡议和实践提供指导和参考（Alcadipani 和 Rodrigues，2019；Lin-Hi 和 Muller，2013；Ormiston 和 Wong，2013）。

中国社会科学院课题组编写的《企业社会责任蓝皮书（2019）》称，中国企业社会责任实践总体处于起步阶段。《南方周末》中国企业社会责任研究中心每月会发布《中国企业社会责任缺失警示报告》，从 2019 年 9 月到 2021 年 2 月，该中心发布了 20 家食品企业社会责任缺失警示报告，其中大部分聚焦于消费者责任、商业道德或环境责任。除了食品安全，公众对中国食品企业社会责任缺失的行为知之甚少。信息和通信技术以及社交媒体影响了企业向其利益相关者传达企业社会责任缺失的方式（Paliwoda-Matiolanska 等，2020）。学者们对企业危机的研究表明，媒体报道已经成为传播企业危机最重要的加速器之一（Kölbel 等，2017；Stbler 和 Fischer，2020）。虽然已有研究关注企业社会责任缺失对企业行为预期（Lange 和 Washburn，2015）和消费者的影响（Grappi 等，2013；Paolo 和 Maklan，2016），但很少有研究关注企业社会责任缺失的媒体披露特征、企业社会责任缺失在网络媒体渠道上的频率和分布、企业社会责任缺失对利益相关者的影响（Wanderley 等，2008；Zhang 等，2021）。本章以媒体披露的企业社会责任缺失负面新闻为数据来源，对中国食品企业目前存在的企业社会责任缺失类型进行分析、归纳和总结。

第二节　数据收集与研究设计

一、数据收集

本研究获取中国企业社会责任信息的主要渠道是主流媒体平台，如央视网、新浪新闻、搜狐新闻、网易新闻、凤凰新闻、今日头条等；因《南方周末》特别设置了"社会责任"版块，因此也将其作为数据来源。本研究以"食品"和"企业社会责任缺失"作为模型关键词（Scheidler Edinger－Schons，2020），构建食品企业社会责任缺失模型如表 5－1。筛选 2018 年 1 月 1 日至 2021 年 6 月 30 日食品企业社会责任缺失事件相关的 150 篇文章，整理出食品企业社会责任缺失案例库。

表 5－1　食品企业社会责任缺失模型

食品企业社会责任缺失类型	二级标题	举例
消费者	产品伤害	零售商将过期肉类产品重新贴上标签出售；二噁英鸡蛋；恶劣的餐馆卫生环境；被污染的婴儿食品；其他被污染的食物；食品容器中的玻璃；有害药品；衣服中的有毒物质
	产品失败	产品召回
	欺骗消费者	虚假广告；虚假的配料声明；操纵数据
	不道德定价/虚假的投资承诺	价格定位；价格卡特尔；因经营不善导致价格上涨；夸大利率

续表

食品企业社会责任缺失类型	二级标题	举例
员工	工作条件	低工资；高压力
	间谍和虐待	在没有通知员工的情况下安装监控摄像头；欺负年轻员工
供应链活动/海外运营	工作条件	童工；低工资；长时间工作；不安全的厂房；低道德标准；漂白牛仔裤时没有保护工人
	生产事故	工厂大楼倒塌，死亡人数很高
	剥削	水私有化；用小额赔款毒害整个社区；奶粉销售
公共利益相关者（社区、政府）	在当地社区的投机行为	工厂关闭，导致社区失业率居高不下；在未考虑当地基础设施的情况下建立大型零售商店
	逃税，金融诈骗	通过漏洞或逃税逃避纳税；利用公共资金或者浪费公共资金的
股东	侵害股东利益	伪造资产负债表；利率操纵；坏的猜测
竞争对手	侵害竞争对手	贿赂；腐败
环境	商业行为的危害	森林砍伐；水力压裂；有毒的化学品污染空气和水资源
	事故	爆炸的工厂；核事故；石油泄漏
动物	侵犯动物权益	养鸡场；肉类生产；毛皮产业；动物实验

二、研究设计

综合已有研究成果，本书借鉴"5W1H1S"分析方法，选择 1 个 What、2 个 Who、Where、Scene 共 5 个方面作为分析框架，按照哪些主体发生了企业社会责任缺失，这些缺失是什么，对哪些利益相关者造成了伤害，分析社会责任缺失发生在行业供应链的哪个环节的故事线，对 2018 年 1 月至 2021 年 6 月底共计 3 年 6 个月的食品企业社会责任缺失案例展开分析，归纳出食品企业社会责任缺失涉及的行业、范畴、受损者、供应链位置等，详情如图 5-1 所示。

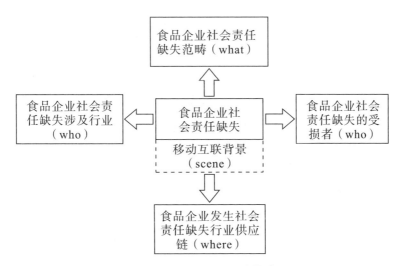

图 5-1 食品企业社会责任缺失分析框架

第三节 多元视角下的食品企业社会责任缺失

本章通过对 150 个案例内容进行分析，从受损者、细分行业、供应链及移动互联背景，对食品企业社会责任缺失进行描述性统计并计算频次，进而形成问题清单，如图 5-2 所示。在食品企业社会责任缺失范畴，我们发现食品安全与健康（63）是发生频次最高的问题，其次是欺骗消费者（19）和员工工作条件（12）。

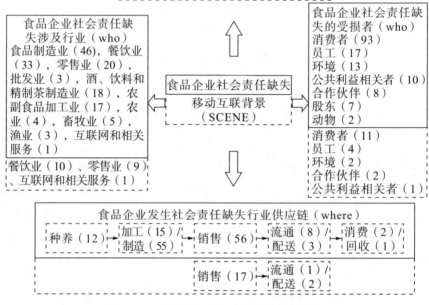

图 5-2　食品企业社会责任缺失问题清单

一、食品企业社会责任缺失范畴

基于食品企业社会责任缺失事件的报道，本研究邀请两位博士生独立完成食品企业社会责任缺失问题的分类，以减少因个人理解差异带来的判断误差。我们归纳出食品企业社会责任缺失的一级范畴及二级范畴，整理统计如表 5-2。研究发现，食品安全与健康（64）是食品企业社会责任缺失发生频次最高的问题，如企业生产的产品含有有毒有害物质、食品质量不合格、卫生环境不合格、食品假冒等。其次依次是欺骗消费者（18）、工作条件不达标（12）、商业行为破坏环境（10）、损害合作伙伴权益（8）、不道德定价（7）、损害股东利益（7）、虐待员工（5）、不道德营销（4）、损害公共利益（4）、不重视供应链环境（3）、逃税（3）、垄断（3）、损害动物权益（2）。

表5-2　食品企业社会责任缺失的范畴

一级范畴（频数）	二级范畴	频数
食品安全 与健康（64）	含有有毒有害物质	19
	食品质量不合格	10
	食品假冒	10
	卫生环境不合格	9
	违规使用添加剂	6
	携带病毒	4
	食品高脂高糖	4
	操作安全隐患	2
欺骗消费者（18）	虚假宣传	13
	虚假包装	4
	虚假承诺	1
不道德营销（4）	不道德营销	4
不道德定价（7）	哄抬物价	6
	利用隐私数据差别定价	1
虐待员工（5）	算法压榨	3
	人工智能监工	1
	强迫员工	1
工作条件 不达标（12）	安全事故	7
	损害员工劳动权益	2
	不公平就业条件	2
	薪酬不公平待遇	1
商业行为 破坏环境（10）	非法排污	4
	破坏生态	3
	食物浪费	1
	外卖污染	1
	过度包装	1

一级范畴（频数）	二级范畴	频数
不重视供应链环境（3）	不重视供应商环保责任	2
	不重视供应链绿色绩效	1
损害公共利益（4）	危害公共安全	1
	非法侵占公共资产	1
	非法经营社会组织	1
	社会责任创新失败	1
逃税（3）	走私	3
垄断（3）	操纵市场价格	2
	平台垄断	1
损害合作伙伴权益（8）	管理者受贿	4
	企业失信	2
	管理者违法	1
	平台剥削商家	1
损害股东利益（7）	披露虚假信息	2
	股东套现	2
	财务造假	2
	内幕交易	1
损害动物权益（2）	买卖野生动物	1
	非法销售猫狗肉	1

二、受损者视角的食品企业社会责任缺失

根据 Sabrina Scheidler（2020）的企业社会责任缺失模型，本研究从受损者视角对企业社会责任缺失行为进行分类，对食品企业社会责任缺失进行归纳总结。本研究通过对 150 个食品企业社会责任缺失案例进行编码，将受损者分为消费者、员工、环境、公共利益相关者、合作伙伴、股东、动物。其中，消费者是受损最严重的利益相关者，尤其是在食品安全与健康范畴，其次是员工，在工作条件不达标问题中受损较重，尤其是安全事故。接着是环境利益相关者，商业行为破坏环境是较严重的食品企业社会责任缺失问题，非法排污和破坏生态系统被屡屡曝光，如表 5-3。

表5-3　受损者视角的食品企业社会责任缺失统计

受损者	一级范畴及频数	总计
消费者	食品安全与健康（64）	93（62.00%）
	欺骗消费者（18）	
	不道德营销（4）	
	不道德定价（7）	
员工	虐待员工（5）	17（11.33%）
	工作条件不达标（12）	
环境	商业行为破坏环境（10）	13（8.67%）
	不重视供应链环境（3）	
公共利益相关者	损害公共利益（4）	10（6.67%）
	逃税（3）	
	垄断（3）	
合作伙伴	损害合作伙伴权益（8）	8（5.33%）
股东	损害股东利益（7）	7（4.67%）
动物	损害动物权益（2）	2（1.33%）

三、细分行业视角的食品企业社会责任缺失

根据中华人民共和国国家标准《国民经济行业分类》（GB/T 4754—2017），与食品相关的大类有农业，林业，畜牧业，渔业，农副食品加工业，食品制造业，酒、饮料和精制茶制造业，批发业，零售业，餐饮业、互联网和相关服务。根据食品企业社会责任缺失案例涉及的行业和细分行业，本研究将其发生频数及发生的问题统计如表5-4。

从归纳的发生问题的食品行业来看，发生问题最多的是食品制造业（46），其次是餐饮业（33），零售业（20），酒、饮料和精制茶制造业（18），农副食品加工业（17）。

食品安全与健康是各行业（除了畜牧业）出现频次最高的问题。在食品制造业中，问题集中在保健食品（13），米、面制品（6）和营养食品（5）；发生较多的问题有食品安全与健康（23）、欺骗消费者（10）、损害股东利益（4）、商业行为破坏环境（3）等。在餐饮业中，问题集中在外卖送餐（10）、正餐（6）和奶茶（5）；发生较多的问题有食品安全与健康（15）、损害公共利益

（3）、虐待员工（3）和员工工作条件（3）等。在零售业中，问题主要发生在互联网零售（9），百货零售（7）；发生较多的问题有食品安全与健康（7），不道德定价（4），欺骗消费者（3）和员工工作条件（2）等。在酒、饮料和精制茶制造业中，问题集中在白酒（5），碳酸饮料（3）和茶饮料（3）；发生较多的问题有食品安全与健康（3）、欺骗消费者（3）、不道德营销（3）和损害合作伙伴权益（2）等。在农副食品加工业中，问题集中在肉制品及副产品加工（7），水果和坚果加工（3），蔬菜加工（3）；发生较多问题有食品安全与健康（6），员工工作条件（4），损害合作伙伴权益（3）。畜牧业的问题集中发生在猪饲养（3）。农业的问题主要发生在槟榔种植（2）。渔业的问题集中发生在内陆养殖（2）。批发业的问题集中发生在果品、蔬菜批发（2）。互联网和相关服务的问题集中发生在互联网生活服务平台（1）。

表 5-4　食品企业社会责任缺失行业、范畴统计

行业	细分行业	频数	百分比	总计	一级范畴及频数
渔业	内陆养殖	2	1.33%	3 (2.00%)	食品安全与健康（2）商业行为破坏环境（1）
	海水养殖	1	0.67%		
农业	槟榔种植	2	1.33%	4 (2.67%)	食品安全与健康（4）垄断（1）
	蔬菜	1	0.67%		
	仁果类和核果类水果	1	0.67%		
	稻谷养殖	1	0.67%		
畜牧业	猪饲养	3	2.00%	5 (3.00%)	损害公共利益（2）食品安全与健康（1）商业行为破坏环境（1）买卖野生动物（1）
	竹鼠饲养	1	0.67%		
	鸡饲养	1	0.67%		
农副食品加工业	肉制品及副产品加工	7	4.67%	17 (11.33%)	食品安全与健康（6）员工工作条件（4）损害合作伙伴权益（3）损害公共利益（1）损害股东利益（1）不重视供应链环境（1）逃税（1）
	水果和坚果加工	3	2.00%		
	蔬菜加工	3	2.00%		
	豆制品制造	2	1.33%		
	水产品冷冻加工	1	0.67%		
	牲畜屠宰	1	0.67%		

行业	细分行业	频数	百分比	总计	一级范畴及频数
食品制造业	保健食品	13	8.67%	46（30.7%）	食品安全与健康（23） 欺骗消费者（10） 损害股东利益（4） 商业行为破坏环境（3） 逃税（2） 不重视供应链环境（1） 损害合作伙伴权益（1） 虐待员工（1） 员工工作条件（1）
	米、面制品	6	4.00%		
	营养食品	5	3.33%		
	液体乳	5	3.33%		
	调味品、发酵制品	3	2.00%		
	酱油、食醋及类别制品	2	1.33%		
	方便面	2	1.33%		
	饼干及其他烘烤食品	2	1.33%		
	糖果、巧克力	1	0.67%		
	速冻食品	1	0.67%		
	乳粉	1	0.67%		
	肉、禽类罐头	1	0.67%		
	瓶装饮用水	1	0.67%		
	冷冻饮品及食用冰	1	0.67%		
	方便食品	1	0.67%		
	代餐食品	1	0.67%		
酒、饮料和精制茶制造业	白酒	5	3.33%	18（12.00%）	食品安全与健康（3） 欺骗消费者（3） 不道德营销（3） 损害合作伙伴权益（2） 损害股东利益（2） 商业行为破坏环境（2） 不重视供应链环境（2） 不道德定价（1） 员工工作条件（1）
	碳酸饮料	3	2.00%		
	茶饮料	3	2.00%		
	咖啡饮料	2	1.33%		
	果菜汁及果菜汁饮料	2	1.33%		
	药酒	1	0.67%		
	啤酒	1	0.67%		
批发业	果品、蔬菜批发	2	1.33%	3（2.00%）	食品安全与健康（1） 虐待员工（1） 垄断（1）
	渔业产品批发	1	0.67%		

行业	细分行业	频数	百分比	总计	一级范畴及频数
零售业	互联网零售	9	6.00%	20 (13.33%)	食品安全与健康（7） 不道德定价（4） 欺骗消费者（3） 员工工作条件（2） 商业行为破坏环境（1） 损害合作伙伴权益（1） 损害股东利益（1）
零售业	百货零售	7	4.67%	20 (13.33%)	
零售业	食品专门零售	1	0.67%	20 (13.33%)	
零售业	糕点、面包零售	1	0.67%	20 (13.33%)	
零售业	超级市场零售	1	0.67%	20 (13.33%)	
零售业	便利店零售	1	0.67%	20 (13.33%)	
餐饮业	外卖送餐	10	0.67%	33 (22.00%)	食品安全与健康（15） 损害公共利益（3） 虐待员工（3） 员工工作条件（3） 不道德定价（2） 欺骗消费者（2） 不道德营销（1） 商业行为破坏环境（1） 损害合作伙伴权益（1） 非法销售猫狗肉（1）
餐饮业	正餐	6	4.00%	33 (22.00%)	
餐饮业	奶茶	5	3.33%	33 (22.00%)	
餐饮业	快餐	5	3.33%	33 (22.00%)	
餐饮业	火锅	4	2.67%	33 (22.00%)	
餐饮业	小吃	1	0.67%	33 (22.00%)	
餐饮业	咖啡馆	1	0.67%	33 (22.00%)	
餐饮业	酒吧	1	0.67%	33 (22.00%)	
互联网和相关服务	互联网生活服务平台	1	0.67%	1 (0.67%)	垄断（1）

四、供应链视角的食品企业社会责任缺失

供应链中的种养殖/生产、加工/制造、销售、消费/回收通常按照发生问题的企业所在的供应链节点，确定发生问题的位置。其中，在流通、配送环节出问题的，不按照企业所属类别进行划分，直接划分为流通/配送环节。加工/制造是发生问题最多的环节，销售其次。食品安全与健康是各个环节都会发生且频次最高的问题。除了该问题，在种养殖/生产环节，高频问题有商业行为破坏环境、损害公共利益；在加工/制造环节，欺骗消费者、损害股东权益、员工工作条件是主要问题；在销售环节，欺骗消费者、不道德定价、员工工作条件是主要问题；在流通/配送环节，逃税、虐待员工是主要问题；在消费/回收环节，商业行为破坏环境是主要问题。详情见图5-3。

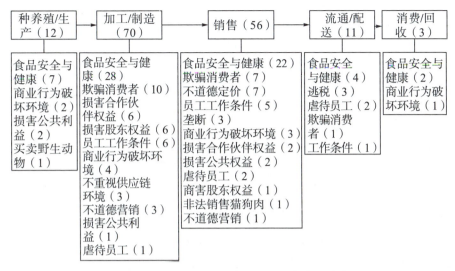

图5-3 供应链视角的食品企业社会责任缺失

五、移动互联背景下的食品企业社会责任缺失

移动互联背景下的食品企业社会责任缺失是指发生在网络平台的、与食品企业相关的社会责任缺失行为。

（一）受损者视角

在移动互联背景下，企业社会责任缺失的主要受损者是消费者，其次是员工、环境、合作伙伴和公共利益相关者。其中，食品质量不合格、哄抬物价、算法压榨员工是发生频次比较高的问题，利用隐私数据差别定价、算法压榨、人工智能监工、平台剥削商家和平台垄断是在移动互联背景下发现的新问题。详情见表5-5。

表5-5 移动互联背景下受损者视角的企业社会责任缺失范畴统计

受损者	二级范畴	频数	总计
消费者	食品质量不合格	4	11
	哄抬物价	3	
	食品假冒	2	
	虚假承诺	1	
	利用隐私数据差别定价	1	

受损者	二级范畴	频数	总计
员工	算法压榨	3	4
	人工智能监工	1	
环境	过度包装	1	2
	外卖污染	1	
合作伙伴	平台剥削商家	1	1
公共利益相关者	平台垄断	1	1

（二）细分行业视角

移动互联背景下的食品企业社会责任缺失问题主要发生在餐饮业、零售业、互联网和相关服务，集中在外卖送餐、互联网零售和互联网生活服务平台细分行业，外卖送餐、互联网零售是问题高发行业。外卖送餐行业的问题集中在食品质量不合格和算法压榨，互联网零售行业的问题集中在哄抬物价。详见表5—6。

表5—6 移动互联背景下细分行业视角的企业社会责任缺失范畴统计

食品行业	食品细分行业	二级范畴	频数	总计
餐饮业	外卖送餐	食品质量不合格	3	10
		算法压榨	3	
		食品假冒	1	
		外卖污染	1	
		平台剥削商家	1	
		利用隐私数据差别定价	1	
零售业	互联网零售	哄抬物价	3	9
		食品假冒	2	
		虚假承诺	1	
		食品质量不合格	1	
		过度包装	1	
		人工智能监工	1	
互联网和相关服务	互联网生活服务平台	平台垄断	1	1

（三）供应链视角

移动互联背景下的食品企业社会责任缺失问题主要发生在销售和流通/配送环节，主要集中在销售环节。在销售环节发生的问题主要集中在食品质量不合格、哄抬物价和食品假冒；流通/配送环节发生的问题主要集中在算法压榨员工。详见表5—7。

表5—7 移动互联背景下供应链视角企业社会责任缺失范畴统计

供应链环节	二级范畴	频数	总计
销售	食品质量不合格	4	17
	哄抬物价	3	
	食品假冒	2	
	利用隐私数据差别定价	1	
	平台剥削商家	1	
	平台垄断	1	
	人工智能监工	1	
	算法压榨	1	
	外卖污染	1	
	虚假承诺	1	
	虚假宣传	1	
	过度包装	1	
流通/配送	算法压榨	2	3
	食品假冒	1	

第四节 中国食品企业社会责任缺失模型

本章通过案例分析法，结合Scheidler和Edinger－Schons（2020）的社会责任缺失模型，把食品行业供应链分为种养殖/生产、加工/制造、销售、流通/配送、消费/回收环节，列出相关的食品企业及其社会责任缺失范畴，并归纳出受到损害的利益相关者，最终形成中国食品企业社会责任缺失模型如图5—4。

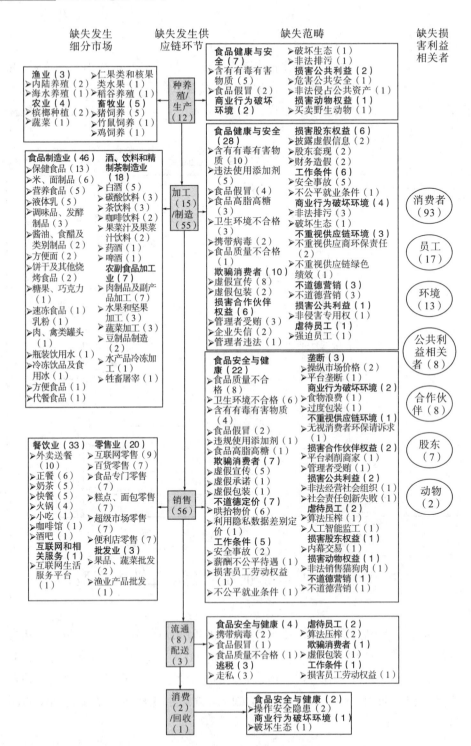

图 5—4 中国食品企业社会责任缺失模型

第六章　移动互联背景下
食品企业社会责任缺失的诱因研究

第一节　问题提出

企业社会责任缺失（CSI）最早由 Armstrong（1977）提出，但不同学者对企业社会责任缺失有着不同的定义。从企业社会责任缺失产生的原因来看，学者们主要认为企业社会责任缺失是企业的无意识伤害行为（Perks 等，2013）或者有意的商业战略、决定或行动的结果（Lange 和 Washburn，2015；Keig 等，2015）。从企业社会责任缺失造成的结果来看，Lin－Hi 和 Müller（2013）认为企业社会责任缺失是"对其他行为者造成（潜在）不利或伤害的公司行为"。在企业实践中，组织行为的最终实现不仅取决于组织与个人的主观努力，也与外部环境中客观存在的因素有关。因此，本书提出，企业社会责任缺失是对利益相关者以及最终对整个社会的经济、环境、社会目标的实现产生不利影响的企业行为，包括企业对利益相关者非故意造成的消极影响以及故意的伤害。

《中国食品安全发展报告（2019）》指出，近年来，在"互联网＋"新经济形态快速发展的背景下，网络食品消费作为一种新的消费方式，在带来诸多便利的同时，也进一步扩大了食品企业社会责任缺失行为的影响范围与效应，给政府提出了如何有效监督网络食品安全的新课题。特别是在新型冠状病毒感染疫情之后，消费者对食品的安全与健康更加关注，同时也对食品企业社会责任的履行情况，如企业社会公益事业的参与、环保包装等情况更加敏感。食品企业的社会责任缺失行为不仅会对社会造成严重后果，也会影响企业的声誉，阻碍企业的发展。对于食品企业社会责任缺失行为的治理迫在眉睫。

本章将通过质性研究，对具体案例进行分析，探究中国食品企业社会责任缺失行为的诱因及其作用机制、在移动互联背景下食品企业是如何产生企业社会责任缺失行为的，从而为该问题的治理提供具体的政策建议和行动参考。本章的研究主题包括移动互联背景下中国食品企业社会责任缺失产生的诱因有哪些？在特定问题类型中，造成企业社会责任缺失行为的关键环节和风险点有哪些？

第二节　食品企业社会责任缺失的诱因研究
——基于定性比较分析（QCA）

一、诱因模型建立

（一）商业生态系统理论

Moore（1993）基于企业生态视角正式提出了商业生态系统的概念，他认为商业生态系统中的企业不应一味追求战胜竞争对手，而应与竞争对手乃至整个商业生态系统共同演化。Moore（1998）认为商业生态系统是一种由客户、供应商、主要生产商、投资商、贸易合作伙伴、标准制定机构、工会、政府、社会公共服务机构和其他利益相关者等具有一定利益关系的组织或群体构成的动态结构系统。学界目前对商业生态系统的定义，主要从两种视角出发。一种以 Iansiti 和 Levin（2004）的研究为代表，提出商业生态系统由占据不同但又彼此相关的生态位的企业组成，生态位企业会相互影响。另一种侧重网络关系，Erik 和 Ton（2004）提出，商业生态系统应该是一种由围绕在某项核心技术周围、相互依赖的供应商和客户组成的网络；而 Zahra 和 Nambisan（2002）则把商业生态系统看成是一种为企业提供资源、合作伙伴以及重要市场信息的网络。

商业生态系统理论是生态系统理论、管理学、社会学、系统论等多个学科理论交叉融合的结果。企业与各个系统成员在这个系统中，可以实现有机的、整体的能量交换与流动。商业生态系统理论强调用系统论的角度来审视企业发展（资武，2013）（详见图 6—1）。

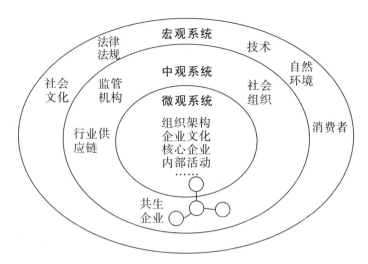

图 6 1　商业生态系统模型

根据商业生态系统理论，本章从宏观、中观和微观角度分析食品企业社会责任缺失的诱因。在微观角度，主要分析企业内部因素，如企业文化、组织架构、产业服务等；在中观角度，主要分析同行企业，产业链上下游企业，企业所处行业或种群、联盟，以及与企业相关的融资机构、科研机构等；在宏观角度，主要分析消费者、社会文化、自然环境、法律法规等主体。通过从不同角度对企业社会责任缺失的研究可以发现，商业生态系统打破了企业边界，不同企业之间逐步形成了一个整体，企业如能从"系统"角度审视自身所处的位置，更有可能制定有效的企业发展策略。

（二）研究方法

由 Ragin（1987）首次提出的定性比较分析（Qualitative Comparative Analysis，QCA）方法，旨在解决因果复杂性问题（Rihoux 和 Ragin，2009）。QCA 早期主要运用于社会学、政治学等社会科学领域的小样本案例分析，近年来被管理学、经济学等领域视作有效的模型研究方法（Gupta 等，2020；杜运周等，2020；谭海波等，2019；张明等，2020）。QCA 以集合论和布尔运算作为方法论，探究多个前因条件的不同组合如何导致结果变量的发生（Fiss，2011）。

食品企业社会责任缺失问题的形成是一系列复杂要素共同作用的结果，需要从整体角度探寻食品企业社会责任缺失的诱因以及影响路径。本书采用QCA 方法探索食品类电商平台企业社会责任缺失的诱因，主要有以下原因：①QCA 突破了单一因素的分析范式，能够基于组态视角探索前因条件的不同组合形成的因果复杂性（杜运周和贾良定，2017）。②食品企业社会责任缺失治理是极其复杂的，并不存在唯一的最佳路径，使用 QCA 方法衡量诱因组合更符合现实经验。③QCA 适合小样本量，这有助于通过典型案例探究因果复杂性。④QCA 可以识别哪些前因条件是结果的充分或必要条件，为企业治理提供借鉴。

由于本书所涉及的变量都有明确的赋值标准，可以进行二分变量处理，因此本书采用清晰集定性比较分析。清晰集定性比较分析可将变量分为两分处理，即解释变量和结果变量，变量取值转换为 1 和 0，把质性的内容转化为直观的"量化"数据。二分变量赋值为 1 表示"是"或"存在"，赋值为 0 表示"否"或"不存在"。乘法为"和"运算，即条件同时存在，用"×"表示；加法为"或"，表示二者至少存在其一，用"+"表示；符号"="或"—"表示"导致"。比如，A×B—Y 表示因素 A 和因素 B 同时存在将会导致 Y 的发生。具体而言，本研究的第一步根据研究目标确定一定数量的样本案例以及针对研究目标的结果变量；然后基于前人研究经验和材料分析，提炼出可能影响结果变量的影响变量（解释变量）。在确定解释变量和结果变量后，以单个的样本案例为单位，统计出每个变量的编码数据，将这些数据汇总起来就会得到影响变量（解释变量）和结果变量的所有组合，将这些组合用图表的方式体现出来就是"真值表"。

作为一种以案例研究为取向的研究方法，QCA 可以帮助研究者进行理论与经验的对话，并能系统地分析中小样本的数据（黄荣贵，桂勇，2009）。食品企业社会责任缺失的诱因因素研究具有因素组合和不确定性，结果变量企业社会责任缺失也属于一般的一分变量，因此，对本章研究来说，清晰集定性比较分析是一种比较合适的研究方法。

此外，本章研究案例是在第五章讨论的食品企业案例中选取的，样本量较小，不适合大规模统计，符合定性比较分析小样本分析的特点。本章研究利用了生态系统理论，会涉及企业内部、供应链、社会环境等因素，而 QCA 正适用于解决因果复杂性问题。食品企业社会责任缺失的诱因模型见图 6—2。

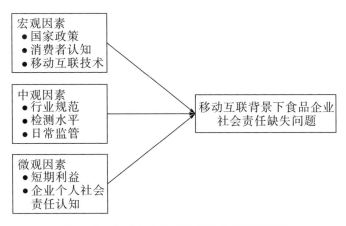

图 6-2　食品企业社会责任缺失的诱因模型

二、案例选择

本章研究案例源自本书第五章，从中选取的移动互联背景下食品企业社会责任缺失案例有 20 个。QCA 对案例样本的要求有两大原则：一是异质性和相似性并存，二是完整性与可得性并存。表 6-1 为案例描述。

表 6-1　案例描述

序号	日期	案例样本描述	问题范畴
1	2018 年 6 月	某跨境电商销售无中文标签的婴幼儿配方乳粉	食品假冒
2	2018 年 9 月	某外卖平台因食品安全问题被约谈	食品质量不合格
3	2019 年 5 月	某企业利用 AI 监工	人工智能监工
4	2019 年 10 月	某企业被曝大量出售过期奶粉食品	食品质量不合格
5	2019 年 10 月	某企业被曝存在食品安全隐患	食品质量不合格
6	2019 年 10 月	某企业"剥削"商家和外卖员	算法压榨
7	2020 年 6 月	某企业售卖的肉肠内有塑料制品	食品质量不合格
8	2020 年 7 月	某企业利用虚假价格手段诱骗交易	欺骗商家
9	2020 年 9 月	外卖骑手被迫加速的驱动之手：AI 还是利益	算法压榨
10	2020 年 9 月	外卖骑手，困在系统里	算法压榨
11	2020 年 9 月	烟酒、茶叶、月饼、保健品、饼干等线上销售商品存在过度包装问题，总体不合格发现率高于线下销售商品	过度包装

序号	日期	案例样本描述	问题范畴
12	2020 年 11 月	某商家在外卖订单高峰期，无暇看订单上是否勾选"无需餐具"，统一配送餐具	外卖污染
13	2020 年 12 月	某直播平台带货假产品	食品假冒
14	2020 年 12 月	某平台取消支付宝渠道	平台垄断
15	2020 年 12 月	某企业"双 11"不发货涉嫌欺诈消费者	虚假承诺
16	2020 年 12 月	某平台先提价后打折、虚假促销	哄抬物价
17	2020 年 12 月	某企业因不正当价格行为被罚	哄抬物价
18	2020 年 12 月	某平台被曝"杀熟"外卖会员	利用隐私数据差别定价
19	2021 年 3 月	社区团购存在不正当价格行为	哄抬物价
20	2021 年 3 月	某骑手跑腿代客户买菜，却把大部分菜品调包	食品假冒

三、食品企业社会责任缺失的诱因链

（一）变量赋值

本章结合具体案例，对结果变量按照第五章的问题范畴加以测量，即食品质量不合格、哄抬物价、食品假冒、虚假承诺、利用隐私数据差别定价、过度包装、外卖污染、算法压榨、平台剥削商家、人工智能监工等。在权衡各范畴严重性之后进行如下赋值：如果直接或者间接对消费者造成伤害，那么食品企业社会责任问题比较严重，赋值为1，其余则赋值为0。

本章结合相关文献和案例，对商业生态理论的三个解释变量进行拓展量化与操作化测量。首先是宏观因素，包括国家政策、消费者认知和移动互联技术，其中，国家政策和消费者认知为负向变量，即国家政策未制定或不健全，消费者社会责任意识或者行为不足；移动互联技术为正向变量，即包括使用了大数据技术、人工智能技术和信息系统技术，这样可以更好地解释结果变量。其次是中观因素，包括行业规范、检测水平和日常监管，均为负向变量。行业规范包括不正当竞争，产品标准不一致，治理主体缺失，产业链体系缺乏；检测水平包括缺少第三方组织检测，或有第三方检测，但缺少组织相关人员进行深度检测；日常监管包括部门监管不到位，平台监管不到位或食品全链条监管缺失。最后是微观因素，包括短期利益和企业个人社会责任认知，其中短期利益为正向变量，企业个人社会责任认知为负向变量。短期利益包括企业为了降低成本、提高利润、追求效率或提高竞争力采取的举措；企业个人社会责任包括员工社会责任不足或者管理者社会责任不足。在赋分时，符合其中一项则为1，不符合则为0，赋值规则见表6-2。

表6-2　变量及赋值规则

	层级变量	变量名称	具体内容	赋值
结果变量		问题范畴	1. 食品质量不合格 2. 哄抬物价 3. 食品假冒 4. 虚假承诺 5. 利用隐私数据差别定价 6. 过度包装 7. 外卖污染 8. 算法压榨 9. 剥削商家 10. 人工智能监工	损害消费权益并造成伤害则为1，其余为0
条件变量	宏观因素	国家政策	国家政策未制定或不健全	符合条件则为1，其余为0
		消费者认知	社会责任意识或行为不足	符合条件则为1，其余为0
		移动互联技术	1. 大数据技术 2. 人工智能技术 3. 信息系统技术	符合其中一个则为1，其余为0
	中观因素	行业规范	1. 不正当竞争 2. 产品标准不一致 3. 治理主体缺失 2. 产业链体系缺乏	符合其中一个则为1，其余为0
		检测水平	1. 缺少第三方组织检测 2. 有第三方检测，但缺少组织相关人员深度检测	符合其中一个则为1，其余为0
		日常监管	1. 部门监管不到位 2. 平台监管不到位 3. 食品全链条监管缺失	符合其中一个则为1，其余为0
	微观因素	短期利益	1. 降低成本 2. 提高利润 3. 追求效率 4. 提高竞争力	符合其中一个则为1，其余为0
		企业个人社会责任认知	1. 员工社会责任不足 2. 管理者社会责任不足	符合其中一个则为1，其余为0

（二）条件变量定性比较分析

根据 QCA 方法，多重条件并发原因的数量随解释变量的增加呈对数级增长，这意味着 8 个解释变量有 256 种成因组合的可能性。我们将食品企业社会责任问题范畴作为结果变量，建立逻辑真值表，如表 6-3。

表 6-3　案例逻辑真值表

CASES	国家政策	消费者认知	移动互联技术	行业规范	检测水平	日常监管	短期利益	企业个人社会责任认知	社会责任问题范畴
14	0	0	0	0	0	1	0	1	1
8	0	0	1	0	0	0	0	1	0
9、10、15	0	0	1	0	0	1	1	0	0
16	0	0	0	1	0	0	0	0	1
17、18、19	0	0	1	1	0	1	0	1	1
11	1	0	0	0	0	0	0	1	1
1、20	1	0	0	0	0	1	1	1	1
6	0	0	0	1	0	1	0	1	1
2、3、4	1	0	0	1	0	1	0	1	1
5	1	0	0	0	0	1	1	1	1
7	0	1	1	1	0	1	0	0	1
12	1	1	0	1	0	1	1	0	1
13	1	1	0	1	1	1	1	0	1

表 6-4 展示了 8 个前因条件及其非集（表示为"~"）对结果变量（严重的食品企业社会责任缺失）及其非集（不严重的食品企业社会责任缺失）的必要性分析结果。根据 QCA 的研究范式，前因条件的一致性得分大于或者等于 0.90 则构成了结果变量发生的必要条件。从 6-4 表中可知，除了检测水平的非集（~检测水平），（不）严重的食品企业社会责任缺失的所有前因条件（及其非集）的一致性均低于 0.9。根据 Hossian 等（2023）的研究，必要性条件分析不仅要考虑一致性大于 0.9，还要满足覆盖度大于 0.5。而本研究结果显示检测水平的非集（~检测水平）对于食品企业社会责任缺失的覆盖度低于 0.5 的门槛值（等于 0.3158），这表明没有任何条件构成（不）严重食品企业社会责任缺失的必要条件。这意味着各个前因条件对食品企业社会责任缺失的解释力度较弱，需要考察不同条件组态对严重的食品企业社会责任缺失的影响。

表6－4　前因条件的必要性

项目	严重的食品企业社会责任缺失		不严重的食品企业社会责任缺失	
	一致性	覆盖率	一致性	覆盖率
国家政策	0.6429	0.8182	0.3333	0.1818
～国家政策	0.3571	0.5556	0.6667	0.4444
消费者社会责任	0.1429	1.0000	0.0000	0.0000
～消费者社会责任	0.8571	0.6667	1.0000	0.3333
移动互联技术	0.3571	0.5000	0.8333	0.5000
～移动互联技术	0.6429	0.9000	0.1667	0.1000
行业规范	0.7143	0.9091	0.1667	0.0909
～行业规范	0.2857	0.4444	0.8333	0.5556
检测水平	0.0714	1.0000	0.0000	0.0000
～检测水平	0.9286	0.6842	1.0000	0.3158
日常监管	0.8571	0.7500	0.6667	0.2500
～日常监管	0.1429	0.5000	0.3333	0.5000
利益驱动	0.3571	0.5556	0.6667	0.4444
～利益驱动	0.6429	0.8182	0.3333	0.1818
企业价值观	0.6429	0.8182	0.3333	0.1818
～企业价值观	0.3571	0.5556	0.6667	0.4444

（三）诱因链分析

将表6－3输入fsQCA软件进行分析，考虑到一致性门槛值不低于0.75的建议标准，本书将原始一致性阈值设定为0.8，为了保证前因构型一定的覆盖率，案例频数阈值设定为1，进行了前因构型识别，得出了不考虑逻辑余项情况下的复杂解，如表6－5所示。这8个前因条件构型的一致性皆是1，大于Ragin（1987）所设临界标准0.8，表明这8个因素构型均能导致企业社会责任缺失发生。本书根据简单一致性逻辑，得到以下7条路径，如表6－5所示。

表 6-5　诱因路径分析

路径	诱因路径	覆盖度	一致性	问题范畴
T1	行业规范×日常监管×企业个人社会责任认知×（国家政策＋消费者认知×移动互联技术）	0.5000	1	食品质量不合格
T2	国家政策×日常监管×短期利益×（企业个人社会责任认知＋消费者认知×行业规范×检测水平）	0.2143	1	食品假冒
T3	日常监管×企业个人社会责任认知	0.0714	1	虚假承诺
T4	移动互联技术×行业规范	0.0714	1	利用隐私数据差别定价
T5	移动互联技术×行业规范×日常监管×企业个人社会责任认知	0.1429	1	哄抬物价
T6	国家政策×利益驱动	0.0714	1	过度包装
T7	国家政策×消费者认知×行业规范×日常监管	0.0714	1	外卖污染

　　QCA 一共总结了 7 条路径来归纳食品企业社会责任缺失的诱因，为了与具体的问题范畴相对应，需要回归到事实案例，寻找真实的路径，本研究对 7 条路径解释如下。

　　（1）食品质量不合格＝行业规范×日常监管×企业个人社会责任认知×（国家政策×消费者认知×移动互联技术）。由于对商家入驻外卖平台没有详细的规定，再加上食品配送供应链条较长，责任主体不清晰，可以相互推诿，即使之前出现过问题，外卖平台对于食品不合格的商家也不处罚不处理，部分地方食品监管部门也管理不到位。在这样的背景下，商家继续维持脏乱差的卫生环境，员工也继续无健康证上岗工作。还存在一条路径是从移动互联技术和消费者认知开始，平台信息系统存在漏洞，同时消费者不清楚产品的来源，因此导致食品质量不合格问题产生。

　　（2）食品假冒＝国家政策×日常监管×短期利益×（企业个人社会责任认知＋消费者认知×行业规范×检测水平）。与食品监管相关法规政策不健全，零售电商平台与个人行为交互，监管难度非常大，导致食品假冒问题严重。直播行业当下逐渐兴起，消费者对新产品的认知能力不足，相关产品的供应链不完善，主播和商家检测知识储备不够。

　　（3）虚假承诺＝日常监管×企业个人社会责任认知。一些商家为了吸引流量或者套取消费者个人信息，故意发布虚假信息，同时因监管不到位，没有按照规则对不法商家进行惩罚，导致商家虚假承诺。

（4）利用隐私数据差别定价＝移动互联技术×行业规范。由于外卖市场存在不正当竞争，个别平台通过大数据优势和系统算法，对外卖会员差别定价和"杀熟"。

（5）哄抬物价＝移动互联技术×行业规范×日常监管×企业个人社会责任认知。商家利用互联网等新兴技术，增加促销规则的复杂度，同时利用资金优势，扰乱市场价格秩序；监管部门对这类行为只是采取批评教育等措施，惩罚金额与利润差距巨大，导致电商无意改进。

（6）过度包装＝国家政策×利益驱动。国家对过度包装没有明确的处罚规则，已有的相关标准也并未真正落到实处；商家则是为了通过包装获得溢价或提高竞争力、迎合消费者需求，往往会在包装规格和材质上下功夫，导致过度包装。

（7）外卖污染＝国家政策×消费者认知×行业规范×日常监管×利益驱动。关于外卖垃圾治理当下还缺乏法律支持；消费者环保意识不强，会将这些带有水分、油脂的外卖餐盒投入可回收垃圾桶，使其他可回收物也遭到污染；在行业层面，外卖包装标准缺失，废餐盒回收体系缺失，外卖垃圾治理主体不明确；供应链源头的失范也导致了污染的大量产生；平台对入驻商户的环保审核没有法律依据，也不具有可操作性。商家考虑到一次性塑料杯和餐盒的替代品成本高，不愿增加成本，这些因素交互影响导致外卖垃圾大量产生。

第三节　移动互联背景下食品安全问题的诱因研究

一、多案例研究方法

学界关于食品企业社会责任缺失诱因全面系统的概念、范畴、测量量表和理论模型尚不多见。学者们对企业社会责任缺失有不同的定义，企业管理者对其也有不同的理解。由于当下缺少系统性的理论成果，相较于其他研究方法，案例研究是更为适合的研究方法。Robert认为，案例研究方法最适于研究"什么样"和"为什么"的问题，可用于实现各种目标：提供描述（Kidder，1982），测试理论（Anderson，1983），生成理论（Harris和Sutton，1986）。

本章意在研究食品企业社会责任缺失行为的诱因，即食品企业为什么会产生企业社会责任缺失行为，适合采用案例研究方法。

由于多案例研究方法具有良好的外部效度，案例之间可以相互验证，为提高关键诱因识别的有效性和可靠性，本章采用多案例研究方法对我国食品企业食品安全问题的诱因链展开研究。

二、案例选择

为了确定食品企业较为严重的企业社会责任缺失行为，我们选取了 2011 年 3 月至 2021 年 4 月央视 "3·15" 晚会和《南方周末》报道的与食品企业相关的 40 个事件作为案例来源。电视、广播和报纸等传统媒体对消费者的食品安全感知有着深远的影响（Houghton 等，2008）。随着近几十年来新闻信息传播渠道的变化，在线媒体已成为消费者获取不同主题食品安全信息的关键渠道。央视 "3·15" 晚会和《南方周末》发布的信息内容相对真实可靠，且其在发布信息之前已根据既定标准对案例进行筛选，因此其报道的相关案例具有典型性和代表性，对这些案例进行研究更具现实意义和应用价值。根据 Scheidler 和 Edinger-Schons（2020）的企业社会责任缺失类型分类，我们将案例进行统计和排序。

在 40 个案例中，根据企业社会责任缺失行为发生的频次，发现一级指标中消费者（27）出现频次最高。在损害消费者利益的行为中，产品服务卫生不合格/操作不规范（7）、产品质量不合格（4）、违规使用药物/添加剂（4）、生产/销售假冒伪劣产品（3）四类行为的发生频次最高，且均属于食品安全问题；在 "生产/销售假冒伪劣产品" 问题中，考虑到直播带货属于移动互联背景下的新形式，且涉及新主体——电商平台，具有典型性和独特性，因此在这一问题中仅对直播平台销售假货行为进行研究。本研究最终确定的研究对象为产品生产环境/服务卫生不合格、产品质量不合格、违规使用药物/添加剂、直播平台销售假货四类行为。接下来，我们将分别对这四类行为对应的案例进行分析。

三、数据收集与分析

随着社会公众特别是消费者对企业社会责任的日益关注，社会责任的主体已经从单个企业扩展到整个供应链。在供应链的社会责任背景下，任何环节的社会责任缺失都会导致整个供应链的困境（Li，2020）。供应链运作参考模型（SCOR）将供应链的内部流程划分为五个基本流程：计划、采购、生产、分销和退货管理。Georgise等（2014）对多家企业进行了实证研究后认为，在商业活动中使用SCOR模型可以提高供应链的整体效率，降低供应链风险的可能性，使供应链更加稳定，企业更容易取得成功。基于SCOR模型，食品企业内部供应链可以划分为计划、采购、生产、分销和退货五个过程。本章从利益相关者角度出发对企业外部环境因素进行分析，以供应链理论为基础分析企业内部过程中可能存在的企业社会责任缺失诱因，最终形成四类行为产生的诱因链。

案例研究的数据收集方法多种多样，如档案、访谈、观察等。本书主要对新闻报道等二手资料进行分析。在确定研究对象和案例之后，我们从权威网络媒体搜集相关报道，从中筛选出有关企业社会责任缺失诱因的段落作为原始资料，接着对资料进行编码。在编码过程中，由3名研究人员分别对10个案例的资料进行编码，提炼诱因，通过反复讨论最终达成编码一致。

在构建诱因链的过程中，我们基于各个案例提炼出的诱因，首先根据食品企业内外因素进行分类。在外部因素中，从利益相关者视角出发，根据各主体之间的关系进行分析和梳理；在内部因素中，基于SCOR模型的五个环节，分析食品企业内部活动和相关诱因。在每一类企业社会责任缺失行为的诱因链分析中，通过案例之间的相互印证确保结果的有效性和可靠性。对同一类行为涉及的案例中的共同诱因和关键因素进行汇总，建立证据链表格，最终形成此类企业社会责任缺失行为产生的诱因链。最后结合企业社会责任报告、企业网站信息、公开采访等相关资料对诱因链进行综合阐释。

四、诱因链阐释

（一）产品服务卫生不合格/操作不规范

在研究统计的企业社会责任缺失行为数据中，产品服务卫生不合格/操作不规范的发生频率最高，包括操作间卫生条件不达标和员工违规操作两种情况，主要发生在餐饮企业或小型食品加工门店。个体经营者或加盟店铺通常对外部监管的依赖较大，容易出现无视制度和规范、盲目追求利益的情况。外部监管主体通常有三类：政府、企业总公司和外卖平台（如图6-3）。

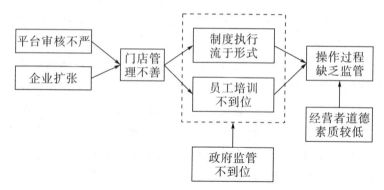

图6-3 产品服务卫生不合格/操作不规范问题的诱因链

互联网背景下"宅经济""懒人经济"日益凸显，在线餐饮外卖市场不断扩张，各外卖平台利用自身优势与生态资源，占领市场份额。个体经营的餐饮店只有入驻平台才能获得更好的生存和发展机会。平台作为商家和消费者之间的桥梁，应当承担监管与审核商家的责任。但在实际运行中，由于平台经济的快速发展，行业规范尚未成熟，一些平台盲目扩张，缺少明确的审核标准，不对入驻商家的经营资格进行审核，使其在缺乏外部监管的情况下忽视对店铺的管理规范。另外，由于市场竞争日益激烈，企业为了实现生存和追逐利益而采用扩张战略。但是快速扩张的同时，也会导致企业总公司对所属子公司的管理难度加大，无法实现有效管理和监督，这也会导致门店自身管理不规范，如无视相关操作制度与规范、缺乏系统的员工培训。

关于餐饮店的卫生标准与操作规范，政府有明确的规章制度，并且会在颁发经营许可时进行检查。但在实际的商业经营过程中，经营者只会在检查期间做好表面工作，相关政策和制度无法成为约束经营者的有效工具。另外，小型店铺缺乏规范的员工培训系统与流程，也不会在这一方面花费太多成本，导致员工不熟悉和不重视操作规范，从而造成潜在的食品安全隐患。

上述问题多发生在包含食品加工操作的门店，从店铺自身经营角度看，内部监管比外部监管的作用更大。当管理者无法对员工的操作过程进行有效监管时，就无法制止和约束员工出于个人动机而做出不当行为。也有一些经营者自身道德素质较低，缺乏食品安全意识，仅注重追求经济利益，不能对消费者的生命健康负责。

（二）产品质量不合格

产品质量不合格主要发生在包装食品企业和零售平台。对于包装食品企业，食品质量的控制要体现在整个产业链流程中。从原材料采购到生产加工和流通环节，都应当建立标准的审核与监督机制，并辅以配套的硬件设施。如果企业本身食品安全意识不足，没有将食品安全纳入企业战略中，就会缺乏一个系统且可落实的机制来保障食品质量，从而导致产业链上的各环节都可能存在风险和漏洞。尤其是在生产加工环节，错误的工艺流程可能导致食品中有害物质超标，影响人体健康。另外，加工结束后没有密封包装也会导致产品在随后的环节中遭受污染，从而出现质量问题。此外，流通环节中对产品的存储方式不当，也可能导致其质量不合格。因此，生产流通环节为此类问题产生的关键环节（如图6-4）。

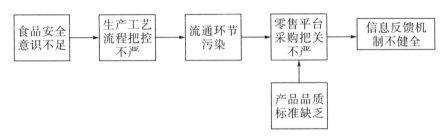

图6-4　产品质量不合格问题的诱因链

零售平台作为最终将产品销售给消费者的主体，有责任对其采购的产品进行质量检测和把关，包括选择负责任的供应商和建立严格的产品审核机制。但实际上，由于零售平台涉及的产品种类较多，来源较广，并且产品不断迭代，产品品质标准缺乏，对其质量的检测难度加大。同时，在线零售平台作为新兴经济形态，缺少成熟的行业规范，对供应商的选择缺少明确的标准和严格的流程，就可能导致大量购入存在质量问题的产品。

更重要的是，在实际案例中，产品质量问题在同一家企业重复出现的次数较多。这也反映出企业的信息反馈机制存在问题，包括对外部信息不敏感和内部信息不流通。在产品出现问题之后，没有及时对产业链进行自查和改进，从源头处控制风险，从而导致问题的重复出现。

（三）违规使用药物/添加剂

违规使用药物/添加剂是指企业为促进产品成交率和降低成本，在原材料制作、食品加工过程中添加对人体健康有害的物质。由于这类物质通常难以检测，因此造成的后果更加严重，影响范围更大。此类问题主要发生在大型食品加工企业，涉及的生产方式与流通环节较多（如图6-5）。

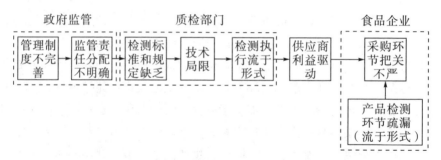

图6—5　违规使用药物/添加剂问题的诱因链

目前我国食品生产流通实行的仍然是分段管理体系。农产品阶段和屠宰阶段由农业农村部负责，而此后的生产、流通、餐饮环节，均由食品药品监督管理总局负责。然而，分段管理始终存在监管"盲点"，并且容易出现各个部门监管力量不均衡、相互推卸责任的情况，因此，政府的监管模式要随着治理能力的提高而不断优化。另一方面，技术检测也是政府监管面临的难题之一。为逃避政府的检测，企业在利益驱动下不断寻找低成本的药物/添加剂。这些药物/添加剂可能并不在政府的检测名单范围内，也可能通过一定的方式加工后，在现有的技术手段下无法检测出来。而在实际的监管中，也存在抽检流于形式的情况。

管理模式和技术水平通常与社会发展阶段相适应，无法在短期内得到明显的改变，因此，仅靠食品安全监管机构并不能有效避免食品安全问题的发生。农产品供应商通常小而分散，难对其进行有效监管，再加上这类小供应商通常没有经过系统的食品安全培训，容易在利益的驱动下使用有害添加剂进行生产。食品企业在进行原材料采购时，也很难对分散的供应商进行有效的筛选，采购环节也是食品安全问题发生的关键风险点。

（四）直播平台销售假货

直播带货大约兴起于2016年前后，是指商家借助互联网直播的方式展示、讲解、销售商品的模式。直播带货迅速发展，以直播为代表的KOL带货模式逐渐成为电商平台、内容平台的新增长动力。但与此同时，直播带货模式也暴露出了诸多问题。直播带货这一形式涉及的主体和环节较多，食品安全管控难度较大（如图6—6）。

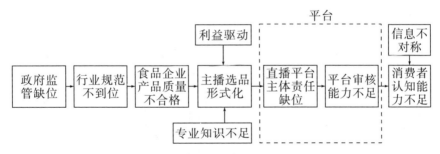

图 6-6 直播平台销售假货问题的诱因链

直播带货的基础作业链条由商家、供应链基地、MCN、直播服务商、营销服务商、平台渠道等主体构成。食品质量问题出现的根本原因是食品企业本身提供的产品不合格，但当产品出现问题时，该链条上各个环节都应当负有一定责任。首先，直播带货的主播选品阶段通常是在供应链基地完成的，但供应链基地存在大量新品牌和产品，产品质量良莠不齐，主播在选品时可能无法分辨产品优劣，从而挑选到存在质量问题的产品。同时，也有一些主播通过夸大宣传产品效用甚至虚假宣传，收取服务费、坑位费等，无视商品质量及消费者权益。

直播带货的商品主要通过各类直播平台进行销售，包括电商平台、社交电商平台、内容电商平台等。直播平台作为链接主播和消费者的渠道，有责任对主播进行审核，规范管理。但实际上，部分平台只注重流量收益，忽视对相关人才、技术、运营等的管理，从而导致审核机制出现漏洞，各类违法违规直播层出不穷。

直播带货使商家和消费者之间存在严重的信息不对称现象。一方面，消费者无法真实感知产品，只能凭借主播的展示和商家提供的产品信息进行辨别；另一方面，直播具有时效性，事后追责在一定程度上降低了主播的违规成本，提高了消费者的维权成本，容易造成恶性循环。

第四节 研究结论

本章从商业生态系统理论出发，根据"行为—原因—实践"的逻辑链条总结了食品企业社会责任缺失的 7 条路径，如图 6-7。

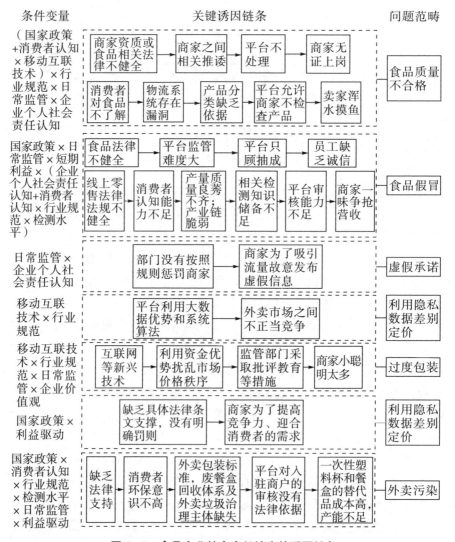

图6-7　食品企业社会责任缺失的诱因链条

通过对四种食品安全问题产生诱因链的综合分析，可以发现在移动互联背景下，我国食品安全问题存在以下三个主要特征：

（1）平台问题突出，行业标准和审核机制不完善。由于平台型企业的快速发展，传统的食品安全问题如产品质量不合格、违规操作等有了新的表现形式。外卖平台、零售平台、电商平台、直播平台等主体的加入，使得可能产生食品安全问题的环节增多。法律法规和行业标准不健全，以及平台本身没有承担起内部审核和监管的职责，加剧了食品安全问题的产生。

（2）企业内部各环节存在疏漏。供应链上任何环节的社会责任缺失都会导致整个供应链的困境（Li，2020）。供应商存在问题、企业没有对供应商进行有效管理、采购环节未能进行严格筛选和检测等行为，都会导致食品安全问题出现。

（3）直播带货导致的信息差使消费者陷入被动，维权成本高。消费者对产品的生产、流通信息存在盲点，只能在有限信息下做出消费决策；当出现食品安全问题时，消费者的维权渠道往往受阻，且维权成本较高。

·动力效果篇·

第七章　食品企业社会责任动力来源及效果研究

第一节　问题提出

　　企业的本质是实现盈利，探讨中国食品企业在企业利益最大化目标下实施企业社会责任的原因是很有必要的。虽然关于企业社会责任驱动因素已有大量研究（如 Chkanikova 和 Mont，2015；Naidoo 和 Gasparatos，2018；Shnayder 等，2016；Zhang 等，2019；沈奇泰松等，2014；贾兴平等，2016），但其理论基础较为单一，缺乏系统性。本章将融合制度理论、利益相关者理论、代理理论和动态能力理论，系统研究中国食品企业社会责任动力来源；同时，明确企业社会责任实践的作用效果，加强企业管理者的企业社会责任必要性感知，促使企业将企业社会责任纳入企业战略，激励企业履行社会责任。

　　本章在现实观察与文献回顾的基础上，对中国食品企业社会责任实践、动力、效果三方面展开探索性研究，探究中国食品企业履行社会责任的实践活动有哪些？履行社会责任的动力与阻力有哪些？履行社会责任产生了什么效果？本研究将对这三方面的一手数据进行详尽分析，以期在丰富企业社会责任相关理论的同时，引起企业管理层对企业社会责任的重视，为中国食品企业实施社会责任决策、保障食品安全提供启示。

第二节 文献回顾与模型提出

一、食品企业社会责任三层动力模型的构建

关于企业社会责任动力，学者们基于不同的理论展开了研究，这些理论主要包括制度理论、代理理论、利益相关者理论和动态能力理论。

制度理论认为，企业的生存需要依靠一定程度的外部社会或合法性认可，所以企业需要在特定的商业环境中遵守社会规范（DiMaggio 和 Powell，1983；Frynas 和 Yamahaki，2016）。从制度理论来看，企业履行社会责任是国家法律、企业制度等外部强制性约束的结果。Shum 等（2011）认为法律和伦理是推动企业履行社会责任的"看不见的手"，积极发挥法律的作用，可以增强企业社会责任履行的自愿性。Kong（2012）基于食品行业现状，建议政府发布适当的政策、建立有效的机制，以加强食品企业参与社会责任活动的动机。王敏等（2013）研究发现，政府政策及法律是中小企业履行社会责任的主要外部驱动力。沈奇泰松等（2014）通过理论推理和实证检验得出，制度压力是驱动中国企业履行社会责任、承担社会义务的关键动力。

利益相关者理论的提出使得企业社会责任动力研究跳出了从企业盈利本质出发的框架，摒弃了"股东至上""利润最大化"的经济理性观点，要求企业关注和平衡各方利益（马少华，2018）。Warhurst（2005）发现越来越多的利益相关者要求企业在社会中发挥积极的企业公民作用，并认为不同的利益相关者群体是企业社会责任最重要的动力来源。贾兴平等（2016）的实证研究发现，利益相关者压力（股东、债权人、政府、员工、消费者、媒体）会促使企业履行社会责任。Islam 和 Deegan（2010）从企业外部利益相关者的角度分析了媒体等社会因素对企业履行社会责任的压力，强调媒体的关注会改变企业在社会、环境方面的表现。Wu 等（2015）则认为只有在业务活动中始终考虑利益相关者的利益，企业才能够获得共享价值与竞争优势，从而促进未来企业社会责任实践的开展，形成良性循环。

代理理论阐述了由于委托人与代理人之间的利益冲突或委托人无法有效监督代理人行为而产生的"代理问题"（Jensen 和 Meckling，1976），经常被用于解释大型上市公司的所有者和管理者之间的关系（Frynas 和 Yamahaki，

2016）。从代理理论来看，企业如何履行社会责任取决于管理者个人特征、价值观、对企业社会责任的态度与承诺等。Hemingway 和 Maclagan（2004）认为企业履行社会责任主要是管理者个人价值观和行动的结果。Petrenko 等（2016）将企业社会责任与高管心理特征联系起来，认为自恋型 CEO 会通过积极参与企业社会责任活动来吸引外界关注，展示其积极的自我形象。Zhang 等（2018）研究发现，高层管理人员对企业社会责任的支持和承诺程度较高的公司，以及企业社会责任参与度较高的公司，食品安全事故率较低。

动态能力被认为是企业整合、构建和重新配置内外部资源以应对快速变化的环境的能力（Teece 等，1997），是管理者重新组合企业资源以形成新的竞争优势的战略惯例（Eisenhardt 和 Martin，2000）。动态能力理论使管理者认识到企业需保持自身优势以适应不断变化的竞争环境，并将企业社会责任视为企业持续竞争的一种战略手段。有学者认为企业社会责任是对企业竞争力的投资，将使企业在竞争中脱颖而出，并提高组织绩效（Mcwilliams 和 Siegel，2011）。Branco 和 Rodrigues（2006）认为企业社会责任不仅会给企业带来资源与能力等内部效益，还会通过改善企业与外部参与者的关系，给企业带来外部竞争优势。Melo 和 Garrido-Morgado（2012）也发现企业社会责任具备形成难以复制的竞争优势的潜力。

Hoffman（2000）从战略管理角度出发，认为企业为保持竞争优势，需应对不断变化的商业环境，并将企业社会责任驱动因素分为监管因素（Regulatory Factors）、资源因素（Resource Factors）、市场因素（Market Factors）和社会因素（Social Factors）四类。Chkanikova 和 Mont（2015）根据 Hoffman（2000）对企业商业环境的分类，将食品零售商实施企业供应链责任的驱动因素也分为与之类似的四大类，并根据压力类型的不同，将不同群体划分在不同类别中，对驱动因素进行细分，其中，监管因素包括国内政府与国际政府，资源因素包括股东、供应商和投资者，市场因素包括消费者、行业协会、竞争者和服务提供商，社会因素包括社会、媒体、非政府组织、学术团体和法院（Chkanikova 和 Mont，2015）。

企业履行社会责任是内部因素和外部因素共同作用的结果（Mellahi 等，2016）。本章依据 Hoffman（2000）对商业环境的分类、Chkanikova 和 Mont（2015）对食品企业供应链责任动力的分类，以制度理论、利益相关者理论、代理理论、动态能力理论为指导，总结出食品企业社会责任六大动力因素，即制度动力、社会动力、技术动力、市场动力、供应链动力和企业内部动力，构建了"宏观（社会）—中观（行业）—微观（企业）"的食品企业社会责任三层动力模型（如图7-1）。

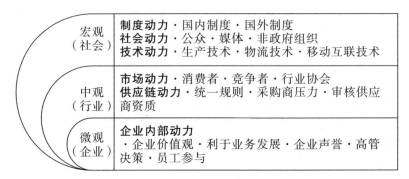

宏观 （社会）	**制度动力**·国内制度·国外制度 **社会动力**·公众·媒体·非政府组织 **技术动力**·生产技术·物流技术·移动互联技术
中观 （行业）	**市场动力**·消费者·竞争者·行业协会 **供应链动力**·统一规则·采购商压力·审核供应商资质
微观 （企业）	**企业内部动力** ·企业价值观·利于业务发展·企业声誉·高管决策·员工参与

图7-1　食品企业社会责任三层动力模型

二、食品企业社会责任五维实践模型的构建

企业社会责任实践，也可称为企业社会责任行为、议题。关于企业社会责任实践的具体内容，学术界以经典理论模型、利益相关者理论、社会责任主题为框架的企业社会责任测量与评价方法居多。

在经典理论模型中，学者通常以金字塔模型和三重底线理论为框架测量企业社会责任。如Helmig等（2016）在探讨利益相关者压力、企业社会责任活动与市场绩效的关系时，根据金字塔模型设计了企业社会责任量表。Kim等（2018）也从经济、法律、伦理、慈善四维度测量企业社会责任，探究企业社会责任实践、环境营销活动与创新对餐饮行业市场与生态绩效的影响。Currás-Pérez等（2018）从可持续发展的角度（即经济、社会、环境）分析了企业社会责任对消费者感知价值的影响。Castro-González等（2019）在探究企业社会责任对消费者感知与行为的影响时，也从经济、社会、环境三维度来测量企业社会责任。

利益相关者理论的提出，将企业利益相关者的所指对象从股东这一单一群体拓展到员工、消费者、企业所在社区、供应商、媒体、政府等群体。大量的企业社会责任实践内容依据利益相关者分类展开指标设计。如Clarkson（1995）将企业社会责任分解为企业、员工、股东、消费者、供应商和公共利益相关者六个方面。Spiller（2000）认为不同的利益相关者会影响企业的决定或被其行为所影响，将企业利益相关者分为社区、环境、员工、消费者、供应商和股东，提出了共六十项关键实践活动的"道德计分卡"模型。Turker（2009）基于利益相关者类型开发了一个包含社会/非社会利益相关者责任、员工责任、消费者责任和政府责任的企业社会责任量表。李祥进等（2012）依据利益相关者群体分类，设计了员工、客户、供应商、环境和社区五个企业社会责任测量维度。

以企业社会责任主题为框架的企业社会责任测量与评价方法，是指目前国际上比较有影响力的一些企业社会责任评价体系，如道琼斯可持续发展指数（DJSI）、全球报告倡议（GRI）、汤森路透 ASSET4 数据库、润灵环球责任评级（RKS）、上海国家会计学院（SNAI）企业社会责任指数以及社会责任国际标准SA 8000、ISO 26000 社会责任指南标准。其中，上海国家会计学院（SNAI）企业社会责任指数是在社会责任国际标准体系 SA 8000 的基础上设计出的一套为中国企业社会责任提供评分和排名的指标体系，该体系紧跟国际标准，又符合我国企业的实际情况，包含八个一级指标和对应的三十六个二级指标。一级指标即环境议题、节约能源、员工议题、消费者议题、雇佣和提拔公平议题、社会议题、其他利益相关者、遵守法律和商业道德八个社会责任主题。

本章根据 SNAI 企业社会责任指数，对其八大主题进行优化（如将环境议题和节约能源合并为环境责任等），提出了食品企业社会责任五维实践模型（如图 7-2），包括消费者责任、环境责任、员工责任、社会责任、法律和商业道德责任五个方面，对每方面的具体维度在 SNAI 企业社会责任指数的基础上，根据食品行业特性进行了一些调整。

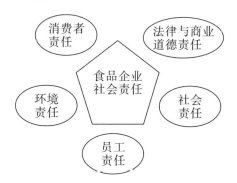

图 7-2 食品企业社会责任五维实践模型

第三节 研究设计与数据来源

本章研究在梳理相关理论与研究文献的基础上，构建了食品企业社会责任"动力因素—实践活动—履行效果"的逻辑模型（如图 7-3），并针对此三部分设计调查问卷，以食品企业管理者为研究对象，考察其所在企业履行社会责任的动力、实践、效果的实际情况。本研究主要通过网络调研的方式收集数据，数据来源于食品供应链环节上各食品企业的高、中、基层管理者，问卷发放对象包括四川某商学院 MBA 班学员、食品企业管理者培训班学员、业内人士等，共收集问卷 198 份，筛选后获取有效问卷 170 份，问卷有效率为 85.9%。本研究运用 SPSS 21.0 软件，采用频率分析、单因素方差分析处理数据。研究样本的基本情况见表 7-1。

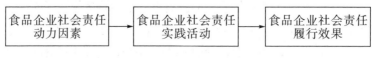

图 7-3　研究逻辑图

表 7-1　研究样本的基本情况（N=170）

样本特征变量		样本数	百分比（%）
职务	高层管理者（或同级专业技术人员）	86	50.6
	中层管理者（或同级专业技术人员）	62	36.5
	基层管理者（或同级专业技术人员）	22	12.9
公司成立年限（年）	<5	44	25.9
	5～10	39	22.9
	11～15	17	10.0
	16～20	16	9.4
	>20	54	31.8
公司规模（员工人数）	<50	37	21.8
	50～200	64	37.6
	201～400	22	12.9
	401～1000	15	8.8
	>1000	32	18.8
公司所有制形式	国有	10	5.9
	外贸	17	10.0
	私人所有	139	81.8
	集体所有	4	2.4

样本特征变量		样本数	百分比（%）
所处供应链环节	种养殖企业	16	9.4
	加工企业	98	57.6
	批发商	9	5.3
	零售商	21	12.4
	餐饮企业	26	15.3
所在地区	西南地区	107	62.9
	华北地区	23	13.5
	华中地区	19	11.2
	华东地区	13	7.6
	华南地区	4	2.4
	西北地区	3	1.8
	东北地区	1	0.6

第四节　数据分析

一、食品企业社会责任实践活动分析

为了与人们"是什么—为什么—怎么样"的常规思维方式保持一致，调查问卷首先请调查对象回答"贵公司开展了哪些企业社会责任活动"，结果显示（见表7－2）选择最多的前五个题项分别是"保证食品质量安全"（164；96.5%）、"诚信守法经营"（156；91.8%）、"培训员工"（147；86.5%）、"及时处理顾客投诉"（146；85.9%）和"关注员工健康和安全"（141；82.9%）。具体来说，在消费者责任方面，96.5%的企业都积极保证食品质量安全，验证了食品企业以食品安全为底线的特殊行业性质。环境责任方面的企业社会责任实践，食品企业的主要实践活动包括使用环保的产品包装（134；78.8%），却较少回收包装或有害物质（66；38.8%），同时，在"治理已污染的环境""采用其他方法控制污染"和"努力降低能耗"方面也做得不够。员工责任方面的企业社会责任实践，食品企业做得最多的是培训员工（147；86.5%），其次是

"关注员工健康和安全""提供员工福利"和"合理安排工作时间和岗位",且这四项差异不明显;做得最少的是雇佣和提拔特殊群体(86;50.6%)。社会责任方面的企业社会责任实践,食品企业在"将部分预算用于公益慈善活动""为社区发展提供经济、就业、文化、教育等方面的支持""关注公共安全"和"发起公共健康运动"这几方面的差异不大。法律和商业道德责任方面的企业社会责任实践,有91.8%企业都能诚信守法经营,且在"供应链成员之间公平交易""反对贪污、勒索和行贿受贿"方面也做得较好。同时,在问及调查对象"贵公司在以下哪个方面开展的企业社会责任活动最多"时,发现多数食品企业在消费者责任(81;47.6%)和员工责任(53;31.2%)上开展的企业社会责任实践活动最多,少数食品企业在法律和商业道德责任(19;11.2%)、社会责任(11;6.5%)、环境责任(6;3.5%)上开展企业社会责任实践活动最多(见表7-2)。

表7-2 食品企业社会责任实践活动情况

CSR 实践活动		频数	百分比（%）
消费者 (81;47.6%)	保证食品质量安全	164	96.5
	满足食品健康营养的要求	113	66.5
	及时处理顾客投诉	146	85.9
	对有问题的食品及时召回	134	78.8
环境 (6;3.5%)	使用环保的产品包装	134	78.8
	治理已污染的环境	81	47.6
	回收包装或有害物质	66	38.8
	采用其他方法控制污染	75	44.1
	努力降低能耗	92	54.1
员工 (53;31.2%)	关注员工健康和安全	141	82.9
	培训员工	147	86.5
	合理安排工作时间和岗位	133	78.2
	提供员工福利	134	78.8
	雇佣和提拔特殊群体	86	50.6

CSR 实践活动		频数	百分比（％）
社会 （11；6.5％）	将部分预算用于公益慈善活动	80	47.1
	为社区发展提供经济、就业、文化、教育等方面的支持	91	53.5
	关注公共安全	88	51.8
	发起公共健康运动	69	40.6
法律和商业道德 （19；11.2％）	诚信守法经营	156	91.8
	供应链成员之间公平贸易	125	73.5
	反对贪污、勒索和行贿受贿	108	63.5
总有效问卷数		170	

通过数据分析可以发现，食品企业开展企业社会责任实践主要还是为了满足消费者、员工和外部制度的要求。消费者是与企业利益直接相关的群体。企业的任何一项活动都需要通过员工实现，员工技能的提升、职业的成长也是为企业的发展储备力量。可以说，消费者和员工分别是企业对外对内最重要的利益相关者。而在满足诚信守法的基本制度要求上，企业的社会责任实践显得较为被动。总体来说，企业在环境责任和社会责任这类强社会属性的企业社会责任实践方面做得较差，这可能是因为这类社会责任与企业利益并不是直接相关的。

二、食品企业社会责任实践动力因素分析

在完成食品企业社会责任实践活动调查后，我们继续探究食品企业开展这些活动的动力来源，请调查对象回答"贵公司开展企业社会责任活动的原因是什么"。通过调查发现，调查对象选择最多的前五个题项分别是"关于食品企业履行社会责任的相关国内法律制度要求"（151；88.8％）、"消费者对食品安全、企业社会责任的意识与关注"（120；70.6％）、"消费者对更绿色、更健康食品的需求，创造了市场机会"（104；61.2％）、"履行社会责任能提高企业声誉"（99；58.2％）和"企业具有社会责任价值观"（93；54.7％）（详见表7—3）。可见，法律的外部强制性约束对企业社会责任实践产生了巨大的作用，食品企业履行社会责任显得较为被动。同时，因消费者需求产生的市场机会与企业声誉、企业社会责任价值观也是食品企业履行社会责任的重要动力来源，

而竞争者的企业社会责任实践、供应链中采购商的压力以及非政府组织的作为并没有成为食品企业履行社会责任的强大动力。

表 7-3　食品企业社会责任动力因素

CSR 动力因素			频数	百分比（％）
制度因素	关于食品企业履行社会责任的相关国内法律制度的要求		151	88.8
	关于食品企业履行社会责任的相关国际法律制度的要求		80	47.1
市场因素	消费者	消费者对更绿色、更健康食品的需求，创造了市场机会	104	61.2
		消费者对食品安全、企业社会责任的意识与关注	120	70.6
	竞争者	市场竞争环境迫使企业履行社会责任	65	38.2
		竞争对手在履行社会责任方面取得了良好绩效	53	31.2
		竞争对手履行社会责任受到了商业伙伴的好评	51	30.0
		竞争对手履行社会责任受到了政府和公众的好评	53	31.2
		竞争对手履行社会责任受到了其他同行的好评	44	25.9
	行业协会	食品行业协会对企业的监督作用	74	43.5
		行业协议和认证计划的规范作用	52	30.6
供应链因素	供应链成员之间签订企业社会责任协议，遵守统一的社会责任行为规则		88	51.8
	来自采购商对企业社会责任要求的压力		51	30.0
	审核与评估供应商履行社会责任情况和社会信誉，决定是否与其建立合作关系		87	51.2
社会因素	为避免对社会公众造成食品恐慌、抵制等重大影响		64	37.6
	媒体的关注促使企业重视食品安全、环境保护、社区发展、劳工条件等问题		79	46.5
	非政府组织发起运动		25	14.7
技术因素	企业拥有先进的生产技术，保证食品安全或减少对环境的污染		90	52.9
	企业拥有先进的物流技术，保证食品质量的同时让服务更快捷		61	35.9
	消费者利用移动互联技术挖掘产品信息和企业信息，促使企业履行社会责任		58	34.1

CSR 动力因素		频数	百分比（％）
内部因素	履行社会责任有利于企业业务的发展	72	42.4
	履行社会责任能提高企业声誉	99	58.2
	高层管理者在企业社会责任上的决策	88	51.8
	员工的企业社会责任参与度	69	40.6
	企业具有社会责任价值观	93	54.7
总有效问卷数		170	

企业社会责任的履行既有动力来源也存在阻力因素。学界对企业社会责任实践阻力因素已展开了丰富的研究，如资金短缺和资源有限被认为是中小企业难以开展社会责任实践的主要原因（Elford 和 Daub，2019；Vo 和 Arato，2020；Magrizos 等，2021）。Stekelorum（2019）也认为中小企业缺乏资源，所以并不总是有能力执行企业社会责任要求，从而阻碍了企业社会责任活动的实施或在供应链中的延伸。Mont 和 Leire（2009）认为履行社会责任可能给企业带来额外成本，特别是在经济低迷时期，企业可能无法承担社会责任实施初期的高额成本（Wu 等，2015），一些管理者被迫在社会绩效与利润率的权衡中放弃社会责任实践，而缺乏管理层的支持会对企业社会责任的实践产生负面影响（Ghasemi 和 Nejati，2013）。Alotaibi 等（2019）通过调查总结出影响企业社会责任实践的七个阻碍因素，分别是额外成本、缺乏意识和知识、缺乏指导方针和连贯的战略、缺乏利益相关者沟通、执法不力、缺乏培训、项目要求不明确。还有研究表明，消费者缺乏相关企业社会责任知识（Loosemore 和 Lim，2018），企业缺乏足够的专业知识与技术（Magrizos 等，2021）、缺乏影响供应商行为的能力、缺乏政府领导与支持（Chkanikova 和 Mont，2015）也是阻碍企业履行社会责任的重要因素。

本章在讨论食品企业社会责任实践动力因素的同时也调查了其阻力因素，以更好地了解食品企业履行社会责任的影响因素，为提升其履行水平提供切实建议。在问卷调查中，针对"贵公司在履行企业社会责任时存在哪些阻碍"这一问题，选择最多的前五个题项分别是"开展企业社会责任活动的成本太高，缺乏资金支持"（90；52.9％）、"缺乏专业知识与技术"（65；38.2％）、"产品质量提升后价格上涨，存在失去客户群和削弱市场竞争地位的风险"（59；34.7％）、"一些不良竞争阻碍企业履行社会责任"（54；31.8％）和"员工企业社会责任参与意识不足"（47；27.6％）（详见表 7－4）。资金、专业知识与技术的缺乏可能与企业的规模与能力有关，也不排除部分企业出现企业社会责任短视行为，看不到长远利好，而不愿意把企业资源用在企业社会责任上。此外，为了稳固或提升市场地位，部分企业通过恶性竞争争夺市场份额，让那些有意愿履行社会责任的企业无力抽身去开展企业社会责任实践。可见，外部不良竞争环境也会严重影响企业社会责任行动。同时企业内部员工作为企业事务的最终执行者，其企业社会责任参与意识与执行力度的不足也会给企业社会责任的具体实施造成很大阻碍。

表 7-4　食品企业社会责任实践阻力因素

CSR 阻碍	频数	百分比（%）
开展企业社会责任活动的成本太高，缺乏资金支持	90	52.9
缺乏专业知识与技术	65	38.2
一些不良竞争阻碍企业履行社会责任	54	31.8
缺乏对供应商的控制力，原材料质量得不到保证	32	18.8
产品质量提升后价格上涨，存在失去客户群和削弱市场竞争地位的风险	59	34.7
管理者企业社会责任观念不足	25	14.7
员工企业社会责任参与意识不足	47	27.6
消费者对企业社会责任的认识与关注不够	43	25.3
企业在发展战略上没有重视企业社会责任	18	10.6
缺乏政府对企业社会责任的倡导、过渡性支持和强有力的监督	39	22.9
缺乏行业协会对企业履行社会责任的引领和强有力的监督	24	14.1
其他障碍	8	4.7
总有效问卷数	170	

三、食品企业社会责任实践效果分析

关于企业社会责任活动产生的效果，Youn 等（2016）发现餐饮企业社会责任投资对企业财务绩效有正向影响。Luo 和 Bhattacharya（2006）研究发现，企业社会责任实践能提升企业市场价值，并证实消费者满意度在两者之间起部分中介作用。Martos-Pedrero 等（2019）认为企业社会责任行为不仅能给企业带来财务、出口上的有形回报，还能给企业提供形象、声誉、利益相关

者满意度等无形回报。通过参与企业社会责任活动，企业不仅可以获得利益相关者的良好态度与支持（如购买、就业、投资），还能提升企业形象和竞争力（Qing 和 Jin，2022），增加利益相关者的倡导行为（如口碑、组织承诺、公民行为）（Du 等，2010）。Islam 等（2021）研究发现，企业社会责任主动性与企业声誉、客户满意度和客户信任显著正相关。Lin 和 Chung（2019）聚焦餐饮行业，认为履行社会责任的餐厅通常被消费者视作一个提供高质量产品和服务的品牌，企业社会责任活动可以提升餐厅品牌的整体形象和顾客的品牌忠诚度。Pivato 等（2008）针对有机产品消费者进行调查发现，企业社会责任行为能产生消费者信任，这种信任还能转化为消费者购买意愿、品牌忠诚度等后续行为，帮助企业获得竞争优势。

在完成对企业社会责任实践活动的调查后，本章继续探究食品企业开展这些活动取得的效果。针对问卷中"贵公司开展企业社会责任活动取得了哪些效果"这一问题，调查结果显示，选择最多的前三个题项分别是"塑造良好企业品牌形象"（129；75.9%）、"赢得消费者信任"（120；70.6%）和"提升顾客满意度"（108；63.5%），且这三项的选择数明显多于其他选项（详见表 7—5）。可见，食品企业社会责任的实践效果更多体现在提高消费者对企业的信任感与满意度，拉近企业与消费者之间的距离，从而塑造良好的企业品牌形象。仅少数食品企业认为履行社会责任后可以带来实际成本的降低（28；16.5%）或财务绩效的提高（33；19.4%），可能较多食品企业不太认可企业社会责任具有这样的功能，只是将其作为一个软性的外交手段以维护自身外部形象。

表 7—5　食品企业社会责任实践效果

CSR 履行效果	频数	百分比（%）
降低成本	28	16.5
促进销售	74	43.5
增加利润	46	27.1
提高财务绩效	33	19.4
提升顾客满意度	108	63.5
赢得消费者信任	120	70.6
塑造良好企业品牌形象	129	75.9
增加企业价值	87	51.2
在行业内获得竞争优势	68	40.0

CSR 履行效果	频数	百分比（%）
其他方面	3	1.8
总有效问卷数	170	

四、进一步的单因素方差分析

在完成关于食品企业社会责任实践、动力、效果方面的频率分析后，我们继续进行单因素方差分析，以考察不同样本特征在上述三方面是否存在统计意义上的差异，并将有差异的结果统计于表7-6。

表7-6 食品企业社会责任实践、动力、效果的样本特征差异

CSR实践

	模块一 社会-1 公益慈善			模块二 消费者-3 顾客投诉		员工-4 员工福利		社会-1 公益慈善		社会-2 公共健康			模块三 环境-2 治理污染	
成立年限	均值	F值	公司规模	均值	F值	均值	F值	均值	F值	均值	F值	公司所有制	均值	F值
<5	0.32	3.62 (**)	<50	0.70	3.61 (**)	0.54	6.35 (***)	0.19	8.09 (***)	0.38	3.32 (**)	国有	1.00	4.32 (**)
5~10	0.51		50~200	0.84		0.78		0.41		0.28		外资	0.53	
11~15	0.24		201~400	0.91		0.86		0.64		0.36		私人所有	0.43	
16~20	0.50		401~1000	1.00		1.00		0.53		0.53		集体所有	0.50	
>20	0.63		>1000	0.97		0.94		0.78		0.66				

CSR动力

	内部动力-2 企业声誉			市场动力-9 行业协议		社会动力-3 非政府组织	
成立年限	均值	F值	公司所有制	均值	F值	均值	F值
<5	0.36	4.65 (***)	国有	0.80	5.79 (***)	0.60	6.67 (***)
5~10	0.59		外资	0.12		0.18	
11~15	0.47		私人所有	0.30		0.12	
16~20	0.69		集体所有	0.00		0.00	
>20	0.76						

161

续表

CSR效果	效果—7 品牌形象			效果—7 品牌形象		
	成立年限	均值	F 值	公司规模	均值	F 值
	<5	0.68	4.00 (**)	<50	0.60	3.82 (**)
	5~10	0.69		50~200	0.70	
	11~15	0.53		201~400	0.86	
	16~20	0.94		401~1000	0.87	
	>20	0.89		>1000	0.94	

注：$* * * p < 0.001$，$* * p < 0.01$，$n = 170$。

通过表 7-4 可以看出：

（1）在食品企业社会责任实践方面，通过比较均值发现，对于"将部分预算用于公益慈善活动"，企业成立年限越久，在此项的实践越显著。同时，根据企业生命周期理论，以 3 年为一个小周期，普通型企业会经历"上升期—高峰期—平稳期—低潮期"，企业成立年限在 11~15 年左右的均值最低，之后逐渐升高。本书推测企业经历低潮期时为了稳定发展、平稳度过低潮期，采用紧缩型战略，在完成低潮期的战略转型后，又恢复活力，逐渐增加企业在公益慈善方面的预算。对于"及时处理顾客投诉""提供员工福利""将部分预算用于公益慈善活动""发起公共健康运动"方面的调查，基本满足企业规模越大，在这几项的实践越显著的规律。可见，一般情况下，企业成立年限越久、规模越大，越有能力履行社会责任，规模越大的企业在处理顾客投诉、员工福利上的制度安排与组织结构更加成熟。对于"治理已污染的环境"，国有企业在此项的社会责任实践显著区别于其他所有制企业，我们推测这是因为政府对作为国民经济重要支柱的国有企业在社会责任、环境保护方面的制度要求更加严格。例如，2016 年国务院国有资产监督管理委员会发布了《关于国有企业更好履行社会责任的指导意见》，对国有企业社会责任提出更加明确的要求。该意见指出，国有企业需在运营全过程对利益相关方负责，最大限度地创造经济、社会和环境价值，积极履行社会责任，促进可持续发展[①]。

（2）在食品企业社会责任实践动力来源方面，通过比较均值发现，提高企业声誉对成立年限越久的企业的驱动作用越显著，可以推测，成立年限越久的企业越在乎企业的声誉。行业协议和认证计划的规范、非政府组织的推动对国有企业的驱动作用显著区别于其他所有制企业。国有企业对制度、社会方面的企业社会责任动力因素更为敏感。

（3）在食品企业社会责任效果方面，通过比较均值发现，企业成立年限越久、规模越大，塑造良好企业品牌形象的作用越显著。对于老牌企业、大型企业来说，履行社会责任带来的更多是一种无形优势，塑造品牌形象既是企业履行社会责任的动力，也是企业的绩效。

---

① 国务院国有资产监督管理委员会：《关于国有企业更好履行社会责任的指导意见》，2016 年，http://www.sasac.gov.cn/n2588035/n2588320/n2588335/c20234205/content.html。

第五节 研究结论

本章运用文献研究法、问卷调查法，考察中国食品企业社会责任实践、动力与效果方面的情况，通过详细分析一手数据得出如下结论：

（1）本书依据 Hoffman（2000）对商业环境的分类、Chkanikova 和 Mont（2015）对食品企业供应链责任动力的分类，以制度理论、利益相关者理论、代理理论、动态能力理论为指导，构建了"宏观（社会）—中观（行业）—微观（企业）"的食品企业社会责任三层动力模型，包括制度动力、社会动力、技术动力、市场动力、供应链动力、企业内部动力六大动力因素。同时，本章在上海国家会计学院（SNAI）企业社会责任指数和社会责任国际标准体系 SA 8000 的基础上，构建了食品企业社会责任五维实践模型，包括消费者责任、环境责任、员工责任、社会责任、法律和商业道德责任五个方面。

（2）在食品企业社会责任实践方面，本研究调查的大多数样本企业都能坚守安全底线，履行食品安全责任。同时，中国食品企业开展社会责任实践的方式主要体现在消费者责任、法律责任及员工责任上，而在环境责任与社会责任方面的实践相对较差，可见，中国食品企业社会责任的实践内容较为狭隘，主要局限于与自身利益高相关的对象，且仅满足诚信守法的基本制度要求，使其社会责任实践显得较为被动。

（3）在食品企业社会责任动力方面，法律制度的外部强制性约束对中国食品企业履行社会责任产生了巨大的驱动作用。同时，因消费者需求产生的市场机会与企业声誉、企业社会责任价值观也是中国食品企业履行社会责任的重要动力来源。在食品企业社会责任阻力方面，资金、专业知识与技术的缺乏，不良竞争、员工社会责任参与意识不足成为中国食品企业履行社会责任的主要阻碍因素。

（4）在食品企业社会责任实践效果方面，中国食品企业社会责任的履行效果更多体现在塑造良好企业品牌形象、赢得消费者信任以及提升顾客满意度等无形效果上，而较少体现在降低成本、提高财务绩效等有形效果上。

（5）在食品企业社会责任实践的动力、效果的单因素方差分析上，部分样本特征确实在以上三方面产生了影响。一般情况下，企业成立年限越久、规模越大，越有能力履行社会责任，越在乎企业声誉，塑造良好企业品牌形象的效果越好；国有企业在社会责任、环境责任方面面临更严格的制度要求，对制度、社会方面的企业社会责任实践动力因素更为敏感。

第八章　企业社会责任动机与利益相关者压力对食品企业社会责任的影响研究

第一节　问题提出

在第七章，我们初步构建了食品企业社会责任"动力因素—实践活动—履行效果"的逻辑模型，并对食品企业在这三个方面的实践活动展开探究。在食品企业社会责任动力方面，虽然我们系统探究了食品企业社会责任动力来源，并构建了"宏观（社会）—中观（行业）—微观（企业）"的食品企业社会责任三层动力模型，但并没有区分内部动机与外部压力，其中内部动机强调的是企业社会责任的主动实施，而外部压力是企业被动履行社会责任的外部驱动因素。本章将对食品企业社会责任"动力因素—实践活动—履行效果"逻辑模型进行实证检验，从自变量维度将企业社会责任驱动因素划分为内部动机和外部压力两部分，同时考察企业社会责任动机（内部动机）和利益相关者压力（外部压力）对企业社会责任实践的影响，以及企业社会责任实践对企业财务绩效和非财务绩效的影响。本章还将从主动和被动的视角对企业社会责任的前因变量进行研究，引入 CSR 导向文化作为调节变量，并聚焦企业社会责任实践的环境维度，构建食品企业社会责任前因后果的作用机制模型。

关于企业社会责任动力已有大量研究文献（Chkanikova 和 Mont，2015；Shnayder 等，2016；Ghadge 等，2017；Naidoo 和 Gasparatos，2018；Zhang 等，2018；Q. Zhang 等，2019；沈奇泰松等，2014；贾兴平等，2016；马少华，2018），但是理论研究较多，系统的实证研究有待丰富。行业背景是影响企业社会责任及其维度的关键因素，在食品行业，企业社会责任动力、实践和绩效之间的关系尚未被深入探索，且在前因变量中，同时考虑企业社会责任内部动机和外部压力的研究很少，在结果变量中，对财务绩效的研究较为广泛，但同时考虑财务与非财务绩效的研究较少。

动机是一种满足需求或实现目标的内在欲望（Graafland 和 Bakker，2021）。企业社会责任动机出于组织的自由意志（Grimstad 等，2020），强调企业社会责任的主动实施。利益相关者压力是企业被动履行企业社会责任的外部动力因素，企业社会责任是企业在利益相关者压力下进行的集体标准化的商业活动（Forsman-Hugg 等，2013），企业通常需要对广泛的利益相关者（如员工、客户、社区、政府、媒体）负责（Maloni 和 Brown，2006）。因此，将企业参与社会责任实践的原因分为企业社会责任动机和利益相关者压力，将使我们更好识别企业社会责任履行主动态度和被动态度之间的差异。此外，现有研究大多忽略了关于企业社会责任的一些重要变量，如 CSR 导向文化。企业社会责任的概念和相关实践在中国还处于起步阶段（Moon 和 Shen，2010；Wang 和 Juslin，2009）。企业社会责任的概念也因相关文化背景不同而有所区别（Kucharska 和 Kowalczyk，2019；Wang 和 Juslin，2009），在国内展开相关研究时，只有考虑到中国的文化背景，才能更好地理解企业社会责任。因此，本章引入 CSR 导向文化作为企业社会责任与前因变量之间的调节变量。

本章将主要针对以下问题展开研究：食品企业的社会责任行为是出于主动（动机）还是被动（压力）？具体来说，是因为企业社会责任对企业有益（工具动机），还是因为这是"该做的事"（道德动机），还是来自特定利益相关者的要求（利益相关者压力）驱动企业履行社会责任？中国食品企业社会责任实践是否会产生不同的绩效结果（财务绩效或非财务绩效）？中国食品企业社会责任实践是否受 CSR 导向文化的影响？

第二节 文献回顾与研究假设

对于食品企业来说，食品安全和环境问题是与企业社会责任相关的两个关键因素（Deng 和 Lu，2017）。食物是人们获取日常营养的重要来源（Hung 等，2019），直接影响人们的健康和生活质量（Shnayder 等，2015）。提供安全健康的产品应是食品企业的主要社会责任（Kong，2012；Hung 等，2019；Lin 和 Chung，2019）。食品供应链的特殊性和复杂性使得保证食品安全具有挑战性（Shnayder 等，2015），因为典型的食品供应链包括生产、加工、运输、消费和店内运营等不可控环节（Ghadge 等，2017）。

食品企业的环境责任同样值得关注。环境问题是食品企业最常被报道的企业社会责任议题，包括食物浪费、能源消耗、过度包装、食品浪费等。具体来说，食品企业需要解决食物浪费问题（Chen 和 Jai，2018；Kim 和 Thapa，2018；Sakaguchi 等，2018；Kim 和 Hall，2020）。食物垃圾给餐饮企业带来了经济损失（如增加了食品账单和垃圾处理成本）（Kim 和 Thapa，2018），并在其被倾倒到垃圾填埋场时会造成环境污染，增加温室气体排放，浪费水资源（Sakaguchi 等，2018）。解决食物浪费可能会改善整个烹饪系统（Kim 和 Hall，2020），并有助于解决粮食供应和自给自足的问题，在面临粮食短缺问题的发展中国家尤为重要（Chen 和 Jai，2018；Sakaguchi 等，2018）。食品行业也是高耗能行业（Lin 和 Chung，2019），经常产生过多的废弃物，并使用不可回收的包装材料提供配送服务（Kim 和 Pennington−Gray，2017）。综上，食品企业的生产活动对物质环境有负面影响。实施环境友好做法（如使用可回收包装材料、限制污染和废物排放）有助于保护全球环境（Lin 和 Chung，2019；Kim 和 Hall，2020），并最终降低食品原料污染风险，确保食品安全（Deng 和 Lu，2017）。

一、企业社会责任动机与企业社会责任

动机是一种满足需求或实现目标的内在欲望（Graafland 和 Bakker，2021），是激发、指导和维持行为的重要心理因素（Latham 和 Pinder，2005）。企业社会责任动机出于组织的自由意志（Grimstad 等，2020），强调企业社会责任的主动实施，而不是被动采用。有研究认为，企业社会责任动机主要可以分为两类：工具动机和道德动机（Graafland 和 van de Ven，2006；Sajjad 等，2015；Chen 和 Chen，2019）。此外，Mitnick 等（2020）从企业绩效和社会责任的角度对企业社会责任进行了解读，并将有争议的企业社会责任观点归纳为"工具性/经济性企业社会责任"和"强制性/社会性企业社会责任"。这两种类型的企业社会责任被认为是截然不同的，前者以利润最大化为具体目标，而后者则注重组织在道德和社会影响层面的价值。

（一）工具动机与企业社会责任

工具动机观点认为，企业追求财富创造。从这个角度来看，企业社会责任被视为企业实现经济目标的战略工具（Jamali，2008）。Garst 等（2017）将工具动机分为追求短期结果与长期结果两种。在追求短期结果时，企业社会责任动机通常与企业盈利能力、成本节约、提高收入、增加销售和市场份额有关（Garriga 和 Mele，2004；Brønn 和 Vidaver−Cohen，2009；Sajjad 等，2015；Shnayder 等，2016；Naidoo 和 Gasparatos，2018）。当专注于长期结果时，企

业社会责任动机包括长期目标，如建立良好的品牌形象或赢得企业声誉（El Baz 等，2016；Vo 和 Arato，2020），获得竞争优势（Sajjad 等，2015；Garst 等，2017），吸引优秀的员工和投资者（Ghadge 等，2017），提高消费者的信心，培养对品牌的积极态度和忠诚度（Chkanikova 和 Mont，2015；Vo 和 Arato，2020）。

据此，本章提出假设：

H1：工具动机促进企业履行社会责任。

（二）道德动机与企业社会责任

道德动机来源于企业社会角色的伦理规范（Garst 等，2017），它们基于价值概念，反映了义务论和美德伦理（Paulraj 等，2017）。义务论认为企业有义务采取负责任的行动并"回馈"社会（Brønn 和 Vidaver－Cohen，2009；Paulraj 等，2017）。这种观点认为，企业必须为公共利益做出贡献，并遵守社会文化规范和社会构建的价值体系，以获得道德合法性（Garriga 和 Mele，2004；Garst 等，2017）。美德伦理源自经典的人际美德，可以扩展为"组织美德"（Bright 等，2006；Paulraj 等，2017）。从这个角度来看，企业必须主动质疑自己的行为是否会影响社会环境。这些研究似乎表明，企业作为社会成员，必须为公共利益而工作。一个有道德价值观的企业将把美德（如对环境负责）融入他们的企业实践。

据此，本章提出假设：

H2：道德动机促进企业履行社会责任。

二、利益相关者压力与企业社会责任

利益相关者压力是企业被动履行社会责任的外部动力因素。企业社会责任是企业在利益相关者压力下进行的集体标准化的商业活动（Forsman－Hugg 等，2013）。企业通常对广泛的利益相关者（如员工、客户、社区、政府、媒体）负责（Maloni 和 Brown，2006）。然而，由于企业现有的合同形式，一些利益相关者天生就比其他利益相关者更有影响力（Friedman 和 Miles，2002）。考虑到有限的资源和有限的理性，企业在战略上优先考虑最有影响力的核心利益相关者（Jamali，2008；Yu 和 Choi，2016）。本章主要考虑外部利益相关者对食品企业社会责任的影响。消费者、政府、竞争者、合作者、媒体被认为是食品企业社会责任实践的主要外部利益相关者。

消费者是食品企业的关键利益相关者，因为他们的购买行为直接影响公司的财务绩效（Park-Poaps 和 Rees，2010）。随着公众社会责任意识的增强，消费者现在更加关注食品的营养成分（Kim 和 Ham，2016）、生产过程（Koo，2018）和动物福利（Forsman-Hugg 等，2013）。此外，在现代社会，消费者对企业的环境绩效越来越敏感（Araña 和 León，2009），能源消耗、废弃物排放、食品包装以及食品生产过程中存在的有害化学物质（Jones 等，2005；Richards 等，2015；Chen 和 Jai，2018；Kim 和 Thapa，2018；Wei 等，2018；Lin 和 Chung，2019）已成为消费者日益关注的问题。

政府的监管也能带来外部压力。企业社会责任的履行是国家法律、政府政策、企业制度等外部强制性约束的结果。政府通过建立规章制度和法律来规范和调整企业的行为，对企业社会责任的实施起到指导作用（Kader 等，2021）。El Baz 等（2016）指出，法律法规引导食品企业履行社会责任。Vo 和 Arato（2020）发现，越南现代食品零售业致力于对食品卫生和安全的承诺，这是法律强制的结果。Zhang 等（2014）和 Zhang 等（2018）认为，影响中国食品企业社会责任的外部因素大多与政府监管或政府压力有关。

企业社会责任为竞争对手带来的知名度和经济效益也促使企业履行社会责任（Zuo 等，2017）。企业需要响应消费者的期望（El Baz 等，2016），以避免失去市场份额或新市场（Garst 等，2017）。在供应链中，外部压力往往要求供应商承担社会责任。例如，一些企业将环境问题融入供应商的选择和管理中（Zhu 和 Geng，2001）。在这种情况下，供应商需要实施企业社会责任来履行合同协议和要求（Klerkx 等，2012）。Kader 等（2021）认为企业应该与供应链伙伴建立合作关系，以获得实施企业社会责任所需的资源。此外，一些企业要求其供应链合作伙伴遵循与社会责任相关的环境标准，如 ISO 14000，以满足"绿色客户"的要求（Yu 和 Choi，2016）。在日益激烈的市场竞争和全球化背景下，企业必须遵守国际社会责任标准（如 SA 8000），才能同时满足不同区域客户的要求（Zhu 和 Geng，2001）。

媒体也可以推动企业履行社会责任。媒体对企业不当行为的报道是有效的企业社会责任驱动因素（Berkan 等，2021；Pizzi 等，2021）。媒体关注是监督企业行为的一种有效手段，负面媒体报道能够促进企业社会责任履行（张可云和刘敏，2021），Yu 和 Chi（2021）的研究结果也证实了媒体对企业履行社会责任的激励与促进作用。媒体对食品企业不负责任行为的曝光，给食品企业带来了巨大的压力（Zuo 等，2017）。食品企业往往是媒体曝光的目标，因为公众对这类产品非常敏感（Koo，2018），对食品企业行为透明度的要求更高（Brulhart 等，2019）。

据此，本章提出假设：

H3：利益相关者压力促进企业履行社会责任。

三、企业绩效与企业社会责任

企业社会责任与企业财务绩效的关系得到了学界广泛的研究。Youn 等（2016）发现餐饮企业社会责任投资对企业财务绩效有正向影响，并认为这种正向影响来源于企业参与社会责任活动。Nirino 等（2019）调查了企业社会责任对食品饮料行业企业财务绩效的影响。另有学者强调了企业社会责任对企业财务绩效的直接影响（Fourati 和 Dammak，2021；Havlinova 和 Kukacka，2021）和间接影响（Ali 等，2020；Zhang 和 Ouyang，2021）。总的来说，学者们主要关注企业社会责任与企业财务绩效的关系（Kim 和 Pennington-Gray，2017）。

本研究认为，企业社会责任与非财务绩效的关系也值得关注（Lau 等，2018；Kumar 等，2021）。许多研究已经表明了企业社会责任在企业非财务绩效中的作用，履行企业社会责任的回报可能是无形资产，如企业声誉、客户信任、利益相关者满意度和忠诚度（Martos-Pedrero 等，2019；Fernández-Ferrín 等，2021；Islam 等，2021）。Lee 等（2012）的研究表明，参与慈善活动的企业通常被认为是可信的，更有可能提高员工满意度、留住员工。企业社会责任实践可以通过影响员工的态度（如组织认同、义务感或自豪感）（Y. Liu 等，2021；Raza 等，2021）来改善员工的自愿行为（Cheema 等，2020；Shah 等，2021），使其更多地为企业发声（Y. Liu 等，2021）。披露营养信息、提供健康菜单、确保食品和餐饮服务质量、改善餐饮环境是餐饮企业独特的企业社会责任实践（Swimberghe 和 Wooldridge，2014；Ye 等，2015；Choi，2017；Lin 和 Chung，2019）。Choi（2017）证实，显示营养信息和健康菜单增加了消费者的企业社会责任感知，提升了品牌形象和消费者的购买意愿。当消费者对企业的社会责任行为做出积极反应时，会产生一系列积极的结果（如满意度和行为意图）（Ye 等，2015），提升消费者对品牌的认同度（Lin 和 Chung，2019）。

总的来说，企业社会责任实践可以被视为提升企业财务和非财务绩效的契机。据此，本章提出以下假设：

H4：企业社会责任对企业财务绩效有积极影响。

H5：企业社会责任对企业非财务绩效有积极影响。

四、CSR 导向文化与企业社会责任

"CSR 导向文化"的概念来源于组织文化，是指组织成员所共有的信念、期望和意识形态（Schwartz 和 Davis，1981；Ravasi 和 Schultz，2006；Lee 和 Kim，2017），代表他们的集体价值观、认知、原则和共同行为方式（Galbreath，2010；Linnenluecke 和 Griffiths，2010；Yin，2017）。这些信念和期望产生了组织中塑造个人行为的规范（Schwartz 和 Davis，1981）。企业需要追求信念、价值观和培训的内部化以追求其想要的结果（Linnenluecke 和 Griffiths，2010），比如提高组织有效性（Jarnagin 和 Slocum，2007）。社会责任是维护公共利益的组织文化和价值取向的一部分。在本研究中，CSR 导向文化被定义为所有组织成员在与企业社会责任相关的信念、价值观和原则方面达成的共识（Yu 和 Choi，2016）。

组织文化体现的价值观可能会影响企业战略的制定（Yin，2017）。组织文化通常被认为是组织变革计划（如企业社会责任实践）失败的主要原因（Linnenluecke 和 Griffiths，2010），变革失败的发生是因为组织实践与组织文化不一致。此外，Yu 和 Choi（2016）认为，薄弱的组织文化可能是企业社会责任实施的重大障碍。即使企业社会责任实践的驱动因素足够强大，企业对这些驱动因素的反应也可能是不一致的，这种不一致可能是缺乏由 CSR 导向的企业文化提供的组织适应性。

本研究认为企业社会责任文化水平越高，企业履行社会责任的可能性就越大——无论这种履行行为是受到内部动机还是外部压力的驱动。因此，本章假设 CSR 导向文化在企业社会责任与前因变量之间起调节作用，并提出以下假设：

H6：CSR 导向文化强化了企业社会责任动机与企业社会责任之间的正向关系。

H6a：CSR 导向文化强化了工具动机和企业社会责任之间的正向关系。

H6b：CSR 导向文化强化了道德动机与企业社会责任之间的正向关系。

H7：CSR 导向文化强化了利益相关者压力与企业社会责任之间的正向关系。

图 8-1 是在梳理相关研究基础上构建的本章研究模型图。

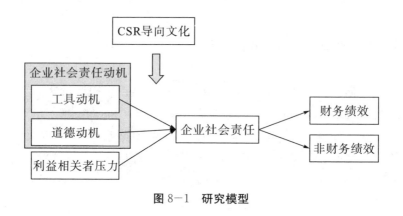

图 8-1　研究模型

第三节　研究设计

一、样本收集

本研究通过问卷调查收集相关数据，并通过调查国内食品企业管理者来检验提出的研究假设。从代理理论来看，企业社会责任的履行取决于管理者的特征、价值观、态度和对企业社会责任的承诺（Hemingway 和 Maclagan，2004；Bartels 等，2015；El Baz 等，2016；Cantele 和 Zardini，2020）。通过对食品企业管理者的多次实地访谈，我们对调查问卷的内容进行了修改；通过预测试改善了陈述不清楚的项目，确定了最终的问卷。在开始问卷调查时，我们首先邀请了在四川成都某大学攻读 MBA 或 EMBA 学位的食品行业的企业管理人员回答一份在线问卷，并邀请调查对象推荐其他可能完成问卷的食品企业管理者。在问卷调查过程中，共收集 68 份问卷。由于在企业管理者层面收集大样本数据面临诸多挑战（Zuo 等，2017），因此，我们接着委托了专业的在线调研公司问卷星（Sojump，http://www.sojump.com）来获取所需的数据，收集了 200 份问卷。在共计 268 份问卷中，剔除了缺失值和填写不当的问卷，最终得到 226 份有效问卷。

二、变量测量

本研究对调查问卷条目进行了严格的双向翻译，以确保量表的一致性。调查问卷的初稿由四位具有丰富企业社会责任经验的研究者审阅，以评估逻辑设计的清晰性和句子表达的恰当性。所有问卷项目均采用七级李克特量表（1＝完全不同意，7＝完全同意）进行测量，并根据研究背景对部分题项进行调整。企业社会责任动机旨在评估企业社会责任的内部动力因素（即主动实施）。本研究参考了 Aguilera 等（2004）、Paulraj 等（2017）以及 Chen 和 Chen（2019）的研究，将其分为工具动机（5 项）和道德动机（4 项）。为了衡量利益相关者压力（4 项），本研究在前人研究的基础上考虑了四种关键类型的利益相关者（Park-Poaps 和 Rees，2010；Yu 和 Choi，2016），即消费者、政府、竞争者与合作者、媒体，用于评估企业社会责任的外部动力因素（即被动实施）。

环境是企业社会责任和可持续发展的重要组成部分。鉴于食品企业与环境责任之间的高度相关性，本章使用环境维度来衡量企业社会责任（Alvarado-Herrera 等，2017；Castro-González 等，2019）。本章对企业社会责任财务绩效（5 项）和非财务绩效（5 项）的衡量基于 Kim 和 Pennington-Gray（2017）的研究，衡量企业社会责任为企业带来的有形和无形回报。CSR 导向文化（5 项）是通过企业内部关于企业社会责任的组织文化水平来衡量的（Yu 和 Choi，2016）。

第四节　数据分析

本章的数据分析共分两步。首先，采用 AMOS 24.0 和 SPSS 26.0 评估本研究测量结果的信度和效度。其次，利用 SPSS 软件对研究假设进行检验，验证提出的调节效应。

一、样本特征

样本的描述性统计，包括企业的基本特征（如企业规模、企业所有制、主要经营产品类别、经营方式等）如表 8-1 所示。80％以上的受访者为中高层管理者，样本企业多为中小型食品企业。500 人以下的企业占样本数量的64.6％，大多数企业（80.1％）已经经营 5～20 年。大多数企业是民营企业（80.1％），而不是国有企业（10.6％）或外资企业（8.8％）。此外，大部分为食品生产企业，占样本的 85.8％，主要经营产品类别为预包装食品（54.4％）。大多数企业同时开展线上线下经营（74.3％）。

表 8-1　研究样本的基本情况（N＝226）

样本特征变量		样本数	百分比（%）	样本特征变量		样本数	百分比（%）
职务	高层管理者	35	15.5	所处供应链环节	种养殖	4	1.8
	中层管理者	158	69.9		加工制造	194	85.8
	基层管理者	33	14.6		物流配送	9	4.0
公司成立年限（年）	＜5	12	5.3		批发商	7	3.1
	5～10	88	38.9		零售商/超市	3	1.3
	11～20	93	41.2		餐饮企业	9	4.0
	21～30	20	8.8	主要经营产品类别	生鲜食品	69	30.5
	＞30	13	5.8		预包装食品	123	54.4
公司规模（员工人数）	＜100	21	9.3		餐饮	26	11.5
	100～500	125	55.3		其他	8	3.5
	500～1000	48	21.2	经营方式	线上经营	19	8.4
	＞1000	32	14.2		线下经营	39	17.3
公司所有制	国有企业	24	10.6		线上线下联合经营	168	74.3
	民营企业	181	80.1				
	外资企业	20	8.8				
	其他	1	0.4				

二、信效度分析

本研究各题项的信效度分析结果见表 8-2。本研究采用 Cronbach's α 和组合信度（CR）评价调查问卷信度（Bagozzi 和 Yi，1988；Nunnally 和 Bernstein，1994）。由表 8-2 可知，调查问卷的 Cronbach's α 和 CR 值均大于 0.7，说明这些题项是可靠的，且测量题项具有较高的内部一致性（Anderson 和 Gerbing，1988；Hair，1998）。

本研究的效度分析包括内容效度和结构效度。首先，本书使用的所有量表均有文献支持，问卷的条目由企业社会责任研究领域的专家和企业管理者评审。测量项可读性强、清晰、准确，内容效度好。Campbell 和 Fiske（1959）认为，结构效度应该包括收敛效度和判别效度。由表 8-2 可知，大部分标准化因子载荷值都大于 0.6，最小值也大于 0.5（Anderson 和 Gerbing，1992；Hair，1998）。大多数变量的平均方差提取值（AVE）达到推荐水平的 0.5

（Hair，1998；MacKenzie 等，2011）。Fornell 和 Larcker（1981）认为，AVE 在仅基于 CR 估计测量模型的效度时可能是保守的，即使超过50%的方差是由误差引起的，该变量的收敛效度也可以被认为是足够的。因此，尽管本研究中的两个 AVE 值小于0.5，但当它们的 CR 值大于0.7时，收敛效度是可以接受的，Lam（2012）也支持这一观点。此外，判别效度通常通过每个变量的 AVE 平方根大于其他变量的相关系数来验证（Fornell 和 Larcker，1981）。如表8-3所示，几乎所有的对角元素都大于非对角元素，说明判别效度在可接受范围内。

表8-2　信效度分析结果

变量	题项	Factor Loading	Cronbach's α	CR	AVE
工具动机 （IM）	由于股东对企业履行社会责任的要求*				
	为了避免不好的宣传	0.615	0.799	0.807	0.587
	为了安抚股东	0.874			
	为了短期盈利	0.786			
	为了实现长期盈利*				
道德动机 （MM）	因为公司感到对社会的责任	0.761	0.765	0.769	0.527
	因为公司真正关心社会	0.699			
	因为最高管理层认为社会响应是公司战略的重要组成部分*				
	因为履行社会责任是正确的事情	0.716			
利益相关者压力 （SP）	消费者	0.613	0.730	0.732	0.408
	政府	0.565			
	竞争者与合作者	0.738			
	媒体	0.627			
企业社会责任 （CSR）	赞助环保项目	0.752	0.834	0.836	0.561
	分配资源以提供与环境兼容的服务	0.731			
	实施减少污染的计划	0.790			
	努力保护环境	0.721			
	适当回收废弃材料*				
	尽量只使用必要的自然资源*				

续表

变量	题项	Factor Loading	Cronbach's α	CR	AVE
财务绩效（FP）	资产回报率提高	0.793	0.859	0.861	0.608
	销售增长*				
	利润率提高	0.735			
	工作效率改善	0.811			
	生产成本改善	0.778			
非财务绩效（NFP）	消费者满意度提高	0.842	0.713	0.724	0.475
	消费者数量增长	0.541			
	员工满意度提高*				
	产品和服务质量提高*				
	公司声誉提高	0.651			
CSR导向文化（CC）	员工对企业社会责任有很强的意识	0.796	0.852	0.857	0.546
	领导相信并重视企业社会责任的实施	0.639			
	公司针对企业社会责任活动制定战略	0.729			
	公司有专门针对员工的企业社会责任培训计划	0.790			
	公司设有专门负责企业社会责任管理的部门	0.729			

注：＊数据分析过程中删除的项。

表 8-3　相关性分析结果

变量	Mean	S. D.	IM	MM	SP	CSR	FP	NFP	CC
IM	3.945	1.493	0.766						
MM	5.872	0.935	−0.159*	0.726					
SP	5.691	0.879	0.027	0.436**	0.639				
CSR	5.643	1.012	−0.150*	0.695**	0.468**	0.749			
FP	5.366	1.123	−0.103	0.633**	0.437**	0.678**	0.780		
NFP	5.966	0.810	−0.158*	0.559**	0.451**	0.619**	0.581**	0.689	
CC	5.747	1.001	−0.109	0.779**	0.469**	0.795**	0.728**	0.667**	0.739

注：对角线元素是 AVE 的平方根，非对角线元素是变量之间的相关性。

** $p < 0.01$, * $p < 0.05$。

三、假设检验

在完成信度和效度检验后，我们使用 SPSS 软件对变量之间的假设关系进行检验，结果见表 8-4，大多数研究假设都得到了支持。H2 表明道德动机（$\beta=0.642$，$t=11.268$，$p<0.001$）对企业社会责任有较强的影响，而工具动机在企业社会责任动机对企业社会责任的影响中没有显著作用。此外，H3 表明利益相关者压力（$\beta=0.243$，$t=4.053$，$p<0.001$）促进企业社会责任的实施，但利益相关者压力对企业社会责任的影响低于道德动机对企业社会责任的影响（0.243＜0.642）。H4 和 H5 表明企业社会责任对企业财务绩效（$\beta=0.752$，$t=13.804$，$p<0.001$）和非财务绩效（$\beta=0.495$，$t=11.782$，$p<0.001$）都有积极的影响，这说明企业履行社会责任对企业产生了有形和无形的回报。此外，与企业社会责任对非财务绩效的影响相比，企业社会责任对财务绩效的影响更为显著（0.752＞0.495）。

表 8-4　假设检验结果

假设	路径	β	SE	t-value	假设检验
H1	IM-CSR	-0.042	0.032	-1.299	不支持
H2	MM-CSR	0.642***	0.057	11.268	支持
H3	SP-CSR	0.243***	0.060	4.053	支持
H4	CSR-FP	0.752***	0.054	13.804	支持
H5	CSR-NFP	0.495***	0.042	11.782	支持

注：*** $p<0.001$.

四、调节作用分析

H6 和 H7 假设 CSR 导向文化分别调节企业社会责任动机和利益相关者压力对企业社会责任的影响。表 8-5 的结果显示，CSR 导向文化对企业社会责任动机（H6）有调节作用，但对利益相关者压力（H7）没有调节作用。关于假设 6，工具动机与企业社会责任之间没有直接关联，CSR 导向文化没有调节作用，因此，H6a 不支持，H6b 支持。CSR 导向文化正向调节道德动机—企业社会责任的结果，道德动机与 CSR 导向文化之间的交互作用在统计学上显著（$\beta=0.174$，$t=3.260$，$p<0.001$）。这一结果表明，当 CSR 导向文化水平

较高时，道德动机对企业社会责任的影响就会增强，从而说明企业社会责任文化水平越高，企业越有可能从道德层面履行社会责任。图 8-2 也支持这个假设。

表 8-5　调节作用分析结果

	因变量：CSR			
	模型 1		模型 2	
IM	−0.064	−1.577	−0.039	−0.871
CC	0.788	19.400	0.782	19.159
IM * CC			−0.061	−1.354
R^2	0.636		0.639	
F	195.085		131.154	
MM	0.192	3.020	0.218	3.479
CC	0.646	10.175	0.743	10.778
MM * CC			0.174	3.260
R^2	0.647		0.663	
F	204.102		145.485 ***	
SP	0.121	2.673	0.124	2.738
CC	0.738	16.310	0.709	13.789
SP * CC			−0.056	−1.208
R^2	0.644		0.646	
F	201.420		135.043	

注：*** $p < 0.001$.

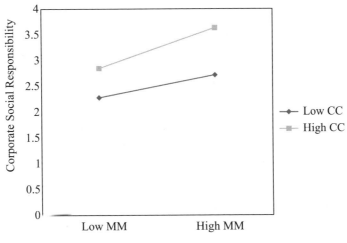

图 8-2　道德动机与 CSR 导向文化之间的交互作用

第五节　研究结论

本章以中国食品企业为研究对象，探讨企业社会责任动力、实践和绩效之间的关系。研究结果表明，这些变量之间存在显著的正相关关系，证明企业社会责任动力可以转化为企业社会责任行为，进而转化为积极的企业社会责任绩效结果。

在理论层面，本章假设了企业社会责任动机和利益相关者压力对企业社会责任的影响，从主动和被动的角度考虑了企业社会责任实践的动机和压力。实证结果表明，道德动机对企业社会责任有较强的影响，CSR 导向文化强化了这种因果关系，而工具动机在企业社会责任动机与企业社会责任的关系中作用不显著。利益相关者压力对企业社会责任的影响低于道德动机对企业社会责任的影响。企业社会责任对企业财务绩效和非财务绩效都有积极影响，但对财务绩效的影响更为显著。

可见，大多数食品企业参与企业社会责任实践是出于强烈的道德动机，而不是工具动机。这一发现与有关道德动机的有限实证研究产生了共鸣（Graafland 和 van de Ven，2006；Paulraj 等，2017）。例如，Paulraj 等（2017）指出，许多企业实施可持续供应链管理具有强烈的道德动机，主要不是由自私的意图驱动的。可持续供应链管理和环境责任都属于可持续发展的追求。然而，研究假设的工具动机与企业社会责任之间的关系（H1）并没有得到验证，一个可能的原因是，调查问卷是一个自我报告的调查，尽管受访者是匿名的，但他们可能不愿意承认自己有自私的动机，因为企业出于自身利益而采取的环保行动可能会被误认为是"漂绿"（指一家公司、政府或是组织以某些行为或行动宣示自身对环境保护的付出但实际上却是反其道而行）。此外，Alfred 和 Adam（2009）认为绿色管理的道德或规范义务是绝对的。利益相关者压力促进企业社会责任的实施（H3），但利益相关者压力对企业社会责任的影响低于道德动机对企业社会责任的影响。这一结果表明，在推动食品企业履行社会责任方面，动机比压力更有效。研究还发现，食品企业环境责任实践可能更多地受到道德动机的驱动，而不是源于利益相关者的压力。本研究为道德动机与食品企业环境责任实践之间的内在关联提供了进一步的证据。考虑到许多环境问题不能仅靠法规来解决，这个研究结论是令人鼓舞的。

CSR 导向文化在道德动机与企业社会责任的关系中具有显著的正向调节作用（H6b），表明企业社会责任文化水平越高，食品企业越有可能出于道德目的履行社会责任，反映了文化对食品企业社会责任实践的影响。在解释中国企业的社会责任实践时，有必要将文化视为一个关键的驱动力（Zuo 等，2017）。Wang 和 Juslin（2009）也认为，讨论企业社会责任概念必须考虑中国的文化背景，并提出了一种中国式的企业社会责任的概念——和谐企业社会责任方法，这一概念根植于儒家的人际和谐观念和具有中国特色的天人合一思想（Wang 和 Juslin，2009；D. Zhang 等，2019）。人与自然和谐理念体现在现代企业的环境责任和可持续性上（Wang 和 Juslin，2009）。作为隐性伦理文化的一部分，企业文化可能会影响企业战略制定，并成为企业社会责任决策的基本指导方针（Yin，2017）。这说明，在进行企业社会责任研究时，需要充分解读不同文化背景下的企业社会责任，并对不同文化背景下的企业社会责任进行比较。

CSR 导向文化对利益相关者压力和企业社会责任没有调节作用。本研究认为，外部压力可能对食品企业社会责任产生强制性影响，例如，政府制定了环境保护的政策和法规，食品企业必须遵守这些政策和法规，采取对环境负责的行为。在利益相关者的压力下，企业社会责任文化并不会影响食品企业社会责任实践。

关于企业社会责任的绩效影响（H4 和 H5），本研究结果与既有研究结果一致，即企业社会责任与企业绩效呈正相关（Lau 等，2018；Martos—Pedrero 等，2019；Nirino 等，2019；Ikram 等，2020）。本研究为企业社会责任对企业绩效的积极影响提供了新的实证证据，表明企业社会责任实践可以提高食品企业的有形绩效和无形绩效。企业社会责任对财务绩效的影响要大于对非财务绩效的影响。本研究认为，这是因为食品企业可以通过减少能源消耗、废弃物产生、采取其他环保措施来降低生产成本（Jones 等，2005；Cassells 和 Lewis，2011；Graafland 和 Mazereeuw－Van der Duijn Schouten，2012；Agan 等，2013）。

·治理策略篇·

第九章　移动互联背景下
食品企业社会责任问题治理策略研究

第一节　问题提出

本书讨论了两个方面的食品企业社会责任问题，即食品企业社会责任差距和食品企业社会责任缺失，并对移动互联背景下食品企业社会责任缺失的诱因进行了研究。在本章中，我们将对移动互联背景下食品企业社会责任问题治理策略展开研究。

第二节　食品企业两级（企业/行业）社会责任地图

一、食品企业价值链社会责任地图

价值链（value chain）概念由迈克尔·波特（Michael Porter）于 1985 年提出。他指出价值链是企业为追求利益最大化的多种经营活动的集合，并将这些活动划分为基本活动和辅助活动。据此，我们可将食品行业供应链上的价值链定义为，食品供应链上、从种子到餐桌到回收的整个过程中一系列相互关联的产品、服务、信息等构成的价值结构。

Ponte 和 Gibbon（2005）指出，全球价值链参与者之间的协调对于超市的竞争战略至关重要，超市作为价值链的最后一环，与最终的消费者偏好有相关性。食品供应系统中，原本分散的联系转变为各组织之间更紧密的联系，这改变了全球价值链的协调模式，组织可以在不同的联系中发挥作用。Heikkurinen 和 Forsman（2011）的研究确定了农业食品链中企业社会责任的

7个关键维度：环境、产品安全、营养责任、工作福利、动物健康和福利、当地市场存在、经济责任。私人可持续性标准已经出现，并与农业企业价值链中的新需求相一致，特别是在农业食品安全方面（Tallontire，2007）。农业企业价值链中企业社会责任的关键体现在消费者对产品和工艺的可追溯性、食品来源、产品和工艺对环境和社会的影响等方面（Heikkurinen 和 Forsman，2011）。食品企业价值链地图详见图9-1。

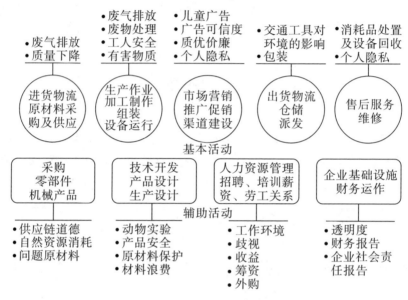

图9-1　食品企业价值链社会责任地图

二、食品行业供应链社会责任地图

企业的供应链通常可以被分解为一系列企业，包括供应商、客户、物流提供商。这些企业共同合作，为最终客户提供有价值的商品和服务。Carter 和 Jennings（2004）指出，从供应链的角度来看，企业社会责任不仅仅是商业道德上的责任和担当，还涵盖了慈善、社区、工作场所多样性、安全、人权和环境等方面。Christensen 和 Murphy（2004）强调了环境和工作场所的多样性。Pullman 等（2009）建立了环境、多样性、人权、慈善和安全等主要供应链企业社会责任类别，但采购有关问题与企业社会责任无关。

食品供应链的企业社会责任议题需要各个环节的成员协同解决（如农场中的动物福利、生产中的正确屠宰、零售中的新鲜肉类），但是，现实情况是最强大的供应链成员决定了供应链的方向（Yu，2008）。Monastyrnaya 等（2017）认为尽管侧重的企业社会责任类型有所不同，但是供应链的每个成员都有责任致力于可持续的食品供应链。当企业社会责任延伸到整个食品供应链时，将有助于减少农业温室气体排放。一个具有前瞻性、可持续行为的农业食品企业也可以影响其他利益相关者（Civero 等，2017；Oglethorpe 和 Heron，2010）。根据企业所处的供应链位置的不同，其承担的社会责任也各不相同，食品行业供应链社会责任地图如图9—2所示。

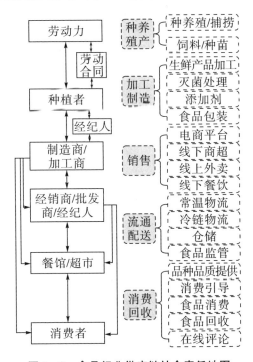

图9—2 食品行业供应链社会责任地图

第三节 食品企业社会责任问题治理模型构建

本章围绕食品企业社会责任差距、食品企业社会责任缺失等问题，从经济、社会、环境三个角度归纳食品企业社会责任问题，构建食品企业社会责任问题治理模型如图9—3。

图 9-3　食品企业社会责任问题治理模型

从经济可持续角度来讲，食品企业存在供应链全流程评估不足，在采购过程中公平公正对待供应商方面没有达到消费者期望。食品企业还存在损害公共利益相关者利益（损害公共利益、逃税、垄断）、合作伙伴利益、股东利益、消费者利益（欺骗消费者、不道德营销、不道德定价）等问题。针对这些问题，可对全流程供应链主体进行治理。

从社会可持续角度来讲，食品企业存在对产品健康与营养关注不足、食品供应链健康与安全责任缺失、员工人权保护不足、损害员工权益（虐待员工、工作条件恶劣）、对农民的关怀不足等问题。针对这些问题，可以从食品健康与安全、员工权益、社区弱势群体等角度来进行治理。

从环境可持续角度来讲，食品企业存在污染物处理、资源保护等没有达到消费者期望，对动物福利的持续改善不足，不重视供应链生态环境等问题。针对这些问题，需要从食品供应链生态保护角度出发进行治理。

第四节　食品企业经济可持续治理

一、数字化管理食品供应全流程

在对中国食品企业社会责任差距的研究中，我们发现中国食品企业对供应商的评估流程不完善，在采购过程中公平对待供应商方面没有达到消费者期望。通过对供应链主体的数字化管理，或可提高供应链管理效率和质量。

数字化供应链是以客户为中心的平台模型，通过多渠道实时获取并最大化利用数据，实现需求刺激、匹配、感知与管理，以提升企业业绩，并最大限度地降低风险。数字供应链的本质是通过数字化的方式，实现不同商业关系中各种供应链资源（货品资源、物流资源、资金资源等）的最高效链接和管理，从而最大化满足终端消费者的需求，实现人货匹配。

数字化为企业运营和供应链管理提供了重要机遇（Holmström 等，2019）。食品供应链越来越依赖数字化管理来促进整个食品供应链的协作，并提高管理质量和业务绩效（Annosi 等，2021）。数字供应链在产品质量、生产率和降低成本方面对企业运营绩效有显著影响。例如，使用云支持的物流系统使企业实现更好的业务效果（Novais 等，2020）。Annosi 等（2021）认为企业不仅需要提高提取数据的技术技能，还需要提高管理技能，比如能够解释与组织目标相关的数据。部分企业为了在复杂多变的行业环境中保持优势，与供应链伙伴共享资源，建立全产业链条互通的信息系统。这种合作模式既可以保证食品的全流程可追溯，同时也可以提高供应链响应效率，为食品质量管理提供一个新模式（于亢亢，2020）。

建立可持续的战略伙伴关系是促进企业环境和经济绩效的关键。企业应加强区域企业可持续供应链协作关系，提升可持续供应链资源整合效率。例如，利用分布式账本技术，实现供应链参与者之间的共享。这种分散的交易数据库为供应链管理带来了透明度、可靠性、可追溯性。移动应用程序能够吸引新客户或保持现有客户的满意度和忠诚度（Thakur，2016），同时有效避免传统订单效率低、错误率高的问题（Ezeoha，2020）。例如，订餐 App 应用程序采取更精彩的方式展示食品，监控、过滤和删除不可靠的过时内容，改进导航系统，提供实时客户服务和及时安全的交易，帮助食品企业有效降低成本和提高配送效率（Hirschberg 等，2016）。对于数字化管理如何服务食品企业，可从以下两方面着手。

（1）搭建共享系统，保障供应链效率和质量。

供应链信息系统利用物联网、大数据和云计算等技术，将原材料采购、销售等环节集中在一个系统中，完整透明地描绘食品供应体系全景图。在供应链信息交互、共享的过程中，企业能够更加清晰掌握供应商的仓储信息、食品质量和生产效能等，准确识别关键路径。这种方式能够及时掌握客户偏好及需求变动，实现主动风险管理，保证供应的连续性。食品企业通过电商平台与移动端等数字技术，简化客户与企业的交易模式，提高客户满意度和企业内部运营效率。云造系统对原材料、生产、包装、仓储、物流、销售等整个供应链进行统筹和监督，以更为高效的资源配置，实现柔性供应链，满足消费者的个性化需求。

（2）以数字技术，精准服务食品企业。

大数据采集、处理、存储和分析等组成了大数据生命周期的核心，这些数字技术能够帮助企业建立客户需求预测模型，为产品的精准匹配提供数据支撑。从企业角度来看，新物流形态利用数字技术提前预测销售和库存，降低物流成本，实现智能仓储、智能运输、智能物流等，以提高企业服务质量，降低企业生产成本。从消费者角度出发，智慧的物流系统可以满足消费者多样化、小众化的食品需求，为消费者提供新型服务体验[1]。

二、保护利益相关者权益

随着企业社会影响的扩大，履行社会责任的企业获得了更大的长期优势（Lee 等，2013）。如今，客户掌握了更多的知识，拥有了更先进的通信技术，

---

[1] 中国信息通信研究院：《工业供应链数字化白皮书》，https://www.aii-alliance.org/uploads/1/20240208/f8ba64e8dc3ecfecd39f24f599b996b0.pdf.

他们在客户价值创造和交付过程中更加专业（Xie 等，2017）。Morsing 和 Schultz（2006）认为管理者的企业社会责任履行，需要从"通知"和"响应"转向让利益相关者"参与"，企业若想与利益相关者维护持久良好的关系，就需广泛让利益相关者参与企业的社会责任实践活动，共创共享价值。企业通过参与社会责任活动，可以建立更为牢固的利益相关者—企业关系（Kolodinsky 等，2010）。

新时代互联、共享、互动成为重要的社会精神，企业社会责任朝着创造价值的方向演化。食品企业可将解决社会和环境问题当作企业生存与发展的机遇，以实现企业经济效益和社会效益共同发展的目标。食品企业可以与食品价值链上的利益相关者合作，通过资源整合，持续创造社会价值。如雀巢公司奉行"创造共享价值"原则，致力于在核心业务领域发现并改善社会问题，在意识到包装材料对于环境可持续的重要性以及消费者在功能和情感方面对包装的更高要求后，开发出既能满足消费者的需求又能降低环境压力的创新解决方案。雀巢公司同时与价值链合作伙伴和行业协会深入合作，探索不同的包装解决方案，促进废弃包装回收再利用。

社交媒体的出现为利益相关者提供了在线互动的空间，让利益相关者可以真正融入企业社会责任实践中，与企业共创社会价值。食品企业可以通过产品技术创新、原材料创新、口感创新、包装创新、管理创新实现社会责任实践创新，发挥产业集群效应，体现行业责任担当。如伊利首倡"母婴生态圈"战略，为中国母婴群体提供线上线下联动的贴心服务和健康指导；贝因美启动了"24 小时免费咨询医生在线"服务。

利益相关者参与企业社会责任共创与共享，是企业通过社会责任活动创造社会价值行为的迭代和升级。企业从主要聚焦于经济方面的社会责任价值转为关注经济与非经济方面的企业社会责任价值；消费者则可以通过信息搜索、资源共享和人际互动，在消费者、企业和社会层面共同创造价值。利益相关者参与企业社会责任实践能够增强企业的透明度，使企业更好地面对外界环境的变化，采取不同的治理策略。消费者作为企业主要的利益相关者，是企业社会责任共创的主要推动者。在虚拟的企业社会责任活动中，消费者主动付出时间、情感等，督促企业实践社会责任。

第五节　食品企业社会可持续治理

一、食品安全与健康治理

（一）食品生产标准化和管理精细化

食品企业可以在生产、运营、服务等过程中建立食品安全标准化管理机制，严格控制食品质量，从根本上保障食品质量与安全，为广大消费者提供安全、健康的高品质食品，带动食品行业健康可持续发展。

（1）管理方面的人员管理标准化、流程标准化、服务质量标准化；生产方面的原材料采购标准化、产品配方标准化、工艺流程标准化；品牌运营方面的品牌推广标准化、店面形象标准化、营销模式标准化。建立完善的食品生产标准化体系，既是企业自身发展的需要，也是食品企业走向世界舞台的需要。

（2）食品企业在生产过程中不断革新和改善生产程序。"6S"管理是一种优秀的现代企业管理模式，包括整理、整顿、清洁、清扫、安全、素养，对生产现场的人、机、料、法、环等要素进行管理、改善和提高，是针对产品生产现场和工作现场展开的一项精细化管理。企业通过梳理各项工作工艺流程，分析环境中存在的安全隐患，建立卫生环境管控机制，从而保证食品的质量。HACCP体系（危害分析与关键控制点）用于对某一特定食品生产过程进行鉴别和控制，重点是对关键危害因素进行分析，从而确定具体的预防措施和关键控制点，是一种优质高效、具有革新性的质量管理工具，目前已被广泛应用于食品企业的质量管理。

（二）顺应消费者健康需求，创新产品

近年来，全球性突发公共卫生事件、环境污染事件和食品安全事件等引起了全世界消费者对食品质量、安全和环境友好性的关注。"低糖、0糖、0脂、0卡"也成为消费新趋势，代糖等新型健康糖品类规模增长突出。

（1）食品企业应建立消费者健康需求反馈机制。企业可以通过各类渠道获取消费者关于食品方面的意见，然后根据需求开发新产品或改进旧产品工艺，其大致流程见图9-4。当前，消费者的食品消费向健康营养、可持续转变，食品企业更应该生产健康营养食品，提高食品品质，增强消费者对品牌的信赖。

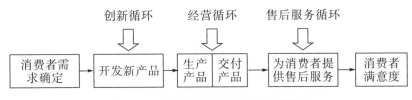

图 9—4　健康食品 C—B 反向决策模式

（2）食品企业应加大研发力度，推出健康营养和生态友好的产品。食品企业应在食品供应链的种养殖、生产、加工制造、流通配送、消费、回收各个环节贯彻高质量和健康环保标准，保证食品安全、营养、可追溯，向消费者传递企业负责任生产、追求健康营养和可持续发展的理念。食品企业要充分认识到产品"健康标识"的重要性，加大对健康产品的宣传和推广。

（三）技术赋能食品供应链，实现安全智慧治理

食品安全与健康问题是最严重的企业社会责任缺失问题，主要有含有有毒有害物质、食品质量不合格、食品假冒、卫生环境不合格、违规使用添加剂、携带病毒、食品高脂高糖等。而消费者最重视食品安全信息披露、食品卫生环境、食品是否含违禁物质、是否携带病毒等食品安全问题。食品企业在解决食品安全问题中扮演着核心角色。通过整合移动互联、大数据、物联网和人工智能等先进技术，企业能够实现从生产、加工到运输、销售，乃至消费的全链条追溯和监控，从而有效预防食品安全问题的发生。Tagarakis 等（2021）建立的用户友好的开放式可追溯系统，具有互操作性和数据共享的特点，对每阶段执行的活动记录在块。Alfian 等（2017）基于智能手机的传感器、NoSQL 数据库和异常值检测方法，收集易腐食品关于温度、湿度、GPS 和摄像头传感器在运输和储存过程中的环境状况数据，确保整个供应链中农产品的质量和安全。通过结合移动互联技术、物联网大数据存储技术等，食品安全追溯系统得以不断优化，有效提高了食品质量。2020 年，星巴克推出了一款区块链可追溯应用程序，使顾客能够跟踪产品来源（Wang 等，2023）。

食品企业可依托新一代移动互联网技术，构建覆盖食品生产全流程的互联互通系统，响应迅速的智能感知和反应系统，采用 O2O 营销模式，促进企业产品销售。供应商在接到订单后，负责执行采购、分拣、来源管理、农药残留检测和配送等一系列工作，确保从种植、养殖或生产到销售的每个环节的数据都能实时录入，以实现真正意义上的食品溯源。此外，企业还应建立风险检测系统以实现检测结果的实时预警，并通过明厨亮灶系统公开食品经营者的厨房环境、证照、等级和食材来源等信息。

企业可建立责任主体信用评级和信用档案库，实现对责任主体的网格化管理，并围绕责任主体构建包含其整个企业生命周期内所有档案信息的系统。企业可通过信息互动，引导公众参与和媒体监督，连接政府部门、消费者、市场主体和社会媒体等，实现智能管理，构建食品安全共治模式，从而推动食品产业链各参与者共同治理食品安全问题（见图9-5）。

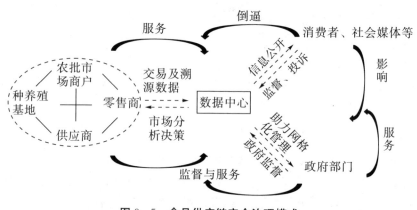

图9-5　食品供应链安全治理模式

二、食品企业员工权益保护

当下，食品企业内部对员工权益的保护相对不足。零售和外卖平台利用互联网技术对员工进行强迫劳动的问题较为严重。这需要通过加强企业内部的社会责任建设以及加强对平台的外部约束来进行治理。

（一）将社会责任融入食品企业文化

增强企业管理者的法律意识、道德意识和公益意识，形成以利益相关者理念、企业公民理念、企业社会契约理念为核心的经营理念，制定员工行为准则，并将其作为内部制度实行。企业应该将员工的利益纳入企业的经营目标，将企业社会责任管理与公司治理结合起来，建立企业社会责任委员会和社会责任指标体系等。

企业应当加强社会责任文化建设和全员教育。在精神文化层面，企业应将社会责任观念融入企业价值观体系，并通过教育、培训等形式，使员工逐渐接受、认可并信仰这些价值观；在制度文化层面，企业应以社会责任理念为指导，梳理所有相关制度，例如在人力资源管理中建立专门的委员会，确保营销制度能够体现负责任的营销行为；在行为文化层面，有效的企业行为文化能够向社会传达企业承担社会责任的决心和魄力（谢春玲和季泽军，2017）。

（二）约束平台算法，保障员工权益

人工智能、大数据、物联网和机器人技术等已成为平台或商家提升效率和降低成本的重要工具。骑手必须适应算法规划的"最佳"流程和路径，以为用户提供越来越快捷的送餐体验。然而，AI 技术监管可能对员工造成生理和精神上的压力，有时甚至导致员工失去选择权。随着平台经济的蓬勃发展，出现了一些可能压榨员工剩余价值的工具。为了实现多方共赢的发展格局，食品企业需要从法律法规、行业自律和正确的社会价值观出发，统筹平衡好各方的利益。

1. 从法律法规层面约束平台算法

《中华人民共和国数据安全法》自 2021 年 9 月 1 日起施行，该法明确了数据管理者和运营者的数据保护责任，并强调了数据安全制度建设的重要性，法律旨在通过数据开发和产业发展来促进数据安全。随着数据收集的隐蔽性增加和数据挖掘技术的进步，经营者和消费者之间的信息不对称问题加剧。因此，现行法律不仅规范了算法设计和研发的标准、规则和透明度，还要求市场监管部门对平台算法的运行情况进行持续监测。如果算法使用者因算法偏见等问题侵害了员工个体的利益，相关部门可以依据现有法律法规进行相应的处罚。

2. 建立第三方审核机构，强化行业自律

由于算法有着较强的专业性和复杂性，一般用户很难对算法设计者和使用者实现有效监督。较为可行的方式是建立由科研单位、非营利组织等多主体构成的第三方审核机构，制定完整的运行机制，对涉及面广、影响深远和存有争议的算法进行审查和评估，并借助互联网行业的自净功能来保证算法的客观性和公正性。

多方参与规则制定是正当程序的必然要求，比如一些电商平台推出"规则众议院"，平台上的买卖双方都可以通过众议院机制就规则制定发表意见。也有学者提出算法解释权，即赋予主体知晓及理解算法运行逻辑的权利（梁正和陈兵，2020）。通过行业内的自我监督和引导，或以行业公约、联盟等方式来规范行业秩序。2016 年 9 月，Google、Facebook、IBM、亚马逊和微软等人工智能领域的巨头共同成立了一家非营利组织——人工智能合作组织（Partnership on AI），这个组织致力于推进人们对人工智能技术的理解，并针对人工智能中的道德、公平、包容、透明、隐私、互动等方面，为该领域的研发人员设定需要遵守的行为准则，以保障 AI 在未来能够安全、透明、无偏见地发展。

3. 构建公平公正的算法价值观

算法本身没有价值观，但算法是由人来定义、设计和运行的，人在价值观上的某些缺陷也会体现在算法上。技术已经成为平台或者商家提升效率和降低成本的工具，但是，算法也需要正确价值观的引导。因为算法是在做信息的生产与传播，在属性上就烙下了"媒体"的印痕，必须承担社会责任。算法不应仅追求效率和流量，还应该为社会确立、维护正确的价值观。

算法系统除了需要技术人员和运营人员的参与，在实际运行中还有赖于大量用户的参与，来自用户行为的数据是机器学习的关键。但是，算法平台不能完全依靠用户的数据来实现算法的自我修正。对于算法的设计者、运营者和使用者来说，可以考虑将"算法价值观"纳入专业技能培养和通识教育体系中，帮助他们认清算法运行的基本原理和局限性（许向东和王怡溪，2020）。算法应该在设计过程中强化企业社会责任，比如算法设计应考虑骑手的休息时间、关怀残疾劳动者、提供员工发声渠道等（梁正和陈兵，2020），保证算法在正确的轨道上运行。

三、助力供应链上的弱势群体

企业社会责任实践有助于企业实现积极的客户成果。实践企业社会责任不再是企业的一种选择，相反，它已成为当今市场的强烈要求。受政府法规、公众关注等外部因素的影响，一些企业通过履行企业社会责任来展示其对社会的贡献，树立良好的企业形象，增强市场竞争力（Liu 等，2021）。企业与政府组织合作可能会带来额外的好处（Stekelorum 等，2020）。

（一）食品供应链主体贯彻企业社会责任理念

在食品生产经营过程全面融入社会责任理念，促进企业经济、社会、环境效益最大化。进货物流、生产作业、市场营销、出货物流和售后服务等各个环节应该遵守交易主体需要负担的责任底线，并积极履行超出承诺的责任与义务（Boyd 等，2007）。供应链参与主体可以通过遵守供应链企业社会责任标准以提升供应链内外经济、社会、环境效用（Sanfiel-Fumero 等，2017）。企业社会责任实践可以帮助供应链建立声誉，赢得更多元化的客户群（Brammer 和 Pavelin，2006）。法律法规也被视为供应链企业社会责任治理的重要手段（Sanfiel-Fumero 等，2017），供应链企业必须将法律视为企业社会责任行为的底线，并在法律允许的范围内进行经济活动。供应链企业不仅要满足法律约束这一先决条件，还要在此基础上兼顾伦理准则（华连连等，2021）。

（二）承担供应链责任，创造社会价值

企业在种养殖、生产环节，应积极扶持当地特色产业、为当地农民提供就业机会、建立科学养殖培训团队等。例如，要求生产商（如农民）、供应商选择绿色无污染的生产方式，掌握预防病虫害以及提高作物产量的方法，切实保障生产方、供应方的利益，在最大限度内保护环境、资源和社会效益。

企业在采购环节应遵守保障员工安全与健康、尊重劳动者人权、促进社区繁荣、公平诚信开展业务等标准。例如百胜中国拥有一个庞大且地域分布广泛的供应商网络，涵盖食品、包装、设备、服务等多种品类。在以可持续性为原则进行原材料采购时，企业不仅会考察供应商的供货质量、价格，还会考虑商业道德、社会和环境等层面的表现，从而做出更有利于社会和环境的采购决策（李彦勇和杨爱平，2021）。

企业应在产品零售环节确定广告和社交媒体资源的投入（包含标签、超级链接、视频、照片和图像），向消费者提供有关食品来源、加工厂和整个供应链的信息，让消费者通过这些指标感受企业社会责任实践的影响。食品零售商作为供应链的关键参与者，可以通过参与社会责任活动的行为，减少食品浪费，同时提高产品销售绩效（Devin 和 Richards，2016）。企业还应积极开展对消费者的宣传教育工作，增强消费者对相关食品认证制度的了解，加强消费者的环保意识。例如，企业可以积极引导消费者对食品残渣、食品容器等进行科学处理，实现企业与消费者在履行社会责任方面的价值共创。通过引导消费者等外部利益相关者共同参与企业社会责任活动，企业不仅能提高自身的声誉和可信度，还能增加企业营销活动的价值（Yang 和 Basile，2021）。

第六节　食品企业环境可持续治理

可持续供应链被认为是缓解企业对环境负面影响的有效工具（Li 等，2019）。发展环境可持续已逐渐成为食品企业的共识，成为企业环境责任的关键一环。但由于食品企业的环境治理会增加企业的成本，一些企业甚至不愿履行环境责任（Liu 等，2021）。

一、食品企业污染与废弃物处理

（一）预防、处理和改善污染与废弃物

减少废弃物——预防和减少废弃物的产生，包括限制特定的物料流通（例如一次性用品和不可回收的物料），通过激励措施改变人们的环保行为。企业应制定废弃物、易腐败物定期清除制度，废弃物放置场所应与食品加工场所隔离。

加速垃圾填埋和焚烧的转型——通过实施分类收集项目，可以提高物料流通的质量，增加废弃物的回收和再利用。例如，可以通过厌氧消化处理食物废弃物，产生沼气燃料，为家庭提供清洁能源。

（二）食品全过程清洁生产

《"十四五"全国清洁生产推行方案》从生产、流通、消费各环节对"十四五"时期促进清洁生产系统进行部署，突出抓好工业清洁生产，加强高耗能高排放建设项目清洁生产评价，推行工业产品绿色设计，加快燃料原材料清洁替代，大力推进重点行业清洁低碳改造。在食品绿色供应链管理设计方面，应从原料生产开始，贯穿整个供应、生产、销售环节。在生产供应环节，通过提高环保标准、淘汰落后设备、革新传统工艺技术，提升企业的绿色生产水平，并鼓励企业采用先进适用的清洁生产工艺技术和高效的末端治理设备，建立资源回收循环利用机制。在原料加工过程中，注重原材料的健康和无公害，通过统一采购和加工减少碳排放，同时也减少运输成本和能源浪费。在物流运输环节，应避免包装物污染及运输过程中的病毒传播。在消费后的废弃物处理方面，可以构建食品垃圾的"源头减量—集中回收—资源化再利用"的闭环循环体系。例如，提供环保包装材料、采用最可持续的生产模式和加工方法。大多数企业都启动了回收计划，引导消费者不乱扔垃圾，而是将包装材料退还给公司（Liu 等，2021）。Jagtap 等（2019）设计了数字化食物垃圾跟踪系统，该系统会实时展示食物垃圾产生的类型、位置和数量等，食品供应链的关键参与者如食品制造商、分销商和零售商根据系统显示数据，及时采取节约资源的最佳方式，以节省垃圾处理费用，减少食物垃圾的产生。

二、供应链生态保护

（一）改进生态环境保护理念和实践

食品企业在运营过程中不仅要追求经济效益，还应主动引入生态环境保护理念，这不仅有助于企业履行社会责任，还能提升品牌形象和市场竞争力。企业应优先选择那些采用可持续农业实践的供应商，比如有机耕作或减少化学肥料和农药使用的农场，以减少对环境的负面影响。在生产过程中，企业应投资于节能设备和技术，以减少能源消耗和温室气体排放。

食品企业在内部环境设计、装修、装饰材料选择以及灯光色彩搭配等方面，应致力于减少乃至消除空气污染、水体污染和生产车间环境污染。企业应加强生态实践，并采取创新措施，比如加强资源循环利用和发展创新生态设计。同时，企业还应在管理模式、效率和技术应用等方面进行改进。例如，严格监管企业生产环节，鼓励企业以资源和能源的减量利用为基础，加强废弃物和副产品在产业内或产业间的多环节、多渠道和多时空的循环再利用。

（二）提倡循环经济、可持续包装，减少食物浪费

企业在生产环节应大力发展循环经济，减少环境污染。鼓励食品制造企业使用可持续包装，并通过生命周期清单（LCI）和生命周期评估（LCA）来指导包装的使用，从而减少对环境的影响。如研究使用乳制品薄膜作为石油基包装的替代品。这些乳制品薄膜不是由合成聚合物制成，而是由牛奶中的蛋白质如酪蛋白和乳清组成，是可生物降解的，并且能比合成的化学薄膜提供更好的氧气阻隔性。在欧洲，玛氏公司（Mars）积极倡导更加透明的生产者责任，以确保包装的收集和回收。他们还与可持续包装联盟合作，共同主持其"森林产品工作组"。

在销售阶段，为了减少食物浪费，企业可以采取多种措施。例如，7-11便利店通过推出积分奖励活动，鼓励顾客购买临近保质期的盒饭、面包等食品。美团外卖推进商家餐食分量标识，针对"一人食"等用餐环境，推出"小份菜""半份菜"，以减少食物浪费。这些减少浪费的举措不仅对节约粮食有着积极作用，也提升了商家效益。

第七节 食品企业可持续社会责任治理策略

本书依据中国食品企业社会责任差距，基于企业社会责任治理理论和可持续发展理论，结合食品企业可持续社会责任模型，从经济、社会、环境三个维度出发，形成了食品企业可持续社会责任治理策略，详见表9-1。

表9-1 食品企业可持续社会责任治理策略

治理维度	治理议题	治理策略
经济可持续	数字化管理食品供应链全流程 利益相关者权益保护	搭建共享系统保障供应链效率和质量 以数字技术实现食品企业精准服务 通过社交媒体与利益相关者合作 利益相关者主动参与企业社会责任共创与价值共享
社会可持续	食品安全与健康治理 食品企业员工权益保护 助力供应链弱势群体	食品生产标准化和精细化管理 顺应消费者健康需求创新产品 技术赋能的食品供应链安全智慧治理 社会责任融入食品企业文化 平台算法治理保障员工权益 食品供应链主体贯彻社会责任理念 承担供应链责任，创造社会价值
环境可持续	食品企业污染与废弃物处理 供应链生态保护	预防、处理和改善污染 食品全过程清洁生产 改进生态环境保护理念和实践 提倡循环经济、可持续包装，减少食物浪费

第十章　移动互联背景下食品企业社会责任长效治理策略研究

第一节　问题提出

移动互联背景下的食品企业社会责任治理，除了针对特定企业社会责任问题的治理，还需要加强对移动互联背景下食品企业社会责任的长效治理。企业社会责任长效治理是为食品企业社会责任实践的规划执行提供参考，让供应链上每一个食品企业在做企业社会责任实践时，都能得到启示，最终促进整个食品行业的可持续发展。

本章的目的是构建移动互联背景下的食品企业社会责任实践流程框架，为中国食品企业在企业社会责任实践的规划、设计、实施等整个流程上提供行动指南，帮助企业将理论规律运用于管理实践中，指导管理者并识别企业社会责任实践过程中的关键成功因素，提升中国食品企业社会责任实践水平。

根据文献梳理，我们发现目前关于企业社会责任实践的文献倾向于列出企业社会责任实施过程中涉及的步骤，具体从制定企业社会责任政策到评估企业社会责任绩效。这些关于企业社会责任如何运作的文献，阐明了企业社会责任理念转化为实践的过程（Cramer，2005），但较少考虑移动互联背景下企业生存环境发生的新变化，如消费者的食品消费倾向向健康营养、可持续升级。食品企业需要在企业社会责任上进行创新，满足社会对食品企业社会责任的新需求与新期望；明确移动互联技术的发展与应用，探究如何赋能食品企业更好地履行社会责任，更好地与利益相关者进行企业社会责任沟通、互动，提升企业社会责任透明度，降低消费者伪善感知与操作性风险，促进企业社会责任价值共创；重视双向沟通产生的 UGC（用户生成内容），降低不可控性与舆论风险。

综上所述，在移动互联背景下，食品企业更有必要全面开展社会责任长效治理，实现高质量和可持续发展目标。本章基于企业社会责任治理理论、PDCA理论，构建了移动互联背景下食品企业社会责任"D-PDCA"长效治理模型，对企业社会责任实践流程提出建议，并结合现实案例，形成移动互联背景下食品企业社会责任"D-PDCA"长效治理策略。

第二节 移动互联背景下食品企业社会责任"D-PDCA"长效治理模型的构建

为了支持组织不间断的绩效调整和学习过程，组织管理可以遵循高质量的四阶段持续改进周期，即Plan（计划）、Do（执行）、Check（检查）和Act（处理）（Witjes等，2017），又称PDCA循环（见表10-1）。我们将企业社会责任实践视为企业的一项动态管理工作，为了不断优化项目实施效果，遵循PDCA的质量管理方法，以此作为食品企业社会责任实践流程框架的逻辑依据。

表 10-1　PDCA 组织持续改进周期

PDCA	解释
Plan	组织意识到一个机会，然后计划改变。建立新目标后，需要思考如何调整相关流程以执行计划的变更
Do	组织实施流程并测试变更
Check	在监测和评估变化后，组织报告、分析结果，并识别学习
Act	组织根据在前一个步骤中学到的知识来计划和应用行动。如果变革成功了，就有必要将学习融入更广泛的变革中；如果变革不成功，将重复或调整PDCA循环

来源：Witjes 等（2017）

Asif等（2013）提出了一个企业社会责任的综合管理系统方法，用于将企业社会责任集成到业务流程中。该框架是围绕计划—执行—检查—处理（PDCA）循环设计的，明确强调企业社会责任集成是一个需要持续改进的迭代过程，如图10-1所示。该图同时展示了将企业社会责任集成到业务流程中的自上而下的集成和自下而上的社区相关指标开发方法。

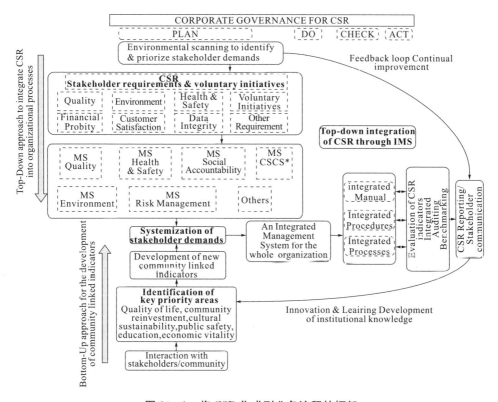

图 10-1　将 CSR 集成到业务流程的框架

来源：Asif 等（2013）

Maon 等（2009）提出了一个设计和实施企业社会责任的综合框架，基于解冻、移动、再冻结、敏感化的逻辑，形成了四阶段九个步骤的企业社会责任设计和实施过程（如图 10-2 所示），帮助指导管理者识别企业社会责任实践过程中的关键成功因素。

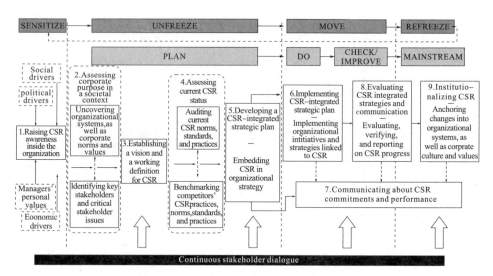

图 10-2　设计和实施企业社会责任的综合框架

来源：Maon 等（2009）

　　本章主要在 Asif 等（2013）、Maon 等（2009）研究的基础上，基于 PDCA 的逻辑依据，构建了移动互联背景下食品企业社会责任"D-PDCA"长效治理模型（如图 10-3 所示），为中国食品企业在移动互联背景下履行社会责任提供实践流程框架，指导企业决策。在这里，我们扩展了 PDCA 的逻辑，在模型中强调了 Driver 的作用，即在 Plan 阶段前通过企业社会责任驱动因素唤醒组织内部的企业社会责任意识。这些企业社会责任驱动因素与企业社会责任动力来源及作用机制部分的研究内容（第七章~第八章）紧密结合，包括高层管理者的企业社会责任感知、价值观、态度和承诺，企业主动履行社会责任的动机，以及企业应对外部利益相关者的压力。

　　（1）Driver：加强食品企业社会责任驱动力。

　　（2）Plan：明确食品企业社会责任的特殊性与新需求。

　　（3）Do：移动互联技术赋能食品企业社会责任的实施。

　　（4）Check：食品企业社会责任的评估。

　　（5）Act：食品企业社会责任的沟通与制度化。

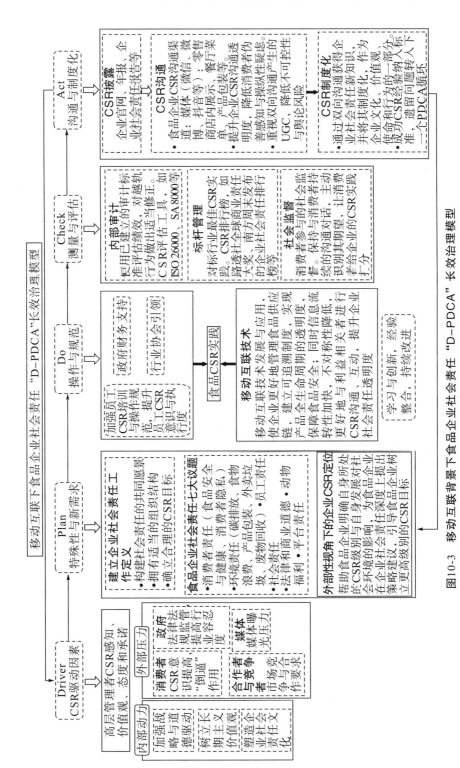

图10-3 移动互联背景下食品企业社会责任"D-PDCA"长效治理模型

第三节　加强食品企业社会责任驱动力——Driver

　　企业履行社会责任是内部因素和外部因素共同起作用的结果（Mellahi 等，2016）。根据文献梳理，食品企业社会责任动力因素可以分为内部动机与外部压力。研究认为高层管理者是促进企业履行社会责任的重要影响因素，因为他们定义了企业独特的价值观和企业社会责任倡议，使每个企业及其组织文化与众不同。从这个意义上说，组织的核心价值和规范往往源于高层管理者的意识形态（Tourky 等，2020）。本章从高层管理者、企业内部动力、外部利益相关者压力三方面入手，对如何加强食品企业社会责任驱动力提出相应建议，如图10-4 所示。

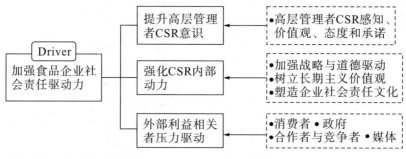

图 10-4　Driver 阶段逻辑图示

一、提升高层管理者企业社会责任意识

　　企业管理者在企业经营决策中发挥着重要作用（Godos-Díez 等，2011；Bartels 等，2015）。企业高层管理者是对企业任何战略或政策做出最终决策的唯一权威（Phan 等，2014），其对企业社会责任的理解与认识将直接影响企业社会责任决策，包括企业社会责任政策的制定、采纳和实施。Zhang 等（2014）和 El Baz 等（2016）发现，高层管理人员的支持、经理人员接受的培训、高层管理人员的承诺等因素都显示出对企业社会责任的正向影响。Hemingway 和 Maclagan（2004）认为企业社会责任政策的正式采用和实施更多的是管理者个人价值观和行动的结果。

　　因此，我们建议，企业高层管理者应该树立正确的企业社会责任认知和理念，主动在战略上运用企业社会责任，而不是把企业社会责任当作一个急救包

（Assiouras 等，2013）。特别是食品企业管理者，更应该树立可持续性价值观，增强对环境、社会和伦理问题的关注，加强食品安全底线责任意识与企业社会责任教育。Werre（2003）认为提高高层管理者的意识有两个主要方向，即内部提高核心价值观意识，外部提高对环境发展的敏感性。提高企业管理者核心价值观意识的一种切实可行的办法是召开以价值观为主题的高层团队会议。通过利益相关者对话提高其对外部事态发展的敏感性，与特定利益相关者进行公开、面对面的对话，可以有效地挑战高层管理者在企业社会责任方面的现有假设和信念。

同时，由于企业社会责任问题并非日常工作的一部分，企业社会责任涉及的每一个挑战都需要有自己的解决方法，将企业社会责任融入企业战略尤其需要特定的管理技能。Osagie 等（2016）认为，如果企业管理者缺乏这种技能，就会面临很高的风险，因为这意味着他们没有能力为企业和社会创造价值。因此，高层管理者应该提升自身相应管理技能，提高企业社会责任管理水平（Wesselink 等，2015），这些管理技能包括做好承担风险的准备，寻求新的方式来思考未来的社会责任发展，以及这些发展可能会如何影响企业当前的社会责任计划等（Osagie 等，2016）。

二、强化企业社会责任内部动力

强化企业社会责任内部动力首先需要强化企业社会责任的战略驱动力和道德驱动力。全公司需明确企业履行社会责任不只追求短期（如提高收入、节约成本）与长期（如品牌形象/企业声誉、竞争优势）的经济目标，作为社会成员，企业有义务主动质疑自己的行为是否会影响社会环境，并为公共利益做贡献，采取负责任的行动并"回馈"社会。这往往要求企业管理者拥有正确的企业社会责任认知与较高的企业社会责任意识，在全公司发挥企业社会责任带领作用，营造企业社会责任文化氛围，加强企业社会责任教育，将企业社会责任理念内化于每一位企业成员的思想与行动中。同时，管理者需要克服改变的阻力，如对变化的恐惧、认为企业社会责任是对稳定的威胁、认为关注企业社会责任会导致组织忽视其核心价值等（Maon 等，2009），这些都是发展企业社会责任的错误理念，是企业管理者需要消除的障碍。

强化企业社会责任内部动力，还需聚焦企业价值观和企业文化。企业价值观作为企业社会责任的先决条件发挥着至关重要的作用，可以指导组织行为和决策，在组织努力实现其愿景和目标的过程中，支持着组织效率（Maon 等，

2009）。为了提高组织适应性，企业社会责任战略必须与组织价值观、规范和使命相一致（Maignan 等，2005）。为了定义或优化企业价值观，组织可能会考虑现有的公司章程、使命宣言、年度报告、网站或其他文件。学者研究建议企业参考一些大型食品企业或优秀食品企业的使命愿景，指导自身企业价值观的确定。食品企业应当深入贯彻新发展理念，树立长期主义价值观，将社会责任融入企业使命、愿景与价值观中，为具体的社会责任实践奠定意识形态基础。学者研究还建议，加强企业内部沟通，沟通过程面向所有组织成员，传达企业的价值观和行为准则——这对传播企业社会责任（价值观、目标和方向）非常重要（Roeck 和 Maon，2016）。

企业文化本质上是一个组织所传达的价值观，体现在组织的行为方式上，如企业处理危机或取得胜利的方式。这些价值观有助于组织成员以与价值观一致的方式做出响应（Lee 等，2013），从而塑造组织中个人行为的规范（Schwartz 和 Davis，1981）。作为组织中重要的道德灌输者，企业高管的观点、想法和价值观往往会嵌入企业文化，其领导作用使每个公司与众不同（Christensen 等，2014）。食品企业应重视组织文化的关键作用，培育从管理者到员工全员的企业社会责任文化，实现从目标驱动型文化向价值驱动型文化的转变，从而创建可以接受变化的长期的企业社会责任文化（Lyon，2004）。

三、外部利益相关者压力驱动

外部利益相关者压力强调企业社会责任的被动实施，消费者、政府、合作者与竞争者、媒体被认为是食品企业社会责任实践的核心利益相关者，图10-5展现了这四大外部利益相关者对食品企业社会责任的驱动作用。

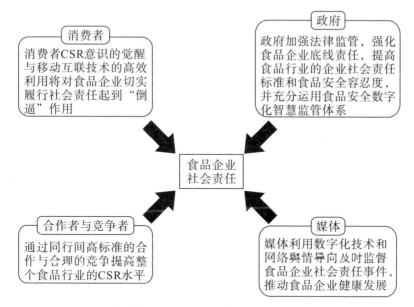

图 10-5 四大外部利益相关者对食品企业社会责任的驱动作用

消费者是食品企业社会责任价值创造的核心群体，这不仅仅是因为他们手中拥有对企业而言最重要的"货币选票"，更是因为食品与人们的生活息息相关，消费者对食品企业社会责任的期望与要求也更高。因此，食品企业应积极采取社会责任行动，满足社会需求，树立良好的品牌形象。为了促使食品企业履行社会责任，消费者应该增强食品安全意识，提升企业社会责任意识，利用互联网工具对存在社会责任缺失行为的食品企业进行监督与举报，积极维护消费者权益。消费者企业社会责任意识的觉醒与对移动互联技术的高效利用将对食品企业切实履行社会责任起到"倒逼"作用，督促食品企业社会责任履行向真实可信、有效解决社会问题、创造社会价值的方向努力。

外部压力也来自政府的监管。政府制定法规，促使企业和行业对环境问题更负责（Ghadge 等，2017）。Zhang 等（2014，2018）也发现中国食品企业社会责任的外部影响因素与政府监管或政府压力有关。学者研究建议，加强行政手段对市场的干预。例如，政府和相关食品监管部门出台适当的政策来加强现有的与食品安全相关的法律，制定更为严格的、针对性更强的食品安全法律法规，提高食品行业的企业社会责任标准（Chen 等，2022），降低食品安全问题容忍度，进一步确保食品安全与质量（Kong，2012）。在移动互联背景下，政府可以充分运用食品安全数字化智慧监管体系，如第三方组织的智慧食品安全大数据平台。通过平台的公开信息和共享数据，政府、消费者和供应链上成员都能准确把握食品生产全过程的状况，提前预防食品供应链各个环节的安全风险。

在食品供应链中，外部压力要求食品企业承担社会责任。例如，一些企业要求其供应链合作伙伴遵循与社会责任相关的环境标准，以满足"绿色客户"的要求（Yu 和 Choi，2016）。在日益激烈的市场竞争和全球化背景下，企业必须遵守国际社会责任标准，才能同时满足国外客户的要求（Zhu 和 Geng，2001）。因此，研究建议处于食品供应链上的任何一家食品企业，都应该积极进行企业社会责任认证，将一些可能的食品安全隐患扼杀在面向消费者的最后一个环节之前，提高食品在整个供应链上的安全标准，从而提高整个食品行业的企业社会责任水平。此外，研究发现，竞争对手因企业社会责任而获得的知名度和经济效益是企业履行社会责任的驱动因素（Zuo 等，2017）。企业需要回应消费者的期望，如果企业不按照消费者的需求行事，其竞争对手可能会想尽办法满足消费者的需求，从而导致市场份额或新市场的流失（Garst 等，2017）。因此，在某种程度上来说，合理的市场竞争能促使食品企业履行社会责任，竞争对手是食品企业履行社会责任的有效外部驱动力量。

媒体也是监督企业履行社会责任的强大力量。食品企业及其利益相关者借助各类媒体，随时获取足够的信息，并依托移动互联网拥有多样化、高效率的沟通渠道。食品企业在为利益相关者提供产品和服务的同时，也受到多方利益相关者的监督。媒体对食品企业社会责任的监督作用，典型地体现在迅速、高效、直接的移动互联网评价机制上，例如通过大众点评网站，对于餐饮企业的食品状况，消费者能迅速在平台上进行反馈。这对餐饮企业的影响非常直接，一条差评就会导致企业评级下降，消费者可以轻易地通过"用脚投票"来惩罚不履行社会责任的食品企业。因此，研究建议，在移动互联背景下媒体应该进一步发挥监督作用，减少消费者与企业间的信息不对称，正面宣传在企业社会责任上做得好的企业，使其在食品企业的社会责任实践中起到带头作用；而对于严重违反法律法规、置消费者利益于不顾的食品企业，也要严厉打击，积极曝光，对其他食品企业起到有效警示作用，进一步帮助维护消费者权益。但需注意的是，媒体不能为了吸引消费者眼球，故意夸大事实，错误引导消费者。

第四节　明确食品企业社会责任的特殊性与新需求——Plan

在 Plan 阶段的第一步，组织可以为企业社会责任界定共同的定义，以便将企业的使命、愿景、价值观转化为具体的商业行为和道德规范（Maon 等，

2009）。本章将这一过程视作建立企业社会责任工作的定义，包括三点内容，分别是：构建社会责任的共同愿景、设立适当的组织结构、确立合理的企业社会责任目标（如图10－6所示）。企业社会责任计划的制订是从一系列可能的选择中选择适合自身发展的企业社会责任实践，它应该反映行业的特殊性与企业外部利益相关者的新需求，需要识别出食品企业区别于一般企业社会责任的特殊性与移动互联背景下企业社会责任的新需求。为此，我们提出了食品企业社会责任七大议题，明确了食品企业社会责任的特殊性与新需求，为食品企业制订企业社会责任计划提供了具体行动参考，在企业社会责任宽度上为食品企业指明了方向。同时，我们还展开外部性视角下的企业社会责任定位分析，为食品企业在企业社会责任深度上提供对标尺度与目标参考，帮助食品企业明确自身发展对社会环境的影响、明确自身企业社会责任水平、树立更高级别的企业社会责任目标。

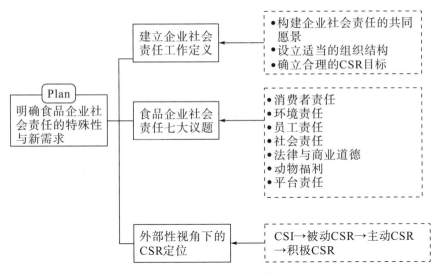

图10－6　Plan 阶段逻辑图示

一、建立企业社会责任工作定义

首先，构建企业社会责任的共同愿景。愿景生动地描述了组织的长期战略目标和发展方向。关于企业社会责任的愿景和使命一般是在管理一级产生的（Cramer，2005），需由最高管理层根据确定的企业价值观仔细设计，让每个组织成员都关注我们是谁，我们努力实现什么，以及我们必须如何实现这些目标（Tourky 等，2020），还需充分考虑特定利益相关者的关注与潜在想法

（Cramer，2005）。Belyaeva 等（2020）认为可持续发展问题是当今食品企业面临的重要挑战，建议将可持续理念融入食品企业的使命愿景中，并呼吁处于不同发展水平的食品企业都应在核心商业模式上实施可持续性，然后通过官方文件，如年度报告、企业宣传册和网上发布的公告进行正式宣布，并与员工进行适当的沟通与解释（Werre，2003）。在这个过程中，领导者需要以一种鼓舞人心的方式传达愿景，激励追随者采取相应的行动（Graetz，2000）。

其次，设立适当的组织结构。组织结构被认为是正式的角色和职责被分配和连接的唯一方式，假设结构是适当的，那么组织内的所有流程和关系都将有效地发生（Zahidy 等，2019）。为确保企业社会责任有效嵌入企业战略规划中，研究建议食品企业采用更加灵活的组织结构，可以设立专门的企业社会责任部门，并指定一名高管负责全面实施企业社会责任，改进职能间的协调（Maon 等，2009）。除了专门的企业社会责任部门，企业社会责任项目临时小组，如任务组或工作组，也是企业可以采用的组织结构之一。这些小组是在公司需要进一步探索某主题或确定要改变的领域时创建的，属于一种通用正式流程，通常是跨职能和多学科的，主要负责收集适当的信息、设计决策方案、实施决策，并对结果进行评估（Vidal 等，2015）。对于资源有限的中小企业或仅在一段时间内要实施的某个企业社会责任项目来说，是十分适合的。

最后，确立合理的企业社会责任目标。这是企业实施社会责任的基础，因为企业的规模、成立年限等差异，每个企业履行社会责任的程度、可能投入的企业社会责任资源都有所差别。企业履行社会责任应当与自身能力相结合，不可盲目，尤其针对众多中小企业，做能力范围内的社会责任实践活动，找到符合企业发展规律的最可行的社会责任实践方式，循序渐进、量力而行，切忌等量齐观（程雪莲等，2018；L. Yuan 等，2023）。

二、食品企业社会责任七大议题

Plan 阶段集中于积极识别利益相关者需求，Asif 等（2013）称之为环境扫描，扫描过程将有助于企业管理者对内部和外部环境有充分的了解。不同利益相关者对食品企业社会责任的核心关注点可能不一样，消费者可能更加关注食品安全与健康、消费者隐私、食物浪费、产品包装等方面，政府可能更关注碳排放等方面，非政府组织可能更关注动物福利。Asif 等（2013）认为企业环境扫描是对利益相关者的深入分析，以确定组织活动如何影响这些利益相关者，且需要与其进行互动，以了解其重视什么，以及组织在这方面可以扮演什么角色。Kuokkanen 和 Sun（2020）也认为企业社会责任计划制定的关键问题之一，就是满足关键利益相关者群体对企业社会责任的期望，同时平衡好各利益相关者之间的关系。

本书在 SNAI 企业社会责任指数的基础上，提出了食品企业社会责任五维实践模型（图7-2），又在此基础新增了两个方面的内容，提出食品企业社会责任七大议题，即消费者责任、环境责任、员工责任、社会责任、法律和商业道德责任、动物福利、平台责任，明确了移动互联背景下食品企业社会责任的特殊性与新需求。在详述各主题后，我们将各议题的策略建议总结如表10-2。

（一）消费者责任

对于食品企业来说，食品安全是体现企业社会责任的一个基础和关键的维度。移动互联背景下，食品企业可以利用互联网更好地履行食品安全责任、消费者责任，如充分运用官方网站、微信公众号、微博等媒体平台，公开企业的生产加工、运输、销售、社会责任等信息，通过质量与情感信息的沟通交流接受各利益相关者的监督，提升食品企业信息透明度，从而提升消费者信任。食品企业还需顺应消费升级趋势，加大研发力度，推出健康营养和生态友好的产品。对此，许多食品企业也积极进行产品创新，针对消费者需求开发新产品或优化产品。

在移动互联背景下，食品企业在消费者责任上需要注意新的问题——消费者隐私问题（Janani 和 Gayathri，2019），例如，智能点餐带来的侵犯消费者隐私问题。随着数字化的普及，大多数餐饮企业都使用了扫码点餐代替传统的点餐台，这种智能化点餐模式不仅可以帮助餐饮企业节约人工成本、提升出餐效率，更重要的是，结合大数据分析，智能点餐后台能够利用获取的各项用户数据对门店的经营管理决策做出智能化指导。扫码点餐虽然能够帮助消费者节约点餐时间、提升用餐体验，但智能点餐系统会通过不同方式（如微信小程序、自营 App）要求顾客"交"出个人信息，威胁着消费者的个人隐私①。因此，食品企业，特别是一些大型餐饮企业，在享受数字化赋能的优势时，更需要履行消费者责任，加强消费者个人信息安全管理，保护消费者隐私，保障客户权益。在移动互联背景下，企业社会责任更应该强调消费者个人信息保护和网络空间安全保障（朱晓娟和李铭，2020）。

---

① 黑加仑：《消失的点餐台》，https://mp.weixin.qq.com/s/uKKZvvrR4dEf4IqmwNUVPQ。

（二）环境责任

食品安全和环境问题是体现食品企业社会责任的两个关键因素（Deng 和 Lu，2017）。两者之间也是相辅相成的，因为食品企业的日常生产经营活动可能会对物质环境产生负面影响，而生产中使用的原材料很可能直接受到环境污染的影响。整体环境的潜在改善可能会大大降低食品原料污染的风险，进一步保障食品安全，形成良性循环。企业应努力防止污染，最大限度地减少生态足迹，优化资源部署，将企业运营控制在生态系统的可容忍范围内，努力实现环境可持续（Tourky 等，2020）。因此，食品企业需要在碳排放、食物浪费、产品包装、废物回收、外卖垃圾等环境问题上付出更多的实际行动。

食品行业碳排放对环境的影响依然严峻，Garzon－Jimenez 和 Zorio－Grima（2021）认为餐饮企业是碳排放的重要领域，是人类生存的关键。作为食品企业，应积极承担环境责任，走生态优先、绿色低碳的高质量发展道路，在食品生产、包装、运输、贮存、销售、消费、回收各个环节大力推广节能减排，使用新能源，避免过度包装，减少塑料使用，杜绝食物浪费、有效回收食物残渣等，引导建立食品行业绿色供应链。例如，伊利金典推出植物基梦幻盖，持续用创新践行可持续发展。这是国内首款植物基梦幻盖，部分原料来自甘蔗，在保持外观与功能的同时，可以助力降低碳足迹，减少对化石资源的依赖[①]。

在当前大力倡导低碳环保生活的背景下，减少食物浪费成为破解可持续难题的重要一环。食物浪费不仅加剧了全球粮食供应短缺，还对环境造成了巨大伤害。减少食物浪费已刻不容缓。为防止食品浪费，保障国家粮食安全，促进经济社会可持续发展，2021 年 4 月 29 日，十三届全国人大常委会第二十八次会议表决通过《中华人民共和国反食品浪费法》。该法明确规定了餐饮服务经营者在防止食品浪费上应当采取的措施，为食品企业在食物浪费方面如何履行社会责任提供警示与参考。除了《中华人民共和国反食品浪费法》中明确要求的相关措施，我们还为食品企业防止食品浪费提出如下建议：①提高食物利用率。将剩余食物进行二次开发，如用于饲料、化工、肥料等；临近过期的食品可以选择打折销售或免费发给员工；与当地政府、市场监管部门合作，建立捐赠需求对接机制，在保证食品安全的前提下向有关社会组织、福利机构、救助机构等组织或者个人捐赠食品；利用移动互联网，搭建网络信息服务平台，鼓

---

① 《世界环境日 | 金典推出国内首款植物基梦幻盖，持续用创新践行可持续发展》，https://www.sohu.com/a/470655611_679193。

励社会力量参与食品捐赠等活动。②优化服务规范。加强企业自律，积极开展反食品浪费法律法规及相关标准、知识的公益宣传；开展食品浪费监测，主动向社会公布企业反食品浪费情况及监测评估结果，接受相关监管部门和社会的监督；在店内积极宣传、普及防止食品浪费知识，提醒消费者合理点餐、理性消费，引导消费者形成自觉抵制浪费的消费习惯，引导公众树立正确的饮食消费观念。

关于产品包装，部分食品企业为了吸引消费者，会想尽办法在商品包装上下功夫，特别是针对节日礼品，我们可以看到多种形式的过度包装，如故意增加包装层数，采用过厚的衬垫材料，选择昂贵的包装材料。"过度包装"不仅浪费有限的资源，造成物流成本上升，增加碳排放，同时还产生大量包装废弃物，对环境造成污染。过度包装还容易造成消费欺诈等侵害消费者权益的行为，增加消费者负担，诱发社会奢侈风气，损害消费者和社会的利益，也不利于企业的可持续发展。因此，食品企业应该积极响应国家号召，加快推进绿色低碳发展，助力实现碳达峰碳中和目标，严格落实限制商品过度包装的相关国家标准，规范使用绿色环保型的包装材质，杜绝重复浪费和豪华装饰。例如，伊利全面实施绿色包装，从包装减材设计、绿色包材的应用到使用后的回收利用，创新 4R＋1D 模式，即拒绝（Refuse）、重复利用（Reuse）、可回收（Recycle）、轻量化（Reduce）和可降解（Degradable），全过程降低对环境的影响。伊利金典全面使用经 FSC 认证的绿色包材，用实际行动助力森林生态系统保护。

废物回收是与产品包装紧密联系的一个重要环境维度，特别是移动互联技术发展带来产品销售模式的革命，食品企业的大量商品出售都通过网络实现，因此产生的快递包装对环境影响十分严重，这些包装到消费者手中后就成了生活垃圾，几乎没有被回收再利用，污染浪费现象十分严重。因此，研究建议，食品企业在规范使用产品包装的同时，应该加强包装废弃物的回收利用（Wu 等，2022），对商品包装产生的垃圾建立统一回收机制，提高包装物品的使用效率，并利用移动互联技术，呼吁消费者一起参与回收行动，共创社会价值。

随着外卖市场扩大，外卖包装引发的环境污染问题成为社会关注焦点。根据饿了么平台发布的中国外卖大数据，2016 年我国 O2O 外卖市场规模已超过1000 亿元，外卖就餐已成为越来越多国人的餐饮消费习惯[1]。艾媒咨询数据显

---

[1] 《饿了么发布外卖大数据　2020 年外卖用户规模将达到 6 亿》，https://www. chinanews. cn/m/life/2017/07－01/8266291. shtml。

示，2019 年，中国在线外卖市场规模为 5779.3 亿元，同比增长 36.0%[①]。这样的消费方式造成了大量的一次性塑料垃圾，每一个塑料袋的降解至少需要 470 年，每年约有 800 万吨的塑料倾倒入海洋，中国的塑料倾倒量大致占 1/3，位居全世界第一[②]，这些塑料垃圾最终又以"塑料微粒"的形式流回人类的食物链。

作为食品企业（尤其是餐饮企业），需要改进食物包装，加大资源投资力度，倡导使用绿色餐具，积极与科研机构合作，研发可降解环保餐盒，用环保材料代替传统包装材料。例如，2017 年，美团外卖联合中国烹饪协会、中华环境保护基金会与百家餐饮外卖企业，成立"绿色外卖联盟"，并共同发布了"绿色外卖行业公约"，推动使用绿色餐具。美团外卖还设立了首席环保官，启动"青山计划"，推动解决外卖行业环保问题，并向供应链端发出"英雄帖"，为餐饮行业小微企业找到健康安全的绿色餐具[③]。

加强外卖垃圾的回收和处理，实现资源的再利用。例如，美团外卖发动平台商家力量共同助力环保，3 万余户商家加入"青山公益行动"，持续探索塑料餐盒的再生利用，用回收塑料制成了摩拜单车挡泥板、果壳日历外壳、员工名片、行李牌等物品，未来将增加更多循环利用的应用场景，提高外卖餐盒的回收使用价值。

积极引导消费者培养环保意识与垃圾分类意识，例如，美团外卖、饿了么平台在 App 下单页面上，添加了"无需餐具"选项，以减少筷子、餐巾纸等一次性餐具的使用。如果选择"无需餐具"，美团外卖的消费者则可获得 10 个环保能量，收集的环保能量可以兑换公益金，助力公益活动。饿了么还为选择"无需餐具"的用户提供积分奖励，可以在积分商城兑换物品。积极倡导消费者养成健康环保的生活方式。例如，每年 4 月 22 日世界地球日，星巴克都会发起一个"自带杯免费"的环境保护活动，对自带杯子的顾客星巴克将提供免费中杯咖啡；在平时将给予自带杯子的顾客环保折扣，折扣力度从此前的 3 元

---

① 《数据说｜超三成消费者长期独自用餐，数读单身浪潮下的"一人食经济"》，https://m.21jingji.com/article/20210405/herald/d533f91eeb5366433f3b099de9be6e2e.html。

② 《中国外卖正给全球带来一场生态浩劫》，https://www.sohu.com/a/166150222_115864。

③ 北京三快在线科技有限公司：《美团外卖 2018 社会影响力报告》，https://s3plus.meituan.net/v1/mss_e602b0ee72a245fd9997b7276211d882/waimai-pc/%E7%BE%8E%E5%9B%A2%E5%A4%96%E5%8D%962018%E7%A4%BE%E4%BC%9A%E5%BD%B1%E5%93%8D%E5%8A%9B%E6%8A%A5%E5%91%8A.pdf。

增至 4 元，以每一杯优惠 10%～20% 的力度，切实鼓励和回馈顾客的环保行为[①]。

（三）员工责任

相关研究表明，企业社会责任可以吸引优秀员工（Hartmann，2011），影响员工对公司的态度，通过共同的价值观促使员工与公司建立更牢固的关系，提升员工忠诚度。反过来，通过认同组织价值观而产生的员工行为会促进企业社会责任的实施，当员工认识到与组织一致的目标与信念时，他们会更加支持组织的企业社会责任活动，并转化为实际自愿行动（Tourky 等，2020；Y. Liu 等，2021）。这两者形成一个相互作用的关系，且这个相互作用力会逐步增加，到企业社会责任品牌的成熟阶段，员工成为企业社会责任品牌的共同创造者，通过员工诠释品牌，从而吸引内外部利益相关者（Bolton 等，2011）。

员工是企业重要的内部利益相关者，他们对企业成功实施企业社会责任具有非常重要的作用。企业需要员工来落实企业社会责任实践，同时，作为组织的人性化面孔，员工被视为公司与利益相关者之间的大使，员工行为在传达企业形象方面具有非常重要的作用。因此，食品企业需要对员工负责，利用移动互联技术，加强员工培训，提升员工专业技术能力及综合能力，拓展员工职业发展空间。

（四）社会责任

在社会责任方面，企业将部分资源用于公益慈善活动是最常见的履行社会责任方式。企业也为社区发展提供经济、就业、文化、教育等方面的支持，并关注公共安全、发起公共健康运动。例如，伊利提供高品质的乳制品满足国人健康营养需求，支持各项体育运动引导全民健康活动，普及乳制品营养知识，培育良好饮奶习惯，助力健康中国梦（引领健康生活方式）。伊利深入且持续地挖掘目标消费人群的潜在需求，打造多元化产品体系，拓展、覆盖更广泛的饮用人群，不断满足消费者对健康营养的迫切需求（倡导全民科学饮奶）。伊利作为健康产业的龙头企业，积极关注和支持体育事业，为奥运会等体育代表团及大型综合性赛事提供营养支持，以世界级品质助力中国体育事业的发展，持续推动全民健康事业不断前进（支持全民健康运动）[②]。

---

① 《星巴克地球日回归，自带杯免费喝！记得不要带桶》，https://k.sina.com.cn/article_1823348853_6cae18750200198bf.html。

② 内蒙古伊利实业集团股份有限公司：《伊利 2020 可持续发展报告》，https://www.yili.com/uploads/2024-02-23/92066b42-aaa4-4d9e-bcc1-cff9e1bad8b81708685895968.pdf。

（五）法律和商业道德责任

和任何一个行业一样，食品企业需要诚信守法经营，遵守法律，履行商业道德责任，供应链成员之间要公平贸易，反对贪污、勒索和行贿受贿。

（六）动物福利

动物福利主要针对食品供应链前端的养殖业，是指给养殖的动物提供舒适的环境、良好的口粮，顺应其天性，让其在一种自在、自然的生存状态下成长，让其自身产生足够的免疫力来降低药物和抗生素的使用。这类似于一种可持续绿色生态养殖的理念，主要是促进人、动物、自然三者之间关系的可持续发展。动物是人类食物的重要来源，做好动物福利才能高效保障食品安全，因为很多食品安全问题就是源于一些企业在动物福利方面没有规范措施，比如饲养条件恶劣、非人道运输、滥用抗生素、屠宰方式残忍、漠视动物健康、不按照规定给其实施免疫等行为，从而导致了肉制品质量下降，使得人类饮食安全受到威胁，甚至引发了禽流感等人畜共患的情况，严重危害了公共卫生安全。可见，关注动物福利就等于关注每个人的健康安全[①]。

2014年，中国首次出台了《农场动物福利标准》，填补了国内动物福利标准的空白。关注动物福利是提高畜禽产品质量以及畜禽产品进入国际市场的必然趋势，是我国畜禽养殖业必须面对的一大挑战。例如，双汇发展致力于确保动物在饲养、转运及屠宰过程中得到人道的对待，通过相关程序的完善、设备的升级与优化以及新技术的应用，提升动物的生活质量、确保动物得到适当且人道的对待；为提升员工动物福利意识，对每个环节的员工开展了动物福利培训；在动物饲养过程中，在营养与饮食、生长环境、卫生等方面保障动物福利；根据最新国家标准、行业标准，双汇发展修订了《饲料用原辅料质量安全标准》，从源头确保猪只高质量饲料原辅料采购；为保障生猪的正常饲喂，下发了七项管理规范，确保饲料的有序、正常生产，并积极与嘉吉、正大等大型饲料企业进行交流、学习、引进优质原辅料使用方案，以进一步优化饲料配方、提供营养均衡的饲料[②]。

（七）平台责任

移动互联背景下，出现了一些涉及平台的新型企业社会责任问题。平台对

[①] 食唯安：《探讨"动物福利"和"食品安全"的关系》，https://www.sohu.com/a/31006747_185284。

[②] 《河南双汇投资发展股份有限公司2020年度环境、社会责任及公司治理报告》，https://m.sgpjbg.com/baogao/89957.html。

入驻商家的审核与监管不到位，导致消费者利益受损；平台利用用户隐私数据对不同消费者区别定价，推荐算法形成消费者信息茧房；通过系统算法恶意压低骑手配送单价，提高佣金，剥削商家利润，造成三方利益受损。总的来说，平台利用信息不对称和技术优势侵犯消费者和员工的合法权益，同时政府监管与行业规范存在滞后和缺位，使消费者和员工缺乏维权渠道。严格落实平台责任不容忽视。因此，研究建议，平台企业应该发挥平台优势，加大对入驻商家的资格审查，提高商家入驻标准，并将其制度化，保障消费者权益；发挥平台监管作用，监督商家是否使用恶劣营销手段，先提价再降价，欺骗并损害消费者利益；建立健全消费者投诉机制，加强售后服务；禁止平台企业利用信息不对称和技术优势侵犯消费者隐私。

表 10-2　食品企业社会责任七大议题策略建议

CSR 议题		策略建议
消费者责任	食品安全与健康	• 充分运用官方网站、微信公众号、微博等媒体平台，公开企业的生产加工、运输、销售、社会责任等信息，接受利益相关者的监督，提升企业信息透明度。 • 顺应消费升级趋势，加大研发力度，推出健康营养和生态友好的产品。积极进行产品创新，针对消费者需求开发新产品或优化产品
	消费者隐私	• 在享受数字化赋能的优势时，更需要履行消费者责任，加强消费者个人信息安全管理，保护消费者隐私，保障客户权益
环境责任	碳排放	• 走生态优先、绿色低碳的高质量发展道路，在食品生产、包装、运输、贮存、销售、消费、回收各个环节大力推广节能减排，通过使用新能源，避免过度包装，减少塑料使用，杜绝食物浪费、有效回收食物残渣等措施，引导建立食品行业绿色供应链
	食物浪费	• 提高食物利用率：将剩余食物进行二次开发，如用于饲料、化工、肥料等；临近过期的食品可以选择打折销售或免费发给员工；与当地政府、市场监管部门合作，建立捐赠需求对接机制，在保证食品安全的前提下向有关社会组织、福利机构、救助机构等组织或者个人捐赠食品；利用移动互联网，搭建网络信息服务平台，鼓励社会力量参与食品捐赠等活动。 • 优化服务规范：加强企业自律，积极开展反食品浪费法律法规及相关标准、知识的公益宣传；开展食品浪费监测，主动向社会公布企业反食品浪费情况及监测评估结果，接受相关监管部门和社会的监督；在店内积极宣传、普及防止食品浪费知识，提醒消费者合理点餐、理性消费，引导消费者形成自觉抵制浪费的消费习惯，引导公众树立正确饮食消费观念

CSR 议题		策略建议
环境责任	产品包装	• 积极响应国家号召，加快推进绿色低碳发展，助力实现碳达峰碳中和目标，严格落实限制商品过度包装的相关国家标准，规范使用绿色环保型的包装材质，杜绝重复浪费和豪华装饰
	废物回收	• 加强包装废弃物的回收利用，对商品包装产生的垃圾建立统一回收机制，提高包装物品的使用效率，并利用移动互联技术，呼吁消费者一起参与回收行动，共创社会价值
	外卖垃圾	• 改进食物包装，加大资源投资力度，倡导使用绿色餐具，积极与科研机构合作，研发可降解环保餐盒，用环保材料代替传统包装材料。加强外卖垃圾的回收和处理，实现资源的再利用。积极引导消费者培养环保意识与垃圾分类意识。积极倡导消费者养成健康环保的生活方式
员工责任		• 利用移动互联技术，加强员工培训，提升员工专业技术能力及综合能力，拓展员工职业发展空间
社会责任		• 将部分资源用于公益慈善活动；为社区发展提供经济、就业、文化、教育等方面的支持；关注公共安全、发起公共健康运动
法律和商业道德责任		• 诚信守法经营，履行法律和商业道德责任，供应链成员之间公平贸易，反对贪污、勒索和行贿受贿
动物福利		• 重视动物福利，树立可持续绿色生态养殖的理念，促进人、动物、自然三者之间关系的可持续发展。做好动物福利工作，提高动物免疫力，减少药物和抗生素的使用，提高肉制品质量，高效保障食品安全
平台责任		• 加大对入驻商家的资格审查，提高商家入驻标准，并将其制度化，保障消费者权益；发挥平台监管作用，监督商家是否使用恶劣营销手段，先提价再降价，欺骗并损害消费者利益；建立健全消费者投诉机制，加强售后服务；禁止利用信息不对称和技术优势侵犯消费者隐私，推荐算法形成消费者信息茧房

三、外部性视角下的企业社会责任定位

食品企业社会责任七大议题在企业社会责任宽度上为食品企业指明了方向，同时，本研究还展开外部性视角下的企业社会责任定位分析，为食品企业在企业社会责任深度上提供对标尺度与目标参考，帮助食品企业明确自身企业

社会责任水平，引导食品企业树立更高级别的企业社会责任目标。

　　学者们通常用企业社会责任实践的程度来描述企业社会责任定位，如 Kuokkanen 和 Sun（2020）回顾总结了四种典型的企业社会责任风格，即积极的（proactive）、反应的（reactive）、不活跃的（inactive）和反积极的（counteractive）企业社会责任。其中，积极的企业社会责任表明，企业对社会公益的承诺超过了法律合规性和最低利益相关者期望；反应的企业社会责任表明，企业参与社会责任只是为了遵循法律法规，采取行动应对利益相关者的压力或意外事件，或减轻损害并在事后保护企业形象；不活跃的企业社会责任是指企业在履行社会责任时，要么什么都不做，要么只承担经济和法律责任以外的最低限度责任，要么只关注成本和企业效率；反积极的企业社会责任是指企业使用策略和方法来反对、中和或减轻任何针对企业的批评和破坏性影响。Heikkurinen 和 Forsman－Hugg（2011）将企业责任（Corporate Responsibility, CR）与公司战略紧密联系起来，提出了非响应性、响应性和超越响应性的战略性企业责任行动框架。该框架指出，如果一个企业的目标仅是经济上的，缺乏环境和社会目标，可以被认为是被动的（passive）CR；反应的（reactive）CR 是通过对客户需求做出直接反应来承担责任；如果企业可以预见到可能发生的问题，并基于这些问题采取行动，则被认为是主动的（proactive）CR；如果企业从 CR 中寻找到新的商业机会，则被认为是创业的（entrepreneurial）CR；如果企业的 CR 是新颖的、别具一格的，则被认为是创造性的（creative）CR。同时，该框架将被动的企业责任划分为非响应性战略 CR，反应的和主动的企业责任划分为响应性战略 CR，创业的和创造性的企业责任划分为超越响应性战略 CR。

　　外部性是一个经济学概念，经济外部性是经济主体的经济活动对他人和社会造成的非市场化影响，分为正外部性和负外部性，分别指经济行为个体的活动使他人或社会受益或受损。中国的经济增长和技术进步带来了巨大的繁荣和社会发展。然而，经济发展也带来了不良后果和社会问题，如食品安全事故频发、对环境的破坏严重。企业活动对社会环境有重大影响，因此，企业管理者需要仔细考虑他们在企业运营中的角色，并评估企业的行为（Paulraj 等，2017）。

　　在 Kuokkanen 和 Sun（2020）、Heikkurinen 和 Forsman－Hugg（2011）的研究基础上，本研究从外部性视角提出企业社会责任定位模型，如图 10－7，帮助食品企业明确自身企业社会责任水平、树立更高级别的企业社会责任目标。

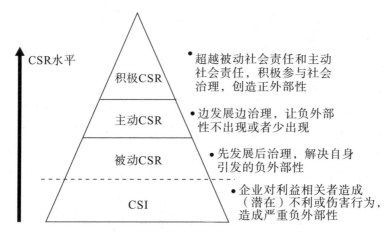

图 10-7　外部性视角下的 CSR 定位模型

　　本研究根据企业社会责任水平的高低，将企业社会责任定位分为四个等级，即 CSI（企业社会责任缺失，其 CSR 水平为负）、被动 CSR、主动 CSR 和积极 CSR，并从外部性的视角来界定这四个等级的内涵。其中，CSI 是指企业未履行对利益相关者的责任，从而对其造成（潜在）不利影响或伤害行为，并造成了严重的负外部性，如食品质量不合格，威胁消费者健康，侵害消费者权益；外卖污染、过度包装造成严重的环境污染。被动 CSR 是指企业先发展后治理，解决自身引发的负外部性。主动 CSR 是指企业边发展边治理，让负外部性不出现或者少出现。积极 CSR 是指超越被动社会责任和主动社会责任，企业积极参与社会责任治理，创造正外部性。

　　本研究提出的外部性视角下的企业社会责任定位模型，不仅可以帮助食品企业明确自身所处的企业社会责任级别，还可以为食品企业在企业社会责任深度上提出策略建议，引导食品企业树立更高级别的企业社会责任目标。首先，食品企业社会责任应该规避 CSI 风险，拒绝对利益相关者造成不利或伤害的行为，坚守底线责任。其次，食品企业作为保障民生需求的核心行业，履行社会责任不能仅仅为了应对利益相关者压力（如负面的媒体报道、非政府组织的压力）或意外事件，或减轻损害并在事后保护企业形象，而应该努力追求积极企业社会责任，预见企业经营过程中可能出现的企业社会责任问题，并加以预防；尝试从企业社会责任中寻找商业机会，实现共赢；让利益相关者广泛参与企业社会责任活动，实现价值共创；积极参与社会责任治理，创造正外部性。积极企业社会责任可以通过对利益相关者的关注、利益相关者对话与互动做出早期响应来建立先行者优势，增强企业竞争力。食品企业应积极履行社会责任，保障食品安全和消费者健康，促进社会和谐健康发展，提升人民幸福感。

第五节 移动互联技术赋能食品企业社会责任的实施——Do

企业社会责任的实施，离不开企业内部员工。虽然企业社会责任战略的方向是由企业高层决定，但其必须由企业员工来落实，或者说，高层的"愿景"需要被员工在日常的具体操作中重新解释（Sharratt 等，2007）。有研究表明，资金短缺和资源有限被认为是中小企业开展社会责任实践的主要困难（Magrizos 等，2021；Vo 和 Arato，2020；Elford 和 Daub，2019）。因此，在企业社会责任实践过程中，也需要一定的来自外界，如政府和行业协会的帮助。而在移动互联背景下，企业可以利用相关技术，更好地保障食品安全底线，与利益相关者进行企业社会责任沟通、互动，提升企业社会责任透明度。综上，在 Do（即执行）阶段，食品企业不仅需要加强员工企业社会责任培训，也需要政府和行业协会的外部支持和移动互联技术的企业社会责任赋能，如图10−8。

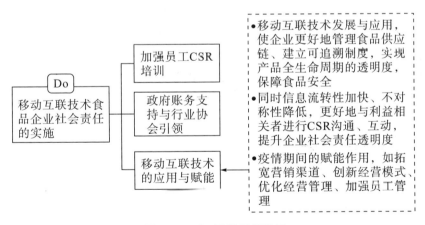

图 10−8 Do 阶段逻辑图示

一、加强员工企业社会责任培训

企业社会责任不是一项常规工作，参与企业社会责任的员工需要特定的技能来开展企业社会责任活动（Høivik 和 Shankar，2011），这种能力可以通过教育和培训来发展（Prabawati 等，2017）。另外，缺乏对员工的企业社会责任教育和培训，是很多企业对企业社会责任理解不足的主要原因，也给企业社会责任从业者带来了挑战（Battaglia 等，2014）。Raza 等（2021）认为培训是企业向员工灌输社会责任意识的最重要来源之一。因此，研究建议食品企业要重视人力资源开发，对直接参与企业社会责任活动的员工进行教育和培训，以促进企业社会责任战略实施（Zahidy 等，2019），并在员工有疑问时提供额外的资源，包括决策指南、热线电话等，以帮助提升员工企业社会责任执行度。

在具体的培训措施上，人力资源管理部门可以发起广泛的企业社会责任沟通和企业社会责任意识项目，以提高员工的企业社会责任知识和技能，如研讨会、小组讨论和个人面对面会议，定期举办论坛，在论坛上分享问题和知识，并学习探讨一些典型的企业社会责任案例（Bolton 等，2011；Tian 和 Robertson，2019）。在培训过程中，建议公司定期与员工沟通，向员工解释过去一年在企业社会责任方面所做的工作，让所有员工不断地知道公司的预期价值和愿景（Tourky 等，2020）。研究表明，工作环境和互动方式可以影响员工的思维、工作投入度、意义感，使其获得更高层次的满意度（Nazir 和 Islam，2020）。研究建议让员工参与企业社会责任实施的讨论与决策过程，可以加强对员工企业社会责任价值的传递，使其对组织的企业社会责任活动产生一种归属感和自豪感（Raza 等，2021），促进项目实施。同时，研究建议在企业社会责任实施过程中定期更新进度，激发员工对企业社会责任项目的热情；提供激励措施，对员工好的建议或成就进行奖励和宣传，并在工作描述中加入企业社会责任绩效元素，同时对不遵守企业社会责任的员工进行惩罚（Maon 等，2009）。

二、政府财务支持与行业协会引领

政府虽然是食品企业社会责任的制度约束者，但为了确保经济的平稳健康发展，促进行业领域企业的繁荣发展，也需要给予企业相应的财务支持。企业社会责任在中国起步较晚，政府可以通过补贴、税收减免和其他奖励措施给予中小企业参与社会责任活动必要的资金与财务支持（Ikram 等，2020；L. Yuan 等，2023）。王书柏和马力（2021）也认为政府应该"激励"与"监督"双管齐下，通过强制行政干预，减少企业偏差行为；并配套诸如税收减免、宣传教育的激励政策，引导企业积极承担社会责任。

食品行业协会作为食品企业的集群与代表，作为促进食品行业健康发展的社会组织，也需要在指导、推动、监督食品企业诚信经营、履行社会责任方面发挥作用。引导食品生产经营者遵守法律法规，遵守行规行约，保障消费者食品安全的权益，承担起食品安全的社会责任；并采取相应的措施加强行业自律，维护公平竞争的市场秩序，进一步提高行业社会责任意识，从而带动整个食品行业提高食品安全水平，促进食品行业健康发展。对于一些规模较小或企业社会责任意识较为浅薄的企业，行业协会需要积极发挥引领作用。在具体的食品企业社会责任实践引领上，建议协会定期组织一些活动，比如美食节、定期的环保公益的活动，组织大家一起践行社会责任，并积极传播优秀的企业社会责任实践案例，对表现突出的企业给予表彰。

三、移动互联技术的应用与赋能

数字时代不仅在改变企业与消费者的沟通、互动、共创方式，也在不断创新企业社会责任实践的范式（Sharma 等，2020；Verk 等，2021）。数字技术为企业提供了供应链和价值链透明的机会，为食品溯源、消费者社交媒体参与和互动创造了有利条件。移动互联技术的发展与应用，使企业更好地管理食品供应链、建立可追溯制度，实现产品全生命周期的透明度，保障食品安全（Liu 等，2022）。

同时，由于信息流转性加快、不对称性降低，企业可以更好地与利益相关者进行企业社会责任沟通、互动，提升企业社会责任透明度。例如，蒙牛有机业务部开创 DTC 项目，拓展消费者沟通渠道。

在营销渠道上，餐饮企业通过与美团、饿了么等平台企业合作开辟外卖新渠道，增设微信小程序、微信群等多种新媒体手段实现在线下单。在经营模式上，根据消费场景、消费需求、消费痛点的变化，开发新业务、深化合作领域，如开发团餐、团购、拼购业务，拓展外卖渠道，深化外卖平台、餐饮企业联盟合作。在经营管理上，创新菜单结构、就餐模式、服务流程、配送管理，如通过社交媒体推广一人餐、无接触餐厅、无接触外卖、预售团购等创新方式。在员工管理上，企业利用移动互联技术如微博、微信、企业 App 等方式，对员工进行危机下疫情知识普及及宣传、服务标准岗前培训及考核，员工定期管理及关怀等。

第六节　食品企业社会责任的评估——Check

定期对企业社会责任活动进行审查，使利益相关者能够认识到企业社会责任活动的进展。审计过程提供了一种机制，使企业社会责任活动既可见又透明（Maon 等，2009）。Asif 等（2013）认为，企业社会责任的评估可以通过三种方式进行：使用已创建的测量指标进行监视、综合审计、标杆管理。这些指标不仅反映了企业在企业社会责任方面的进展，还告知组织企业社会责任计划的实现程度，以及需要采取哪些措施来完善、整合或重新设计企业社会责任。Tourky 等（2020）认为，企业需要通过评估找出哪些项目有效，为什么有效，以及如何使这种成功持续下去；同时，企业需要调查哪方面工作推进不顺利及其原因，探索克服障碍的方法。企业应该邀请利益相关者来验证组织的社会责任绩效（Maon 等，2009）。根据相关研究，本研究提出三步评估法，即内部审计、标杆管理、社会监督，如图 10-9 所示。

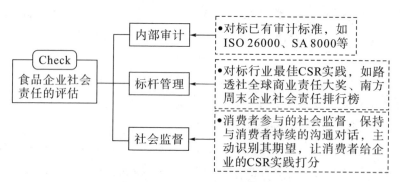

图 10-9　Check 阶段逻辑图示

一、内部审计

内部审计（即对标已有审计标准）是指使用已建立的审计标准/自己设定的企业社会责任指标对现有企业社会责任系统进行评估，对越轨行为做出适当修正，引导组织内部改进。绩效监测机制是为评估企业社会责任实践的有效性而建立的正式流程，通常通过一系列企业社会责任实践结构化工具来实现，也可称之为企业社会责任实践评估工具，如 ISO（International Organization for Standardization）认证标准、环境管理体系（Environmental Management

Systems，EMS）、第三方认证体系和全面质量管理（Total Quality Management，TQM）等（Vidal 等，2015）。Maignan（2005）认为企业还可以依赖标准化审计，如全球报告倡议组织（Global Reporting Initiative）和社会责任研究所（Social Accountability Institute）提供的审计。这些标准提供了企业需要调查的问题清单及相应影响指标，帮助揭示企业社会责任实践的改进可能。企业通过这些结构化工具，将企业社会责任正规化与形式化，促进企业社会责任实践的实现和评估（Vidal 等，2015）。

二、标杆管理

标杆管理（即对标行业最佳企业社会责任实践）是指将企业社会责任绩效与其他在该领域表现突出的企业进行比较（Dale，2003），并持续改进。标杆管理可以帮助组织用行业最佳实践校准其绩效，以了解企业社会责任表现和差距，还有助于组织制定更具竞争力的企业社会责任标准。食品企业可以与一些国内外企业社会责任权威排行榜的企业进行对标，以了解自身差距，如路透社全球商业责任大奖、中国社会科学院社会责任发展指数年度排名、《南方周末》中国企业社会责任榜单等均是可供参考的资料。在具体的标杆管理实践中，Maon 等（2009）的研究提出三点建议：首先，企业可以将企业社会责任细分，在每个具体的企业社会责任议题上找到表现最好的企业，如在食品安全、环境保护上做得最好的企业，让对标更有针对性；其次，识别榜样企业使用的企业社会责任结构化工具（如 ISO 26000、SA 8000 等），为企业提供企业社会责任实践参考标准；最后，企业可以将自己的企业社会责任绩效与企业内部表现最好的员工进行比较，从实际操作层面衡量差距，更能发现自身不足，并明确改进方向。

三、社会监督

Morimoto 等（2005）提出了另一种实用的企业社会责任审计方法，即对各种利益相关者进行访谈。这种方法十分重要，让利益相关者参与的社会审计可以帮助企业建立信任，确定承诺，并促进利益相关者和企业之间的合作（Gao 和 Zhang，2006）。在移动互联背景下，面对持续变化的涉众需求，企业应该通过与消费者持续的沟通对话，主动识别其期望，让消费者给企业社会责任绩效评估打分，因为从某种意义来说，消费者感知的企业社会责任程度更加重要。所以，除了内部审计与标杆管理的内外评估法之外，本研究还增加了一种 Check 的方法，即消费者参与的社会监督评估法。

从消费者的角度看，企业社会责任评估是企业社会责任承诺的体现。消费者感兴趣的是企业是否实现了承诺的目标并提供了可信证据，这些证据可能来源于内部企业报告或外部第三方机构（Kuokkanen 和 Sun，2020）。消费者打分体现的是当前企业的实践与社会期望的契合程度，一旦确定了当前行为和预期行为之间的差距，企业就应该及时纠正、改进现有问题，以填补差距，形成良好的正向循环（Vidal 等，2015）。Colle 和 Gonella（2002）强调主动的利益相关者对话，建议组织引入活动以支持利益相关者参与并产生双向对话。消费者是企业最重要的外部利益相关者。与消费者的对话可以有很多形式，如邀请消费者参观企业内部，拉近企业与消费者的距离；通过互联网渠道加强企业与消费者的沟通，形成有效反馈机制，深入了解消费者需求，明确企业现有企业社会责任实践的不足。Maignan 等（2005）认为利用社会审计来识别利益相关者的问题，对于证明企业社会责任承诺是很重要的，如果没有对社会目标实现的可靠度量，企业就没有具体的方法来验证其重要性。因此，社会监督是移动互联背景下非常重要的企业社会责任评估方法之一，企业应定期、全面和比较的核实利益相关者的反馈，特别是针对关键问题的反馈。

第七节　食品企业社会责任的沟通与制度化——Act

正如 Asif 等（2013）所说，企业社会责任的结果应该传达给组织的利益相关者。Maon 等（2009）也认为，企业应就企业社会责任实施效果进行沟通，对外宣传和展示企业社会责任计划的成功成果。有效的企业社会责任沟通是保证企业社会责任努力获得回报的必要条件（Zatwarnicka－Madura 等，2019）。沟通是 PDCA 循环中 Act（即处理）阶段的支柱之一，但 Act 阶段超越了沟通。本研究认为，企业通过企业社会责任沟通可以获得企业社会责任新知识，这些企业社会责任经验或企业社会责任新知识可能以手册、程序、清单等显性知识的形式存在，也可能表现为以员工经验和技能形式存在的隐性知识。企业有必要将这些企业社会责任经验整合到组织过程中，即制度化过程，将其作为企业文化、价值观、使命和行为的一部分，从而实现长期的企业社会责任战略和决策。Act 阶段包括了沟通与制度化两个方面的内容，如图 10-10。

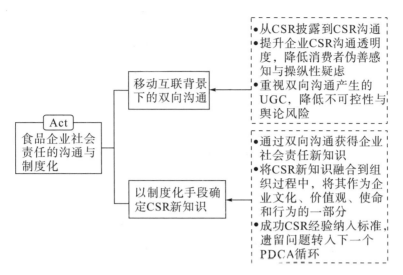

图 10－10 Act 阶段逻辑图示

一、移动互联背景下的双向沟通——从 CSR 披露到 CSR 沟通

传统的企业社会责任沟通渠道（如企业网站、电视广告、企业社会责任报告等）对组织来说是可控的，本质上由企业主导，是一种单向的披露。为树立良好的品牌责任形象，企业可能会夸大已有事实，且对做得不好的方面几乎不做披露，所以我们总是在企业的对外报告（如"企业社会责任报告""可持续发展报告"）中看到企业做得好的一面。由于信息不对称，消费者往往是企业社会责任信息的被动接受者。然而，社交媒体（如 Twitter、Facebook、新浪微博和微信）的出现改变了传统的沟通模式，将控制权一定程度上从组织转移到了消费者手中（Dunn 和 Harness，2018）。社交媒体使企业能够以较低的成本和更高的效率进行及时和直接的终端消费者联系（Khanal 等，2021），被认为是比传统广告更具说服力的企业社会责任沟通的理想渠道（Dunn 和 Harness，2019，2018）。社交媒体鼓励消费者分享和讨论他们关心的问题，并通过双向沟通参与价值创造（Rim 和 Song，2016）。社交媒体的互动传播环境促进了消费者的参与，这些"虚拟 CSR 对话"表明了公司的公开、透明和对社会责任的承诺（Korschun 和 Du，2013）。在移动互联背景下，消费者拥有更多主动权，能通过各种数字化工具，更平等有效地就企业社会责任问题与企业进行双向沟通，表达自己的观点，加强对企业的问责。同时，食品企业还有一些特殊的企业社会责任沟通渠道，如零售商店展示、餐厅菜单、产品包装

等（Choi，2017；Jones 等，2007；Wei 等，2018）。

在食品行业，企业社会责任的沟通是极具挑战性的。消费者可能将企业社会责任沟通视为一种公关手段，并指责其具有操纵性和不可靠性（Dunn 和 Harness，2018）。消费者对企业社会责任沟通的怀疑可能源于他们无法在购买决定之前、期间或之后验证公司是否已经实施了广告中所宣传的社会责任活动，例如原材料是否在道德条件下生产（Gider 和 Hamm，2019）。此外，污名化行业（如发生过重大丑闻的特定食品企业）由于其核心产品曾经对用户造成一定的负面影响，他们在进行企业社会责任宣传时，可能会引起消费者的怀疑和伪善感知。同时，企业社会责任沟通是一把双刃剑，企业既要认识到企业社会责任沟通的必要性，将沟通效果最优化，又要避免过于明显的企业社会责任沟通产生"适得其反"的效果（Kim 和 Ferguson，2018；Morsing 和 Schultz，2006）。言语（talk）和行动（walk）之间的不匹配会损害公司的信誉（Dawkins 和 Lewis，2003），学者们以"漂绿"（Delmas 和 Burbano，2011）或"脱钩"（Marquis 和 Qian，2014）等标签来表述企业社会责任言行之间的不匹配。

研究建议，食品企业应充分利用社交媒体加强与利益相关方的沟通，因为食品企业需要通过透明的企业社会责任沟通来提高企业信誉和增强责任感，减少公众对企业社会责任活动的怀疑（Lee 和 Comello，2019）。成功的企业社会责任沟通应该建立在企业社会责任信息的真实表达之上。因此，研究建议食品企业不仅要公开企业社会责任的成功，还要公开未实现的目标（Kim 和 Ferguson，2018），并保持企业社会责任的言（沟通）行（实践）一致，以更真诚的态度面对公众。公众可能会欣赏公司的透明和诚实，从而对公司产生正面积极的态度（Du 和 Vierira，2012）。同时值得注意的是，在企业社会责任沟通的过程中，必然会产生大量的用户自创内容，这些内容不易被操控，可能会引起利益相关者的负面反应，损害组织的声誉。因此，管理者应重视企业社会责任沟通所产生的 UGC（用户生成内容），重视公众在开放领域中的批评或负面评论（Rim 和 Song，2016），及时回应消费者的质疑，引导消费者对企业社会责任进行积极归因，以防止消费者对企业产生不良印象（Dunn 和 Harness，2019，2018）。

二、以制度化手段确定企业社会责任新知识

Maon 等（2009）认为企业社会责任实践不是为了在项目流程上"打钩"，

它必须变成企业的实践方式，随着时间的推移，企业社会责任会成为企业的一种经营方式，成为企业的一部分。制度化过程，就是指将企业社会责任新知识整合到组织过程中，将其作为企业文化、价值观、使命和行为的一部分，从而实现长期的企业社会责任战略和决策，保持企业社会责任活动的可持续性（Tourky 等，2020），将成功企业社会责任经验纳入标准，遗留问题转入下一个 PDCA 循环。在移动互联背景下，企业利用各种信息渠道、通过双向沟通获得企业社会责任新知识，即消费者对食品企业社会责任的新需求与新期望。在这一过程中，研究强调利益相关者的参与、互动与共创。

通过关键利益相关者的参与，企业社会责任活动更加透明，从而能够在市场上保持合法性并建立声誉（McWilliams 和 Siegel，2011），还可以确定社会大众的真实需求（Sarfo 等，2016）。企业也将更容易预期利益相关者的满意度，进而获得利益相关者的忠诚（Isa 等，2012）。公众参与企业社会责任是一种双向的、互动的企业社会责任战略，是企业与公众之间的一种对话方式，公众的参与对于成功实施企业社会责任活动和共同创造社会价值至关重要（Sun 等，2021）。在移动互联背景下，企业社会责任活动逐步向线上转移，通过将互联网技术与企业社会责任活动融合，多方利益相关者被纳入企业可持续发展的对话中。骆紫薇等（2021）建议让消费者等利益相关者参与企业社会责任活动设计和实施等过程，从而实现价值共创。消费者参与企业社会责任活动不仅可以直接改善消费者的品牌态度，还可以通过抑制"伪善感知"间接影响消费者的品牌态度（王晓珍等，2020）。田敏等（2020）还发现，消费者参与企业社会责任活动的深度和持续度，会通过品牌认同正面影响消费者的购买意愿、品牌态度和口碑推荐。

因此，研究建议食品企业充分利用移动互联技术，加强和改善与关键利益相关者之间的互动，并积极邀请其参与企业社会责任活动与决策。

第八节　研究结论

本章基于企业社会责任治理理论、PDCA 理论，构建了移动互联背景下食品企业社会责任"D-PDCA"长效治理模型，为中国食品企业在移动互联背景下履行社会责任提供实践流程框架，明确移动互联技术的发展与应用，以及如何赋能食品企业更好地履行社会责任，更好地与利益相关者进行企业社会责任沟通、互动，结合现实案例，提出移动互联背景下食品企业社会责任长效治理策略，指导企业决策。食品企业社会责任"D−PDCA"长效治理模型具体包括五个阶段、十四个步骤：①加强食品企业社会责任驱动力（Driver）：提升高层管理者企业社会责任意识，强化企业社会责任内部动力、外部利益相关者压力驱动。②明确食品企业社会责任的特殊性与新需求（Plan）：建立企业社会责任工作定义，提出食品企业社会责任七大议题，定位外部性视角下的企业社会责任。③移动互联技术赋能食品企业社会责任的实施（Do）：加强员工企业社会责任培训，政府财务支持与行业协会引领，移动互联技术的应用与赋能。④食品企业社会责任的评估（Check）：内部审计，标杆管理，社会监督。⑤食品企业社会责任的沟通与制度化（Act）：移动互联背景下的双向沟通，以制度化手段确定企业社会责任新知识。针对每个决策步骤我们又提出相应的策略建议，形成如表 10−3 所示的移动互联背景下食品企业社会责任"D−PDCA"长效治理策略。

表 10−3　移动互联背景下食品企业社会责任"D−PDCA"长效治理策略

D−PDCA 阶段	框架要素	策略内容
Driver	提升高层管理者企业社会责任意识	• 树立正确的企业社会责任认知和理念 • 树立可持续性价值观，提高对环境、社会和伦理问题的关注，加强食品安全底线责任意识与企业社会责任教育 • 提升自身相应管理技能，提高企业社会责任管理水平
	强化企业社会责任内部动力	• 强化企业社会责任的战略驱动力和道德驱动力 • 树立长期主义价值观，将社会责任融入企业使命、愿景与价值观中，为具体社会责任实践的实施奠定意识形态基础 • 加强企业内部沟通，传达企业价值观和行为准则，提升员工对组织目标和战略的意识 • 重视企业文化的关键作用，培育全员社会责任文化，实现从目标驱动型文化向价值驱动型文化的转变，创建可以接受变化的长期的企业社会责任文化
	外部利益相关者压力驱动	• 消费者企业社会责任意识的觉醒与移动互联技术的高效利用将对食品企业切实履行社会责任起到"倒逼"作用 • 政府加强法律监管，强化食品企业底线责任，提高食品行业的企业社会责任标准和食品安全容忍度，并充分运用食品安全数字化智慧监管体系 • 通过同行间高标准的合作与合理的竞争提高整个食品行业的企业社会责任水平 • 媒体利用数字化技术和网络舆情导向及时监督食品企业社会责任事件，推动食品企业健康发展

D-PDCA 阶段	框架要素	策略内容
Plan	建立企业社会责任工作定义	• 构建社会责任的共同愿景，通过官方文件，如年度报告、企业宣传册和网上发布的公告进行正式宣布 • 设立适当的组织结构，如专门的企业社会责任部门、企业社会责任项目临时小组 • 确立合理的企业社会责任目标，循序渐进、量力而行，切忌等量齐观
	食品企业社会责任七大议题	• 消费者责任（食品安全与健康、消费者隐私），环境责任（碳排放、食物浪费、产品包装、废物回收、外卖垃圾），员工责任，社会责任，法律和商业道德，动物福利，平台责任
	外部性视角下的企业社会责任定位	• 规避 CSI 风险，拒绝对利益相关者造成不利影响或伤害的行为，坚守底线责任 • 超越被动社会责任和主动社会责任，积极参与社会责任治理，创造正外部性
Do	加强员工企业社会责任培训	• 定期举办提高员工企业社会责任知识和技能的培训活动，如研讨会、论坛 • 制定综合手册，为员工提供执行特定任务的详细信息 • 让员工参与企业社会责任实施的讨论与决策过程 • 在企业社会责任实施过程中定期更新进度，并加强员工奖惩制度 • 加强与员工之间的沟通，向其传达企业社会责任，并让所有员工不断地知道公司的预期价值和愿景
	政府财务支持与行业协会引领	• 政府提供必要的财务支持，如：补贴、税收减免等 • 行业协会发挥引领作用，如定期组织企业社会责任活动；传播优秀的企业社会责任实践案例，对表现突出的企业进行表彰
	移动互联技术的应用与赋能	• 移动互联技术发展与应用，使企业更好地管理食品供应链、建立可追溯制度，实现产品全生命周期的透明度，保障食品安全 • 信息流转性加快、不对称性降低，更好地与利益相关者进行企业社会责任沟通、互动，提升企业社会责任透明度 • 疫情防控期间的赋能作用，如拓宽营销渠道、创新经营模式、优化经营管理、加强员工管理

D−PDCA 阶段	框架要素	策略内容
Check	内部审计	• 对标已有审计标准，如 ISO 26000、SA 8000 等结构性工具
	标杆管理	• 对标行业最佳企业社会责任实践，如路透社全球商业责任大奖、《南方周末》中国企业社会责任榜单
	社会监督	• 消费者打分，消费者感知的企业社会责任程度，加强与利益相关者的对话
Act	移动互联背景下的双向沟通	• 充分利用社交媒体加强与利益相关方的沟通、互动，提高消费者对企业的信任，减少公众对企业社会责任活动的怀疑 • 保持企业社会责任的言（沟通）行（实践）一致 • 真实表达企业社会责任信息，包括未实现的目标 • 重视企业社会责任沟通产生的 UGC，及时回应消费者质疑，引导消费者积极归因，防止不良印象产生
	以制度化手段确定企业社会责任新知识	• 利用各种媒体、信息渠道通过双向沟通获得企业社会责任新知识，即消费者对食品企业社会责任的新需求与新期望 • 充分利用移动互联技术，加强和改善与关键利益相关者之间的互动，并积极邀请其参与企业社会责任活动与决策 • 将企业社会责任新知识整合到组织过程中，将其作为企业文化、价值观、使命和行为的一部分 • 将成功的企业社会责任经验纳入标准，遗留问题转入下一个 PDCA 循环

第十一章　研究结论与展望

第一节　研究结论

　　本书以企业社会责任理论、利益相关者理论、食品供应链理论为基础，在明确食品企业社会责任内涵、价值及机遇挑战的基础上，分析食品企业社会责任问题及其诱因，探索中国食品企业社会责任动力来源，揭示中国食品企业社会责任前因后果的作用机制模型，提出了针对特定企业社会责任问题的可持续社会责任治理策略，以及移动互联背景下食品企业社会责任的长效治理策略。

一、移动互联背景下食品企业社会责任的内涵与特征

　　本书基于企业社会责任理论、食品供应链理论和可持续发展理论，运用定量与定性文献研究方法，界定食品企业社会责任的内涵；结合时代背景，总结出移动互联背景下食品企业社会责任的三大特征。

　　（1）本书从食品供应链视角出发界定食品企业社会责任：食品供应链上涉及的所有主体企业，包括初级农产品企业、食品制造加工企业、食品物流企业、食品经销企业，以及移动互联背景下食品零售平台和生活服务类平台企业等，主动承担从种子到餐桌、垃圾处理回收等全过程八个方面的社会责任，即安全与健康、社区、环境、劳工与人权、生物技术、动物福利、公平贸易、采购。

　　（2）移动互联背景下食品企业社会责任三大特征：数字化、平台化、共享化。

二、食品企业可持续社会责任模型

本书通过梳理企业社会责任金字塔模型、基于利益相关者的企业社会责任模型和食品供应链社会责任模型，有机融合供应链视角和可持续发展视角，提出了三维（环境、经济、社会）八主题（动物福利、环境、生物技术、采购、贸易公平、健康和安全、劳工和人权、社区）的"食品企业可持续社会责任模型"。

三、移动互联背景下食品企业社会责任三大机遇与三大挑战

本书结合移动互联背景，创新性地总结出食品企业社会责任的三大机遇和三大挑战，为食品企业提供了移动互联背景下履行社会责任的方向。

（1）移动互联背景下食品企业社会责任三大机遇：食品消费向健康营养、可持续升级，数字化技术赋能食品企业高质量发展，互联、共享促进企业社会责任价值共创。

（2）移动互联背景下食品企业社会责任三大挑战：消费者对食品企业社会责任有更高的期望，食品企业社会责任面临更大的网络舆情风险，食品行业碳排放对环境污染及气候变化的影响依然严峻。

四、食品企业社会责任的七类对标差距问题

本书通过企业社会责任报告对中国食品企业与国外食品企业社会责任进行比较分析，发现中国食品企业社会责任与国外品牌食品企业社会责任存在如下差距：①中国食品企业供应链责任重视程度不足；②利益相关者参与社会责任不足；③中国食品企业社会责任对食品健康与营养重视不足；④在农民问题方面缺乏关注；⑤在员工的人权关怀方面投入不够；⑥中国食品企业社会责任在水资源方面投入不足；⑦不重视动物福利的持续改善。

五、食品企业社会责任的六类期望差距问题

本书通过内容分析法和问卷调查法对食品企业社会责任实践与国内消费者感知的食品企业社会责任重要性进行比较分析，发现食品企业社会责任与消费

者期望存在如下差距：①食品企业在采购过程中"不滥用权力、使用弱势供应商和公平公正对待供应商方面"没有达到消费者期望；②在公平贸易中，食品企业很少承诺"不欺骗消费者"等；③在安全与健康责任中，消费者更加重视食品安全的"信息披露、卫生环境、不含有害物质等"，然而食品企业很少重视这些主题，更加注重在保障食品安全方面采取的技术或法律手段；④在社区责任方面，食品企业对"解决当地居民住房、关注儿童、发展农民经济方面"等社区弱势群体的社会责任投入不足；⑤在劳工与人权的"员工隐私、员工集体协商、员工申诉渠道、不强迫员工"等人权方面关怀不够；⑥食品企业在环境责任的"污染物处理、保护水资源、保护森林、保护生物多样性等"方面没有达到消费者期望；⑦在动物福利和生物技术方面的举措与消费者期望基本一致。

六、多视角下的食品企业社会责任缺失问题

本书基于网络媒体和央视"3·15"晚会报道的食品企业社会责任丑闻案例，利用"5W1H1S"分析法，归纳出在受损者、细分行业、供应链、移动互联背景四个视角下食品企业社会责任缺失的范畴及频次。

（1）食品企业社会责任缺失行为使消费者、员工、合作伙伴、股东、利益相关者、环境和动物的权益受损。其中，消费者是受损最严重的利益相关者，尤其是在食品安全与健康范畴，存在有毒有害物质、食品质量不合格、卫生环境不合格和食品假冒高频问题。其次是员工方面，存在工作条件恶劣，容易引发安全事故等问题。再次是环境利益相关者，商业行为破坏环境是较严重的食品企业社会责任问题，企业的非法排污和破坏生态系统行为被屡屡曝光。

（2）食品企业社会责任缺失发生在农业，林业，畜牧业，渔业，农副食品加工业，食品制造业，酒、饮料和精制茶制造业，批发业，零售业，餐饮业，互联网和相关服务。发生问题较多的行业是食品制造业、餐饮业和零售业。食品安全与健康是各行业（除了畜牧业）发生频次最高的问题。

（3）食品企业社会责任缺失发生在食品供应链的种养殖、加工/制造、销售、消费/回收各个环节。加工/制造是发生问题最多的环节，销售其次，食品安全与健康是各个环节都会发生且频次最高的问题。

（4）移动互联背景下食品企业社会责任缺失的主要受损者是消费者、员工、环境、合作伙伴和公共利益相关者，其中食品质量不合格、哄抬物价、算法压榨员工是发生频次较高的问题，集中发生在外卖送餐、互联网零售和互联

网生活服务平台细分行业及销售和流通/配送环节，尤其是外卖送餐细分行业和供应链销售环节。

七、食品企业社会责任缺失的八大诱因和食品安全问题的三类关键诱因

基于定性比较分析和商业生态系统，本书探寻了移动互联背景下食品企业社会责任缺失的诱因，包括国家政策不健全、消费者认知不足、移动互联技术快速发展等宏观因素，行业规范不到位、检测水平不够、日常监管不到位等中观因素，短期利益和企业个人社会责任认知不足等微观因素。食品安全是食品企业社会责任最频发的问题，其发生具有三个关键诱因：①平台问题突出，行业标准和审核机制不完善；②企业内部各环节存在疏漏；③信息差导致消费者处于被动地位，维权成本高。

八、中国食品企业社会责任六大动力因素

本书运用文献研究法、问卷调查法，采用"动力因素—实践活动—履行效果"的分析框架，对中国食品企业社会责任在这三方面的一手数据进行详尽分析，得出如下结论。

（1）依据 Hoffman（2000）对商业环境的分类、Chkanikova 和 Mont（2015）对食品企业供应链责任动力的分类，以制度理论、利益相关者理论、代理理论、动态能力理论为指导，总结出食品企业社会责任六大动力因素，即制度动力、社会动力、技术动力、市场动力、供应链动力、企业内部动力，构建了"宏观（社会）—中观（行业）—微观（企业）"的食品企业社会责任三层动力模型（图7—1）。同时，在上海国家会计学院（SNAI）企业社会责任指数和社会责任国际标准体系 SA 8000 基础上，构建了食品企业社会责任五维实践模型（图7—2），包括消费者责任、环境责任、员工责任、社会责任、法律和商业道德责任五个方面。

（2）在食品企业社会责任实践方面，大多数样本企业都能坚守安全底线，履行食品安全责任，同时，中国食品企业开展社会责任实践的方式主要体现在消费者责任、法律责任及员工责任上，而在环境与社会方面的责任实践相对较差，可见，中国食品企业社会责任的实践内容较为狭隘，主要局限于与自身利益高相关的对象，且注重于满足诚信守法的基本制度要求，使其社会责任实践

显得较为被动。

（3）在食品企业社会责任动力方面，法律制度的外部强制性约束对中国食品企业履行社会责任产生了巨大的驱动作用，同时，因消费者需求产生的市场机会与企业声誉、企业社会责任价值观也是中国食品企业履行社会责任的重要动力来源。在食品企业社会责任阻力方面，资金、专业知识与技术的缺乏，不良竞争，员工社会责任参与意识不足成为中国食品企业履行社会责任的主要阻碍因素。

（4）在食品企业社会责任绩效方面，中国食品企业社会责任的履行效果更多体现在塑造良好企业品牌形象、赢得消费者信任以及提升顾客满意度等无形效果上，而较少体现在降低成本、提高财务绩效等有形效果上。

（5）在食品企业社会责任实践、动力、绩效的单因素方差分析上，部分样本特征确实在以上三方面产生了影响。一般情况下，企业成立年限越久、规模越大，越有能力履行社会责任，越在乎企业声誉，塑造良好企业品牌形象的效果越显著；国有食品企业在社会责任、环境保护方面的制度要求更加严格，且对制度、社会方面的动力因素更为敏感。

九、内部动机比外部压力更能促进中国食品企业履行社会责任

本书构建了中国食品企业社会责任前因后果的作用机制模型，实证检验了企业社会责任驱动因素、企业社会责任实践和企业绩效之间的关系，同时考察了企业社会责任动机（内部动机）和利益相关者压力（外部压力）对企业社会责任实践的影响，以及企业社会责任实践对企业财务绩效和非财务绩效的影响。从主动和被动的视角考察企业社会责任的前因变量，并引入 CSR 导向文化作为企业社会责任实践与前因变量之间关系的调节变量，得出如下结论。

（1）大多数样本企业参与企业社会责任实践是出于强烈的道德动机，而不是出于工具动机。

（2）道德动机对企业社会责任实践的影响高于利益相关者压力对企业社会责任实践的影响，可见，在促使企业履行社会责任方面，内部动机比外部压力更有效。

（3）企业社会责任实践对企业的财务绩效和非财务绩效都有积极影响，但对财务绩效的影响更为显著。

（4）CSR 导向文化在道德动机与企业社会责任实践的关系中具有显著的正向调节作用，表明企业社会责任文化水平越高，企业越有可能出于道德目的

履行社会责任，反映了文化对企业社会责任的影响。

十、移动互联背景下食品企业可持续社会责任策略

本书基于企业社会责任治理理论、可持续发展理论，采用文献研究和案例研究方法，并结合两级（企业/行业）社会责任地图和食品企业社会责任问题模型，形成三维度、七议题、十五条策略。

（1）在经济可持续方面，搭建共享系统保障供应链效率和质量，通过数字技术实现食品企业精准服务，保障供应链主体全流程管理，通过社交媒体与利益相关者合作、利益相关者主动参与企业社会责任共创与共享价值，保护利益相关者利益。

（2）在社会可持续方面，食品生产标准化和精细化管理、顺应消费者健康需求创新产品、技术赋能食品供应链安全治理，智慧治理食品安全与健康，将社会责任融入食品企业文化、以平台算法治理保障员工权益，食品供应链主体贯彻社会责任理念、承担供应链责任，创造社会价值，助力供应链弱势群体社会责任。

（3）在环境可持续方面，促进食品全过程清洁生产，处理食品企业污染物与废弃物，改进生态理念和实践、提倡循环经济、可持续包装，减少食物浪费，保护供应链生态。

十一、移动互联背景下食品企业社会责任"D-PDCA"长效治理策略

本书基于企业社会责任治理理论、PDCA 理论，采用文献研究和案例研究方法，构建了移动互联背景下食品企业社会责任"D-PDCA"长效治理模型，为食品企业在企业社会责任实践的规划、设计、实施等整个流程上提供行动指南，帮助企业将理论规律运用于管理实践中，指导管理者识别企业社会责任实践过程中的关键成功因素，提升食品企业社会责任实践水平。该治理模型具体包括五个阶段、十四个决策步骤，每个决策步骤又提出相应的策略建议，形成移动互联背景下食品企业社会责任"D-PDCA"长效治理策略。

（1）加强食品企业社会责任驱动力（Driver）：提升高层管理者企业社会责任意识，强化企业社会责任内部动力，依托外部利益相关者压力驱动。

（2）明确食品企业社会责任的特殊性与新需求（Plan）：建立企业社会责任工作定义，提出食品企业社会责任七大议题（消费者责任、环境责任、员工

责任、社会责任、法律和商业道德责任、动物福利、平台责任），为食品企业制定企业社会责任计划提供了具体行动参考，在企业社会责任宽度上为食品企业指明了方向），定位外部性视角下的企业社会责任（提出外部性视角下的企业社会责任定位模型，为食品企业在企业社会责任深度上提供对标尺度与目标参考，帮助食品企业明确自身企业社会责任水平，引导食品企业树立更高级别的企业社会责任目标）。

（3）移动互联技术赋能食品企业社会责任的实施（Do）：加强员工企业社会责任培训，政府财务支持与行业协会引领，移动互联技术的应用与赋能。

（4）食品企业社会责任的评估（Check）：内部审计，标杆管理，社会监督。

（5）食品企业社会责任的沟通与制度化（Act）：移动互联背景下的双向沟通——从企业社会责任披露到企业社会责任沟通，以制度化手段确定企业社会责任新知识。

第二节 研究局限与未来展望

一、研究局限

虽然本书注重研究过程中的系统性、严谨性和科学性，但是由于时间和资源的限制，本书仍然存在一些局限，有待于在未来的研究中加以完善。

（1）研究样本不够广泛。在食品企业社会责任缺失研究中，数据大多来源于新闻报道等二手资料，所得结论受案例资料影响较大，可能会影响研究结论的普遍性。

（2）研究变量选择有待丰富。在中国食品企业社会责任前因后果的作用机制模型中，虽然已通过现有变量得出了一些具有启发性的研究结论，但没有探讨具体利益相关者的不同压力作用。可以考虑丰富变量选择，以从不同视角探究机理黑箱，探究不同边界条件。

（3）食品企业社会责任治理策略有效性有待检验。关于食品企业社会责任治理，本书提出了针对特定企业社会责任问题的可持续社会责任治理策略，以及移动互联背景下食品企业社会责任的长效治理策略，但这些治理策略的理论价值还需要得到实践检验。限于研究资源和精力，目前尚未对食品企业展开实地田野调查与实际验证。

二、未来展望

（1）未来的研究可以通过访谈法、观察法等方式收集一手资料进行食品企业社会责任问题研究，将多种来源数据相互验证，对研究结论进行检验，以确保研究结果的科学性和普遍性。同时，研究中也可以进行更广泛的随机抽样研究，探讨食品企业与非食品企业在社会责任实践、动力、效果等方面的不同，开展食品企业与非食品企业社会责任比较研究，以更好地了解食品企业社会责任的相关情况。

（2）在企业社会责任动机与利益相关者压力对企业社会责任的影响研究中，研究者可以针对不同的行业和国家展开研究，以提高研究发现的普遍性；使用客观的数据（如公司的财务绩效信息）来验证研究结果；具体探讨不同利益相关者对促进食品企业履行社会责任的不同压力作用。

（3）深入标杆食品企业展开田野调查，在获取企业社会责任治理资料的同时，努力争取和企业合作，对研究形成的食品企业社会责任治理策略进行试点验证，进一步完善企业社会责任治理理论框架。

参考文献

蔡玉程，王汉瑛，邢红卫. 缓冲垫还是双刃剑：产品伤害危机下企业社会责任声誉的异质性效应 [J]. 南京社会科学，2020（7）：18-25+33.

陈娟，张清楠. 食品供应链安全风险管理水平影响因素实证分析 [J]. 商业经济研究，2016（5）：27-29.

陈素白，梁玉麒. 社交网站网络口碑研究：以性别差异为向度 [J]. 国际新闻界，2012，34（6）：84-90.

陈晓易，王玉荣，杨震宁. 企业社会责任与企业价值——组织惰性与行业敏感度的调节作用 [J]. 技术经济，2020，39（7）：140-146+158.

程雪莲，王夏阳，陈宏辉. 企业管理者真的在意社会责任问题吗？[J]. 中山大学学报（社会科学版），2018，58（1）：196-208.

程永明. 日本企业危机事件及其应对机制——以雪印乳业集团为例 [J]. 日本学刊，2010（2）：54-67+158.

单勇. 以数据治理创新社会治安防控体系 [J]. 中国特色社会主义研究，2015（4）：97-101.

邓新明，龙贤义，刘禹，等. 善行必定有善报吗——消费者抵制企业社会责任行为的内在机理研究 [J]. 南开管理评论，2017，20（6）：129-139.

邓泽宏，谭力. 论我国企业社会责任缺失的原因及其矫正——以国内近年发生的系列企业社会责任缺失案为例 [J]. 湖北社会科学，2010（10）：92-94.

杜运周，贾良定. 组态视角与定性比较分析（QCA）：管理学研究的一条新道路 [J]. 管理世界，2017（6）：155-167.

杜运周，刘秋辰，程建青. 什么样的营商环境生态产生城市高创业活跃度？——基于制度组态的分析 [J]. 管理世界，2020，36（9）：141-155.

樊建锋，赵秋茹，田志龙. 危机情境下的企业社会责任保险效应与挽回效应研究 [J]. 管理学报，2020，17（5）：746-754.

冯锋，张燕南. 企业社会责任与公司绩效关系再讨论——基于上市公司企业社会责任评级数据的实证分析 [J]. 吉林大学社会科学学报，2020，60（6）：

154-166+235.

高芳，刘泉宏，龚迪迪. 企业产品召回动因研究——兼论对企业绩效的影响
[J]. 财会通讯，2016（32）：44-48+129.

韩鹏程，薛珑，汪文健. 企业创新、社会责任与企业价值——以中小企业为例
[J]. 中国科技论坛，2020（11）：93-99.

何洁，毛焱，梁滨，等. 新冠肺炎疫情背景下企业社会责任对员工韧性的影响
研究 [J]. 中国人力资源开发，2020，37（8）：35-47.

花拥军，王冰，李庆. 企业社会责任、经济政策不确定性与融资约束——基于
社会责任"累积-保险"效应的研究视角 [J]. 南方经济，2020（11）：
116-131.

华连连，张诗苑，王建国，等. 供应链治理：理论基础、研究综述及展望
[J]. 供应链管理，2021，2（8）：5-19.

黄荣贵，桂勇. 互联网与业主集体抗争：一项基于定性比较分析方法的研究
[J]. 社会学研究，2009，24（5）：29-56+243.

贾兴平，刘益，廖勇海. 利益相关者压力、企业社会责任与企业价值 [J]. 管
理学报，2016，13（2）：267-274.

姜丽群. 企业社会失责行为的动因、影响及其治理研究 [J]. 管理世界，2016
（3）：174-175.

李江，蒋玉石，王烨娣，等. 企业社会责任对消费者品牌评价的影响机制研究
[J]. 软科学，2020，34（8）：19-24.

李美苓，张强，邹正兴. 食品供应链企业社会责任的演化博弈分析 [J]. 运筹
与管理，2017，26（8）：34-44.

李四兰，陈国平，李亚林. 企业社会责任与信任修复关系的实证检验 [J]. 统
计与决策，2021，37（14）：169-172.

李祥进，杨东宁，雷明. 企业社会责任行为对员工工作绩效影响的跨层分析
[J]. 经济科学，2012（5）：104-118.

李亚林，景奉杰. 企业负面事件对品牌延伸评价的影响研究：感知背叛感的中
介效应 [J]. 管理评论，2016，28（11）：129-139.

李彦勇，杨爱平. 责任投资理念下的海底捞公司 ESG 绩效研究 [J]. 商业经
济，2021（6）：116-118+153.

李颖，刘金苹. 构建食品质量可追溯体系与企业社会责任 [J]. 消费经济，
2012，28（4）：77-80.

李玉，张艺崇，吕康娟. 优化我国食品安全的社会监管对策 [J]. 经济导刊，

2011 (9)：52-53.

李园园，刘建华，段坤，等. 企业社会责任、技术创新与品牌价值的门槛效应研究 [J]. 软科学，2020，34 (6)：1-7.

刘建秋，杨艳华. 政府补贴具有社会溢出效应吗？——基于企业社会责任的证据 [J]. 吉首大学学报（社会科学版），2021，42 (1)：87-98.

刘美玉. 企业利益相关者共同治理与相互制衡研究 [D]. 大连：东北财经大学，2007.

刘永胜，陈娟. 食品供应链安全风险的形成机理——基于行为经济学视角 [J]. 中国流通经济，2014，28 (3)：60-65.

刘友华，魏远山. 机器学习的著作权侵权问题及其解决 [J]. 华东政法大学学报，2019，22 (2)：68-79.

龙贤义，邓新明，杨赛凡，等. 企业社会责任、购买意愿与购买行为——主动性人格与自我效能有调节的中介作用 [J]. 系统管理学报，2020，29 (4)：646-656.

罗培新. 企业的食品安全社会责任及其法律化路径研究 [J]. 社会科学研究，2020 (1)：21-27.

骆紫薇，郭艳，吕林祥，等. 虚拟企业社会责任共创研究述评与展望 [J]. 软科学，2021，35 (9)：112-116+130.

马少华. 企业社会责任动机的国外研究综述与展望 [J]. 商业经济，2018 (6)：117-120.

马宗利，王平，尤晓燕，等. 行业协会参与食品安全社会共治浅论 [J]. 科学大众（科学教育），2017 (9)：167-168.

慕静. 食品安全监管模式创新与食品供应链安全风险控制的研究 [J]. 食品工业科技，2012，33 (10)：49-51.

牛哲. 新时代背景下食品安全社会共治探究 [J]. 食品安全导刊，2018 (15)：13+15.

彭小兵，邹晓韵. 邻避效应向环境群体性事件演化的网络舆情传播机制——基于宁波镇海反 PX 事件的研究 [J]. 情报杂志，2017，36 (4)：150-155.

齐丽云，张碧波，郭亚楠. 消费者企业社会责任认同对购买意愿的影响 [J]. 科研管理，2016，37 (5)：112-121.

秦鑫. 企业社会责任传播新趋势：讲发展更要讲责任 [J]. 国际公关，2019 (1)：34-35.

沈红波，田淳，宗赟. 上市公司承担社会责任影响股票市场表现吗——基于和讯网评级数据的实证检验 [J]. 东南大学学报 (哲学社会科学版), 2021, 23 (4): 79-92+151.

沈奇泰松, 葛笑春, 宋程成. 合法性视角下制度压力对 CSR 的影响机制研究 [J]. 科研管理, 2014, 35 (1): 123-130.

史际春, 蒋媛. 论食品安全卡特尔——一种食品安全法律治理的路径 [J]. 政治与法律, 2014 (8): 2-13.

舒华, 张亚旭. 心理学研究方法: 实验设计和数据分析 [M]. 北京: 人民教育出版社, 2008.

宋绍义, 左敏, 赵守香. 社会共治视角下的食品品质安全溯源体系研究 [J]. 食品工业, 2018, 39 (2): 207-211.

孙晓妍, 宋岩. 财务绩效、组织冗余与企业社会责任 [J]. 统计与决策, 2021, 37 (16): 184-188.

孙育平. 基于社会责任的企业价值观重构——对我国食品行业道德失范问题的反思 [J]. 企业经济, 2011, 30 (7): 139-142.

谭海波, 范梓腾, 杜运周. 技术管理能力、注意力分配与地方政府网站建设——一项基于 TOE 框架的组态分析 [J]. 管理世界, 2019, 35 (9): 81-94.

陶光灿, 谭红, 宋宇峰, 等. 基于大数据的食品安全社会共治模式探索与实践 [J]. 食品科学, 2018, 39 (9): 272-279.

田虹, 所丹妮. 基于企业社会责任导向的环境变革型领导对环境组织公民行为的影响机制研究 [J]. 管理学报, 2020, 17 (5): 755-762.

田敏, 萧庆龙, 陈艺妮. 参与企业社会责任活动方式对消费者响应的影响——基于品牌认同的中介作用 [J]. 预测, 2020, 39 (5): 37-44.

田启涛, 葛菲. 企业社会责任对员工品牌公民行为的影响机制 [J]. 上海对外经贸大学学报, 2021, 28 (4): 112-124.

晚春东, 秦志兵, 吴绩新. 供应链视角下食品安全风险控制研究 [J]. 中国软科学, 2018 (10): 184-192.

王海燕, 詹沙磊, 陈达强. 基于质量链视角的食品质量管理新范式 [J]. 管理评论, 2020, 32 (4): 12-20.

王怀明, 王鹏. 食品企业社会责任表现的评价及影响因素研究 [J]. 东南大学学报 (哲学社会科学版), 2015, 17 (1): 58-63.

王可山. 食品安全政府监管的困境与对策研究 [J]. 宏观经济研究, 2012 (7): 68-71.

王敏，刘辉，王建琼. 中小企业社会责任驱动力实证研究［J］. 西南交通大学学报（社会科学版），2013，14（1）：86－90.

王书柏，马力. 共同体视角下民营企业履行社会责任的机制研究［J］. 重庆社会科学，2021（6）：117－123.

王仙雅，毛文娟. 消费者对企业社会责任缺失行为的感知——消费者归因和期望的影响［J］. 北京理工大学学报（社会科学版），2015，17（6）：74－80＋112.

王晓珍，施佳蓉，潘公贺，等. 社交媒体下顾客参与企业社会责任活动的不同阶段对顾客品牌态度的影响研究——基于"感知伪善"的中介作用和顾客间互动的调节作用［J］. 国际商务（对外经济贸易大学学报），2020（1）：142－156.

肖红军，李平. 平台型企业社会责任的生态化治理［J］. 管理世界，2019，35（4）：120－144＋196.

肖红军，张力. 社会责任生态系统：美团外卖履责范式的创新［J］. 清华管理评论，2020（12）：101－110.

谢春玲，季泽军. 供给侧改革视角下的企业社会责任研究：理论与实践［M］. 北京：中国社会科学出版社，2017.

谢康，赖金天，肖静华. 食品安全社会共治下供应链质量协同特征与制度需求［J］. 管理评论，2015，27（2）：158－167.

谢昕琰，刘溯源. 财务绩效、制度压力与企业社会责任［J］. 统计与决策，2021，37（7）：170－173.

谢玉华，刘晶晶，谢华青. 内外部企业社会责任对员工工作意义感的影响机制和差异效应研究［J］. 管理学报，2020，17（9）：1336－1346.

徐天舒. 企业社会责任对企业竞争力影响的实证检验［J］. 统计与决策，2020，36（9）：164－168.

许向东，王怡溪. 智能传播中算法偏见的成因、影响与对策［J］. 国际新闻界，2020，42（10）：69－85.

薛姣. 强制企业社会责任信息披露对风险承担的影响［J］. 投资研究，2021，40（9）：105－122.

闫海，孟竹. 食品企业社会责任报告：功能、体系及其第三方审验［J］. 粮食科技与经济，2018，43（6）：52－56.

颜爱民，龚紫，谢菊兰. 外部企业社会责任对员工创新行为的影响机制研究［J］. 中南大学学报（社会科学版），2020，26（1）：107－116.

姚海琳，王昶，周登. 政府控制和市场化进程对企业社会责任的影响——来自中国沪市上市公司的经验证据 [J]. 现代财经（天津财经大学学报），2012，32（8）：58−69.

易开刚，范琳琳. 食品安全治理的理念变革与机制创新 [J]. 学术月刊，2014，46（12）：41−48.

于亢亢. 农产品供应链信息整合与质量认证的关系：纵向一体化的中介作用和环境不确定性的调节作用 [J]. 南开管理评论，2020，23（1）：87−97.

余伟萍，毛振福，赵占恒. 环境影响诉求对绿色购买意愿的影响机制研究——消费者 CSR 内部动机感知的中介作用和自我建构的调节作用 [J]. 财经论丛，2017（7）：86−94.

袁雪，孙春伟. 论我国食品安全责任保险制度的构建 [J]. 南昌大学学报（人文社会科学版），2016，47（1）：72−78.

张蓓，盘思桃. 生鲜电商企业社会责任与消费者信任修复 [J]. 华南农业大学学报（社会科学版），2018，17（6）：77−91.

张蓓，徐翠珍. 国外生鲜电子商务平台产品质量安全风险社会共治经验借鉴 [J]. 世界农业，2018（10）：4−9＋266.

张红霞，安玉发，张文胜. 我国食品安全风险识别、评估与管理——基于食品安全事件的实证分析 [J]. 经济问题探索，2013（6）：135−141.

张红霞，安玉发. 食品质量安全信号传递的理论与实证分析 [J]. 经济与管理研究，2014（6）：123−128.

张红霞. 双边道德风险下食品供应链质量安全协调契约研究 [J]. 软科学，2019，33（9）：99−107.

张劲松，李沐瑶. 企业社会责任，内部控制与财务绩效关系研究：基于技术创新视角 [J]. 预测，2021，40（4）：81−87.

张可云，刘敏. 媒体关注与企业社会责任履行——基于城市规模的调节作用 [J]. 学术月刊，2021，53（9）：57−71.

张明，蓝海林，陈伟宏，等. 殊途同归不同效：战略变革前因组态及其绩效研究 [J]. 管理世界，2020，36（9）：168−186.

张秀萍，王振. 社会网络在创新领域应用研究的知识图谱——基于 CiteSpace 的可视化分析 [J]. 经济管理，2017，39（10）：192−208.

张雪，韦鸿. 企业社会责任、技术创新与企业绩效 [J]. 统计与决策，2021，37（5）：157−161.

郑培，李亦修，何延焕. 企业社会责任对财务绩效影响研究——基于中国上市

公司的经验证据 [J]. 财经理论与实践，2020，41（6）：64−71.

周方召，金远培，贺志芳. 企业社会责任对公司绩效和风险的影响效应——来自中国 A 股上市公司的证据 [J]. 技术经济，2020，39（8）：119−129.

周子栋. 基于食品质量可追溯体系的食品企业社会责任研究 [J]. 西安财经学院学报，2012，25（3）：20−24.

朱文忠，尚亚博. 我国平台企业社会责任及其治理研究——基于文献分析视角 [J]. 管理评论，2020，32（6）：175−183.

朱晓娟，李铭. 电子商务平台企业社会责任的正当性及内容分析 [J]. 社会科学研究，2020（1）：28−36.

朱月乔，周祖城. 企业履行社会责任会提高员工幸福感吗？——基于归因理论的视角 [J]. 管理评论，2020，32（5）：233−242.

庄爱玲，余伟萍. 道德关联品牌负面曝光事件溢出效应实证研究——事件类型与认知需求的交互作用 [J]. 商业经济与管理，2011（10）：60−67.

周应恒，王二朋. 中国食品安全监管：一个总体框架 [J]. 改革，2013（4）：19−28.

资武成. "大数据"时代企业生态系统的演化与建构 [J]. 社会科学，2013（12）：55−62.

左伟，谢丽思. 食品企业社会责任缺失行为与消费者惩罚意愿 [J]. 华南农业大学学报（社会科学版），2022，21（2）：110−120.

Abid T，Abid−Dupont M，Moulins J. What corporate social responsibility brings to brand management? the two pathways from social responsibility to brand commitment [J]. Corporate social responsibility and environmental management，2020，27（2）：925−936.

Achilleas K，Anastasios S. Marketing aspects of quality assurance systems：the organic food sector case [J]. British food journal，2008，110（8）：829−839.

Agan Y，Acar M F，Borodin A. Drivers of environmental processes and their impact on performance：a study of Turkish SMEs [J]. Journal of cleaner production，2013，51：23−33.

Aguilera R V，Rupp D E，Williams C，et al. Putting the S back in corporate social responsibility：a multi level theory of social change in organizations [J]. Working papers，2004，32（3）：836−863.

Ahearn M C，Armbruster W，Young R. Big data's potential to improve food supply chain environmental sustainability and food safety [J]. International food and agribusiness management review, 2016, 19: 155−171.

Ahmad S, Wong K Y. Development of weighted triple − bottom line sustainability indicators for the Malaysian food manufacturing industry using the Delphi method [J]. Journal of cleaner production, 2019, 229: 1167−1182.

Akbari M, Ardekani Z F, Pino G, et al. An extended model of Theory of Planned Behavior to investigate highly − educated Iranian consumers' intentions towards consuming genetically modified foods [J]. Journal of cleaner production, 2019, 227: 784−793.

Akerlof G A. The market for "lemons": quality uncertainty and the market mechanism [J]. The quarterly journal of economics, 1970, 84 (3): 488−500.

Albareda L, Waddock S. Networked CSR governance: a whole network approach to meta − governance [J]. Business&society, 2018, 57 (4): 636−675.

Alcadipani R, de Oliveira Medeirso C R. When corporations cause harm: a critical view of corporate social irresponsibility and corporate crimes [J]. Journal of business ethics, 2020, 167 (2): 285−297.

Alfian G, Syafrudin M, Rhee J. Real − time monitoring system using smartphone−based sensors and nosql database for perishable supply chain [J]. Sustainability, 2017, 9 (11): 2073.

Alfred A M, Adam R F. Green management matters regardless [J]. Academy of management perspectives, 2009, 23 (3): 17−26.

Alfredo F H, Ana O J, Guadalupe V B, et al. Sustainability and branding in retail: a model of chain of effects [J]. Sustainability, 2020, 12 (14): 5800.

Ali H Y, Danish R Q, Asrar−ul−Haq M. How corporate social responsibility boosts firm financial performance: the mediating role of corporate image and customer satisfaction [J]. Corporate social responsibility and environmental management, 2020, 27 (1): 166−177.

Ali W, Danni Y, Latif B, et al. Corporate social responsibility and customer loyalty in food chains−mediating role of customer satisfaction and corporate reputation [J]. Sustainability, 2021, 13 (16): 8681.

Ali W, Frynas J G, Mahmood Z. Determinants of corporate social responsibility (CSR) disclosure in developed and developing countries: a literature review [J]. Corporate social responsibility and environmental management, 2017, 24 (4): 273−294.

Alotaibi A, Edum − Fotwe F, Price A D F. Critical barriers to social responsibility implementation within mega−construction projects: the case of the Kingdom of Saudi Arabia [J]. Sustainability, 2019, 11 (6): 1755.

Alvarado − Herrera A, Bigne E, Aldas − Manzano J, et al. A scale for measuring consumer perceptions of corporate social responsibility following the sustainable development paradigm [J]. Journal of business ethics, 2017, 140: 243−262.

Anderson J C, Gerbing D W. Assumptions and comparative strengths of the two−step approach: comment on Fornell and Yi [J]. Sociological methods and research, 1992, 20 (3): 321−333.

Anderson J C, Gerbing W. Structural equation modeling in practice: a review and recommended two − step approach [J]. Psychological bulletin, 1988, 103 (3): 411.

Annosi M C, Brunetta F, Bimbo F, et al. Digitalization within food supply chains to prevent food waste: drivers, barriers and collaboration practices [J]. Industrial marketing management, 2021, 93 (1): 208−220.

Aquino K, Reed Ⅱ A. The self−importance of moral identity [J]. Journal of personality and social psychology, 2002, 83 (6): 1423.

Araujo T, Kollat J. Communicating effectively about CSR on Twitter: the power of engaging strategies and storytelling elements [J]. Internet research, 2018, 28 (2): 419−431.

Araña J E, León C J. The Role of environmental management in consumers preferences for corporate social responsibility [J]. Environmental and resource economics, 2009, 44 (4): 495−506.

Arendt S, Brettel M. Understanding the influence of corporate social responsibility on corporate identity, image, and firm performance [J]. Management decision, 2012, 48 (10): 1469−1492.

Armstrong J S. Social irresponsibility in management [J]. Journal of business research, 1977, 5 (3): 185−213.

Ashforth B E, Anand V. The normalization of corruption in organizations [J]. Research in organizational behavior, 2003, 25: 1-52.

Ashkanasy N M, Windsor C A, Treviño L K. Bad apples in bad barrels revisited: cognitive moral development, just world beliefs, rewards, and ethical decision-making [J]. Business ethics quarterly, 2006, 16 (4): 449-473.

Asif M, Searcy C, Zutshi A, et al. An integrated management systems approach to corporate social responsibility [J]. Journal of cleaner production, 2013, 56: 7-17.

Asmussen C G, Fosfuri A. Orchestrating corporate social responsibility in the multinational enterprise [J]. Strategic management journal, 2019, 40 (6): 894-916.

Assiouras I, Ozgen O, Skourtis G. The impact of corporate social responsibility in food industry in product-harm crises [J]. British food journal, 2013, 115 (1): 108-123.

Bagozzi R P, Yi Y. On the evaluation of structural equation models [J]. Journal of the academy of marketing science, 1988, 16 (1): 74-94.

Ban Z. Delineating responsibility, decisions and compromises: a frame analysis of the fast food industry's online CSR communication [J]. Journal of applied communication research, 2016, 44 (3): 296-315.

Barling D, Lang T. The politics of UK food policy: an overview [J]. Political quarterly, 2003 (74): 4-7.

Baron-Cohen S, Wheelwright S. The empathy quotient: an investigation of adults with Asperger syndrome or high functioning autism, and normal sex differences [J]. Journal of autism and developmental disorders, 2004, 34: 163-175.

Bartels J, Reinders M J, Van Haaster-De Winter M. Perceived sustainability initiatives: retail managers' intrinsic and extrinsic motives [J]. British food journal, 2015, 117 (6): 1720-1736.

Battaglia M, Testa F, Bianchi L, et al. Corporate social responsibility and competitiveness within SMEs of the fashion industry: evidence from Italy and France [J]. Sustainability, 2014, 6: 872-893.

Baucus M S, Near J P. Can illegal corporate behavior be predicted? an event history analysis [J]. Academy of management journal, 1991, 34 (1): 9-36.

Baviera-Puig A, Gómez-Navarro T, García-Melón M, et al. Assessing the communication quality of CSR reports: a case study on four spanish food companies [J]. Sustainability, 2015, 7 (8): 11010-11031.

Baz J E, Laguir I, Marais M, et al. Influence of national institutions on the corporate social responsibility practices of small - and medium - sized enterprises in the food-processing industry: differences between france and morocco [J]. Journal of business ethics, 2016, 134: 117-133.

Belanche A, Martín - Collado D, Rose G, et al. A multi - stakeholder participatory study identifies the priorities for the sustainability of the small ruminants farming sector in Europe [J]. Animal, 2020, 15: 100131.

Belyaeva Z, Rudawska E D, Lopatkova Y. Sustainable business model in food and beverage industry—a case of Western and Central and Eastern European countries [J]. British food journal, 2020, 122 (5): 1573 - 1592.

Berkan A, Leonardo B, Stefano M. Media coverage, corporate social irresponsibility conduct, and financial analysts' performance [J]. Corporate social responsibility and environmental management, 2021, 28 (5): 1456-1470.

Biloslavo R, Trnavčevič A. Web sites as tools of communication of a "green" company [J]. Management decision, 2009, 47 (7): 1158-1173.

Binninger A S, Robert I. La perception de la RSE par les clients: quels enjeux pour la 《stakeholder marketing theory》? [J]. Management & avenir, 2011 (5): 14-40.

Bobola A, Ozimek I, Szlachciuk J. Social and integrated reports of food business as tools of CSR and sustainable development [J]. Problemy zarzadzania, 2018, 16 (3): 101-113.

Boccia F, Malgeri Manzo R, Covino D. Consumer behavior and corporate social responsibility: an evaluation by a choice experiment [J]. Corporate social responsibility and environmental management, 2019, 26 (1): 97-105.

Boccia F, Sarnacchiaro P. The impact of corporate social responsibility on consumer preference: a structural equation analysis [J]. Corporate social responsibility and environmental management, 2018, 25 (2): 151-163.

Bolton S C, O'Gorman K D, Kim R C. Corporate social responsibility as a dynamic internal organizational process: a case study [J]. Journal of business ethics, 2011, 101 (1): 61-74.

Bondy K, Moon J, Matten D. An institution of corporate social responsibility (CSR) in multi-national corporations (MNCs): form and implications [J]. Journal of business ethics, 2012, 111: 281-299.

Boubaker S, Cellier A, Manita R, et al. Does corporate social responsibility reduce financial distress risk? [J]. Economic modelling, 2020, 91: 835-851.

Boyd D E, Spekman R E, Kamauff J W, et al. Corporate social responsibility in global supply chains: a procedural justice perspective [J]. Long range planning, 2007, 40 (3): 341-356.

Brammer S J, Pavelin S. Corporate reputation and social performance: the importance of fit [J]. Journal of management studies, 2006, 43 (3): 435-455.

Bratton W W, Wachter M L. Adolf Berle, E Merrick Dodd and the New American corporatism of 1932 [M] //Research handbook on the history of corporate and company law. Cheltenham: Edward Elgar Publishing, 2018.

Bright D S, Cameron K S, Caza A. The amplifying and buffering effects of virtuousness in downsized organizations [J]. Journal of business ethics, 2006, 64: 249-269.

Brulhart F, Gherra S, Quelin B V. Do stakeholder orientation and environmental proactivity impact firm profitability? [J]. Journal of business ethics, 2019, 158: 25-46.

Bryson D, Atwal G. Brand hate: the case of Starbucks in France [J]. British food journal, 2019, 121 (1): 172-182.

Brønn P S, Vidaver-Cohen D. Corporate motives for social initiative: legitimacy, sustainability, or the bottom line? [J]. Journal of business ethics, 2009, 87: 91-109.

Brønn P S, Vrioni A B. Corporate social responsibility and cause-related marketing: an overview [J]. International journal of advertising, 2001, 20 (2): 207-222.

Burki U, Ersoy P, Dahlstrom R. Achieving triple bottom line performance in manufacturer—customer supply chains: evidence from an emerging economy [J]. Journal of cleaner production, 2018, 197: 1307—1316.

Campbell D T, Fiske D W. Convergent and discriminant validation by the multitrait—multimethod matrix [J]. Psychological bulletin, 1959, 56 (2): 81.

Campbell J L. Why would corporations behave in socially responsible ways? an institutional theory of corporate social responsibility [J]. Academy of management review, 2007, 32 (3): 946—967.

Cantele S, Zardini A. What drives small and medium enterprises towards sustainability? role of interactions between pressures, barriers, and benefits [J]. Corporate social responsibility and environmental management, 2020, 27 (1): 126—136.

Carmeli A. Perceived external prestige, affective commitment, and citizenship behaviors [J]. Organization studies, 2005, 26 (3): 443—464.

Carroll A B. A three—dimensional conceptual model of corporate performance [J]. Academy of management review, 1979, 4 (4): 497—505.

Carroll A B. The pyramid of corporate social responsibility: toward the moral management of organizational stakeholders [J]. Business horizons, 1991, 34 (4): 39—48.

Cassells S, Lewis K. SMEs and environmental responsibility: do actions reflect attitudes? [J]. Corporate social responsibility and environmental management, 2011, 18 (3): 186—199.

Castelo Branco M, Lima Rodrigues L. Communication of corporate social responsibility by Portuguese banks: a legitimacy theory perspective [J]. Corporate communications: an international journal, 2006, 11 (3): 232—248.

Castro—González S, Bande B, Fernández—Ferrín P, et al. Corporate social responsibility and consumer advocacy behaviors: the importance of emotions and moral virtues [J]. Journal of cleaner production, 2019, 231: 846—855.

Chang Y, He W, Wang J. Government initiated corporate social responsibility activities: evidence from a poverty alleviation campaign in China [J]. Journal of business ethics, 2021, 173: 661—685.

Chaplin T M, Aldao A. Gender differences in emotion expression in children: a meta-analytic review [J]. Psychological bulletin, 2013, 139 (4): 735.

Cheema S, Afsar B, Javed F. Employees' corporate social responsibility perceptions and organizational citizenship behaviors for the environment: the mediating roles of organizational identification and environmental orientation fit [J]. Corporate social responsibility and environmental management, 2020, 27 (1): 9—21.

Chen H S, Jai T M. Waste less, enjoy more: forming a messaging campaign and reducing food waste in restaurants [J]. Journal of quality assurance in hospitality & tourism, 2018, 19 (4): 495—520.

Chen Y H, Nie P Y, Yang Y C. Effects of corporate social responsibility on food safety [J]. Agricultural economics/Zemědělská ekonomika, 2017, 63 (12): 539—547.

Chen Y H, Wen X W, Luo M Z. Corporate social responsibility spillover and competition effects on the food industry [J]. Australian economic papers, 2016, 55 (1): 1—13.

Chen Y, Chen I J. Mixed sustainability motives, mixed results: the role of compliance and commitment in sustainable supply chain practices [J]. Supplychain management: an international journal, 2019, 24 (5): 622—636.

Chen Y, Yaşar M, Rejesus R M. Factors influencing the incidence of bribery payouts by firms: a cross-country analysis [J]. Journal of business ethics, 2008, 77: 231—244.

Chkanikova O, Mont O. Corporate supply chain responsibility: drivers and barriers for sustainable food retailing [J]. Corporate social responsibility and environmental management, 2015, 22 (2): 65—82.

Choi J. The effectiveness of nutritional information on foodservice companies' corporate social responsibility [J]. Asia Pacific business review, 2017, 23 (1): 44—62.

Christensen J, Murphy R. The social irresponsibility of corporate tax avoidance: taking CSR to the bottom line [J]. Development, 2004, 47 (3): 37—44.

Chuah S H W, El-Manstrly D, Tseng M L, et al. Sustaining customer engagement behavior through corporate social responsibility: the roles of environmental concern and green trust [J]. Journal of cleaner production,

2020，262：121348.

Civero G，Rusciano V，Scarpato D. Consumer behaviour and corporate social responsibility：an empirical study of Expo 2015 [J]. British food journal，2017，119 (8)：1826−1838.

Clark M A，Domingo N G G，Colgan K，et al. Global food system emissions could preclude achieving the 1.5 and 2℃ climate change targets [J]. Science，2020，370 (6517)：705−708.

Clarkson M E. A stakeholder framework for analyzing and evaluating corporate social performance [J]. Academy of management review，1995，20 (1)：92−117.

Colle S，Gonella C. Corporate social responsibility：the need for an integrated management framework [J]. International journal of business performance management，2003，5 (2−3)：199−212.

Cortese D，Rainero C，Cantino V. Stakeholders' social dialogue about responsibility and sustainability in the food sector [J]. British food journal，2020，123 (3)：1287−1301.

Costanigro M，Deselnicu O，McFadden D T. Product differentiation via corporate social responsibility：consumer priorities and the mediating role of food labels [J]. Agriculture and human values，2016，33：597−609.

Cramer J. Experiences with structuring corporate social responsibility in Dutch industry [J]. Journal of cleaner production，2005，13 (6)：583−592.

Cuervo−Cazurra A. Who cares about corruption? [J]. Journal of international business studies，2006，37：807−822.

Currás−Pérez R，Dolz−Dolz C，Miquel−Romero M J，et al. How social，environmental，and economic CSR affects consumer−perceived value：does perceived consumer effectiveness make a difference? [J]. Corporate social responsibility and environmental management，2018，25 (5)：733−747.

Czinkota M，Kaufmann H R，Basile G. The relationship between legitimacy，reputation，sustainability and branding for companies and their supply chains [J]. Industrial marketing management，2014，43 (1)：91−101.

Dale B G. Managing quality [M]. Oxford：blackwell publishing，2003.

Dang V T，Nguyen N，Wang J. Consumers' perceptions and responses towards online retailers' CSR [J]. International journal of retail &

distribution management，2020，48 (12)：1277—1299.

Dare J. Will the truth set us free? an exploration of CSR motive and commitment [J]. Business and society review，2016，121 (1)：85—122.

Dawkins J，Lewis S. CSR in stakeholde expectations：and their implication for company strategy [J]. Journal of business ethics，2003，44 (2)：185—193.

De Chiara A. Sustainable business model innovation vs. "Made in" for international performance of Italian food companies [J]. Agriculture，2020，11 (1)：17.

De Colle S，Gonella C. The social and ethical alchemy：an integrative approach to social and ethical accountability [J]. Business ethics：a European review，2002，11 (1)：86—96.

De Magistris T，Del Giudice T，Verneau F. The effect of information on willingness to pay for canned tuna fish with different corporate social responsibility (CSR) certification：a pilot study [J]. Journal of consumer affairs，2015，49 (2)：457—471.

Deephouse D L，Heugens P P. Linking social issues to organizational impact：the role of infomediaries and the infomediary process [J]. Journal of business ethics，2009，86：541—553.

Del Giudice T，Stranieri S，Caracciolo F，et al. Corporate social responsibility certifications influence consumer preferences and seafood market price [J]. Journal of cleaner production，2018，178：526—533.

Delmas M A，Burbano V C. The drivers of greenwashing [J]. California management review，2011，54 (1)：64—87.

Den Hartigh E，Tol M，Visscher W. The health measurement of a business ecosystem [C] //Proceedings of the European network on chaos and complexity research and management practice meeting. 2006：1—39.

Den Hartigh E，Van Asseldonk T. Business ecosystems：a research framework for investigating the relation between network structure，firm strategy，and the pattern of innovation diffusion [C] //ECCON 2004 annual meeting：Co-jumping on a Trampoline，The Netherlands. 2004.

Deng X，Lu J. The environmental performance，corporate social responsibility，and food safety of food companies from the perspective of green finance [J]. Revista de cercetare si interventie sociala，2017，58：

178－200.

Devin B, Richards C. Food waste, power, and corporate social responsibility in the Australian food supply chain [J]. Journal of business ethics, 2018, 150: 199－210.

DiMaggio P J, Powell W W. The iron cage revisited: institutional isomorphism and collective rationality in organizational fields [J]. American sociological review, 1983, 48 (2): 147－160.

Donaldson L. The contingency theory of organizations [M]. California: Sage publishing, 2001.

Donaldson T, Preston L E. The stakeholder theory of the corporation: concepts, evidence, and implications [J]. Academy of management review, 1995, 20 (1): 65－91.

Dos Santos L I, Anholon R, da Silva D, et al. Corporate social responsibility projects: critical success factors for better performance of Brazilian companies and guidelines to qualify professionals and entrepreneurs [J]. International entrepreneurship and management journal, 2022: 1－22.

Drempetic S, Klein C, Zwergel B. The influence of firm size on the ESG score: corporate sustainability ratings under review [J]. Journal of business ethics, 2020, 167 (2): 333－360.

Du S, Bhattacharya C B, Sen S. Maximizing business returns to corporate social responsibility (CSR): the role of CSR communication [J]. International journal of management reviews, 2010, 12 (1): 8－19.

Du S, Vieira E T. Striving for legitimacy through corporate social responsibility: insights from oil companies [J]. Journal of business ethics, 2012, 110: 413－427.

Dumitrescu C, Hughner R S, Shultz II C J. Examining consumers' responses to corporate social responsibility addressing childhood obesity: the mediating role of attributional judgments [J]. Journal of business research, 2018, 88: 132－140.

Dunn K, Harness D. Communicating corporate social responsibility in a social world: the effects of company－generated and user－generated social media content on CSR attributions and scepticism [J]. Journal of marketing management, 2018, 34 (17－18): 1503－1529.

Dunn K, Harness D. Whose voice is heard? The influence of user-generated versus company-generated content on consumer scepticism towards CSR [J]. Journal of marketing management, 2019, 35 (9-10): 886-915.

Eisenhardt K M, Martin J A. Dynamic capabilities: what are they? [J]. Strategic management journal, 2000, 21 (10-11): 1105-1121.

El Baz J, Laguir I, Marais M, et al. Influence of national institutions on the corporate social responsibility practices of small - and medium - sized enterprises in the food-processing industry: differences between France and Morocco [J]. Journal of business ethics, 2016, 134: 117-133.

Elford A C, Daub C H. Solutions for SMEs challenged by CSR: a multiple cases approach in the food industry within the DACH - region [J]. Sustainability, 2019, 11 (17): 4758.

Elkington J. Partnerships from cannibals with forks: the triple bottom line of 21st-century business [J]. Environmental quality management, 1998, 8 (1): 37-51.

Emamisaleh K, Taimouri A. Sustainable supply chain management drivers and outcomes: an emphasis on strategic sustainability orientation in the food industries [J]. Independent journal of management & production, 2021, 12 (1): 282-309.

Esrock S L, Leichty G B. Organization of corporate web pages: publics and functions [J]. Public relations review, 2000, 26 (3): 327-344.

Ezeoha A E, Obi A, Igwe A, et al. The mobile phone revolution, the Internet and rural electricity: what are the implications for food security in Africa? [J]. Information development, 2020, 36 (4): 603-622.

Fatima T, Elbanna S. Corporate social responsibility (CSR) implementation: a review and a research agenda towards an integrative framework [J]. Journal of business ethics, 2023, 183 (1): 105-121.

Feng Y, Zhu Q, Lai K H. Corporate social responsibility for supply chain management: a literature review and bibliometric analysis [J]. Journal of cleaner production, 2017, 158: 296-307.

Fernández - Ferrín P, Castro - González S, Bande B. Corporate social responsibility, emotions, and consumer loyalty in the food retail context: exploring the moderating effect of regional identity [J]. Corporate social responsibility and environmental management，2021，28（2）：648－666.

Fiss P C. Building better causal theories：a fuzzy set approach to typologies in organization research ［J］. Academy of management journal，2011，54（2）：393－420.

Fornell C，Larcker D F. Evaluating structural equation models with unobservable variables and measurement error ［J］. Journal of marketing research，1981，18（1）：39－50.

Fourati Y M，Dammak M. Corporate social responsibility and financial performance：international evidence of the mediating role of reputation ［J］. Corporate social responsibility and environmental management，2021，28（6）：1749－1759.

Franceschelli M V，Santoro G，Candelo E. Business model innovation for sustainability：a food start－up case study ［J］. British food journal，2018，120（10）：2483－2494.

Freeman E，Liedtka J. Stakeholder capitalism and the value chain ［J］. European management journal，1997，15（3）：286－296.

Freeman R E，Velamuri S R. A new approach to CSR：company stakeholder responsibility ［M］//R Edward Freeman's selected works on stakeholder theory and business ethics. Cham：Springer International Publishing，2023.

Freeman R E. Strategic management：a stakeholder approach ［M］. Cambridge：Cambridge university press，2010.

Friedman A L，Miles S. Developing stakeholder theory ［J］. Journal of management studies，2002，39（1）：1－21.

Frynas J G，Yamahaki C. Corporate social responsibility：review and roadmap of theoretical perspectives ［J］. Business ethics：a European review，2016，25（3）：258－285.

Galbreath J. Drivers of corporate social responsibility：the role of formal strategic planning and firm culture ［J］. British journal of management，2010，21（2）：511－525.

Gangi F，D'Angelo E，Daniele L M，et al. Assessing the impact of socially responsible human resources management on company environmental performance and cost of debt ［J］. Corporate social responsibility and environmental management，2021，28（5）：1511－1527.

Gao S S, Zhang J J. Stakeholder engagement, social auditing and corporate sustainability [J]. Business process management journal, 2006, 12 (6): 722—740.

Garcia J, Hromi—Fiedler A, Mazur R E, et al. Persistent household food insecurity, HIV, and maternal stress in peri—urban Ghana [J]. BMC public health, 2013, 13: 1—9.

Garriga E, Melé D. Corporate social responsibility theories: mapping the territory [J]. Journal of business ethics, 2004, 53 (1): 51—71.

Garst J, Blok V, Jansen L, et al. Responsibility versus profit: the motives of food firms for healthy product innovation [J]. Sustainability, 2017, 9 (12): 2286.

Garzón—Jiménez R, Zorio—Grima A. Sustainability in the food and beverage sector and its impact on the cost of equity [J]. British food journal, 2022, 124 (8): 2497—2511.

George J N, Raskob G E, Shah S R, et al. Drug—induced thrombocytopenia: a systematic review of published case reports [J]. Annals of internal medicine, 1998, 129 (11): 886—890.

Georgise F B, Thoben K D, Seifert M. Application of the adapted SCOR model to the leather industry: an Ethiopian case study [C] //Dynamics in logistics: proceedings of the 4th international conference LDIC, 2014 Bremen, Germany. Cham: Springer International Publishing, 2015.

Getele G K, Li T, Arrive T J. Corporate culture in small and medium enterprises: application of corporate social responsibility theory [J]. Corporate social responsibility and environmental management, 2020, 27 (2): 897—908.

Ghadge A, Kaklamanou M, Choudhary S, et al. Implementing environmental practices within the Greek dairy supply chain: drivers and barriers for SMEs [J]. Industrial management & data systems, 2017, 117 (9): 1995—2014.

Ghasemi S, Nejati M. Corporate social responsibility: opportunities, drivers and barries [J]. International journal of entrepreneurial knowledge, 2013, 1 (1): 33—37.

Giacalone R A, Knouse S B. Justifying wrongful employee behavior: the role of personality in organizational sabotage [J]. Journal of business ethics, 1990, 9 (1): 55—61.

Gider D, Hamm U. How do consumers search for and process corporate social responsibility information on food companies' websites? [J]. International food and agribusiness management review, 2019, 22 (2): 229−246.

Gilbert D U, Rasche A. Opportunities and problems of standardized ethics initiatives−a stakeholder theory perspective [J]. Journal of business ethics, 2008, 82: 755−773.

Godos − Díez J L, Fernández − Gago R, Martínez − Campillo A. How important are CEOs to CSR practices? an analysis of the mediating effect of the perceived role of ethics and social responsibility [J]. Journal of business ethics, 2011, 98 (4): 531−548.

Gonin M, Palazzo G, Hoffrage U. Neither bad apple nor bad barrel: how the societal context impacts unethical behavior in organizations [J]. Business ethics: a European review, 2012, 21 (1): 31−46.

Graafland J, de Bakker F G A. Crowding in or crowding out? How non − governmental organizations and media influence intrinsic motivations toward corporate social and environmental responsibility [J]. Journal of environmental planning and management, 2021, 64 (13): 2386−2409.

Graafland J, Mazereeuw−Van der Duijn Schouten C. Motives for corporate social responsibility [J]. Deeconomist, 2012, 160 (4): 377−396.

Graafland J, Van de Ven B. Strategic and moral motivation for corporate social responsibility [J]. Journal of corporate citizenship, 2006 (22): 111−123.

Graetz F. Strategic change leadership [J]. Management decision, 2000, 38 (8): 550−564.

Grappi S, Romani S, Bagozzi R P. Consumer response to corporate irresponsible behavior: moral emotions and virtues [J]. Journal of business research, 2013, 66 (10): 1814−1821.

Greve H R, Palmer D, Pozner J E. Organizations gone wild: the causes, processes, and consequences of organizational misconduct [J]. The academy of management annals, 2010, 4 (1): 53−107.

Grimm J H, Hofstetter J S, Sarkis J. Exploring sub−suppliers' compliance with corporate sustainability standards [J]. Journal of cleaner production, 2016, 112: 1971−1984.

Grimstad S M F, Glavee—Geo R, Fjørtoft B E. SMEs motivations for CSR: an exploratory study [J]. European business review, 2020, 32 (4): 553—572.

Guo Z, Bai L, Gong S. Government regulations and voluntary certifications in food safety in China: a review [J]. Trends in food science & technology, 2019, 90: 160—165.

Gupta K, Crilly D, Greckhamer T. Stakeholder engagement strategies, national institutions, and firm performance: a configurational perspective [J]. Strategic management journal, 2020, 41 (10): 1869—1900.

Guzzo R F, Abbott J A, Madera J M. A micro—level view of CSR: a hospitality management systematic literature review [J]. Cornell hospitality quarterly, 2020, 61 (3): 332—352.

Haidt J. The new synthesis in moral psychology [J]. science, 2007, 316 (5827): 998—1002.

Hair J F, Black B, Babin B J, et al. Multivariate Data Analysis [M]. New Jersey: Prentice Hall, 1998.

Hamann R. Dynamic de—responsibilization in business—government interactions [J]. Organization studies, 2019, 40 (8): 1193—1215.

Hammer J, Pivo G. The triple bottom line and sustainable economic development theory and practice [J]. Economic development quarterly, 2017, 31 (1): 25—36.

Hartmann M, Heinen S, Melis S, et al. Consumers' awareness of CSR in the German pork industry [J]. British food journal, 2013, 115 (1): 124—141.

Hartmann M. Corporate social responsibility in the food sector [J]. European review of agricultural economics, 2011, 38 (3): 297—324.

Havlinova A, Kukacka J. Corporate social responsibility and stock prices after the financial crisis: the role of strategic CSR activities [J]. Journal of business ethics, 2023, 182 (1): 223—242.

Heikkurinen P, Forsman—Hugg S. Strategic corporate responsibility in the food chain [J]. Corporate social responsibility and environmental management, 2011, 18 (5): 306—316.

Heikkurinen P. Image differentiation with corporate environmental responsibility［J］. Corporate social responsibility and environmental management, 2010, 17 (3): 142−152.

Helmig B, Spraul K, Ingenhoff D. Under positive pressure: how stakeholder pressure affects corporate social responsibility implementation ［J］. Business & society, 2016, 55 (2): 151−187.

Hemingway C A, Maclagan P W. Managers' personal values as drivers of corporate social responsibility ［J］. Journal of business ethics, 2004, 50 (1): 33−44.

Hennessy D A, Roosen J, Miranowski J A. Leadership and the provision of safe food ［J］. American journal of agricultural economics, 2001, 83 (4): 862−874.

Herrick C. Shifting blame/selling health: corporate social responsibility in the age of obesity ［J］. Sociology of health & illness, 2009, 31 (1): 51−65.

Heugens P P, Kaptein M, Van Oosterhout J. Contracts to communities: a processual model of organizational virtue ［J］. Journal of management studies, 2008, 45 (1): 100−121.

Hoffman A J. Competitive environmental strategy: a guide to the changing business landscape ［M］. Wahington, D C: Island press, 2000.

Hoivik H V W, Shankar D. How can SMEs in a cluster respond to global demands for corporate responsibility? ［J］. Journal of business ethics, 2011, 101 (2): 175−195.

Holcomb J L, Upchurch R S, Okumus F. Corporate social responsibility: what are top hotel companies reporting? ［J］. International journal of contemporary hospitality management, 2007, 19 (6): 461−475.

Holder−Webb L, Cohen J R, Nath L, et al. The supply of corporate social responsibility disclosures among US firms ［J］. Journal of business ethics, 2009, 84: 497−527.

Holmström J, Holweg M, Lawson B, et al. The digitalization of operations and supply chain management: theoretical and methodological implications ［J］. Journal of operations management, 2019, 65 (8): 728−734.

Hossain M A, Sabani A, Lokuge S, et al. Selection of cloud service providers: a fuzzy − set qualitative comparative analysis approach ［C］//

International working conference on transfer and diffusion of IT. Cham: Springer Nature Switzerland, 2023.

Hsu S Y, Chang C C, Lin T T. Triple bottom line model and food safety in organic food and conventional food in affecting perceived value and purchase intentions [J]. British food journal, 2019, 121 (2): 333-346.

Hu B, Liu J, Qu H. The employee-focused outcomes of CSR participation: the mediating role of psychological needs satisfaction [J]. Journal of hospitality and tourism management, 2019, 41: 129-137.

Huang C F, Lien H C, Chang S H. Corporate social responsibility and the relationship among ecological environment, corporate image and organizational performance in the construction industry [J]. Journal of technology, 2012, 27 (4): 161-170.

Huarng K H, Botella-Carrubi D, Yu T H K. The effect of technology, information, and marketing on an interconnected world [J]. Journal ofbusiness research, 2021, 129: 314-318.

Hung S W, Li C M, Lee J M. Firm growth, business risk, and corporate social responsibility in Taiwan's food industry [J]. Agricultural Economics/ Zemědělská Ekonomika, 2019, 65 (8) : 366-374.

Husted B W. Governance choices for corporate social responsibility: to contribute, collaborate or internalize? [J]. Long range planning, 2003, 36 (5): 481-498.

Iansiti M, Levien R. The keystone advantage: what the new dynamics of business ecosystem mean for strategy, innovation, and sustainability [M]. Boston: Harvard Business School Press, 2004.

Ikram M, Qayyum A, Mehmood O, et al. Assessment of the effectiveness and the adaption of CSR management system in food industry: the case of the South Asian versus the Western food companies [J]. Sage Open, 2020, 10 (1): 1-19.

Insch A, Black T. Does corporate social responsibility cushion unethical brand behavior? insights from chocolate confectionery [J]. Journal of public affairs, 2018, 18 (3): e1853.

Isa S M. An analysis of corporate social responsibility (CSR) on stakeholders loyalty: perceptions of Malaysian organizations [J]. International journal of business and social research，2012，2 (7)：507−520.

Islam M A，Deegan C. Media pressures and corporate disclosure of social responsibility performance information：a study of two global clothing and sports retail companies [J]. Accounting and business research，2010，40 (2)：131−148.

Islam T，Islam R，Pitafi A H，et al. The impact of corporate social responsibility on customer loyalty：the mediating role of corporate reputation，customer satisfaction，and trust [J]. Sustainable production and consumption，2021，25：123−135.

Izard C E. Human emotions [M]. New York：Springer Nature，1977.

Jackson L A，Singh D. Environmental rankings and financial performance：an analysis of firms in the US food and beverage supply chain [J]. Tourism management perspectives，2015，14：25−33.

Jadiyappa N，Iyer S R，Jyothi P. Does social responsibility improve firm value？evidence from mandatory corporate social responsibility regulations in India [J]. International review of finance，2021，21 (2)：653−660.

Jagtap S，Rahimifard S. The digitisation of food manufacturing to reduce waste—case study of a ready meal factory [J]. Waste management，2019，87：387−397.

Jain T，Zaman R. When boards matter：the case of corporate social irresponsibility [J]. British journal of management，2020，31 (2)：365−386.

Jamali D，Samara G，Zollo L，et al. Is internal CSR really less impactful in individualist and masculine cultures？a multilevel approach [J]. Management decision，2020，58 (2)：362−375.

Jamali D. A stakeholder approach to corporate social responsibility：a fresh perspective into theory and practice [J]. Journal of business ethics，2008，82：213−231.

Janani V，Gayathri S. CSR in the Digital ERA—a access on the CSR communication of companies and identification of services for CSR [J]. International journal of innovative technology and exploring engineering，2019，8 (11)：689−693.

Jarnagin C，Slocum Jr J W. Creating corporate cultures through mythopoetic leadership [J]. Organizational dynamics, 2007, 36 (3): 288−302.

Javed M, Rashid M A, Hussain G, et al. The effects of corporate social responsibility on corporate reputation and firm financial performance: moderating role of responsible leadership [J]. Corporate social responsibility and environmental management, 2020, 27 (3): 1395−1409.

Jensen M C, Meckling W H. Theory of the firm: managerial behavior, agency costs and ownership structure [J]. Journal of financial economics, 1976, 3 (4): 305−360.

Jeong N, Kim N. The effects of political orientation on corporate social (ir) responsibility [J]. Management decision, 2020, 58 (2): 255−266.

Jiang C, Fu Q. A Win − win outcome between corporate environmental performance and corporate value: from the perspective of stakeholders [J]. Sustainability, 2019, 11 (3): 921.

Jin H, Lin Z, McLeay F. Negative emotions, positive actions: food safety and consumer intentions to purchase ethical food in China [J]. Food quality and preference, 2020, 85: 103981.

Jones Christensen L, Mackey A, Whetten D. Taking responsibility for corporate social responsibility: the role of leaders in creating, implementing, sustaining, or avoiding socially responsible firm behaviors [J]. Academy of management perspectives, 2014, 28 (2): 164−178.

Jones P, Comfort D, Hillier D, et al. Corporate social responsibility: a case study of the UK's leading food retailers [J]. British food journal, 2005, 107 (6): 423−435.

Jones P, Comfort D, Hillier D. Marketing and corporate social responsibility within food stores [J]. British food journal, 2007, 109 (8): 582−593.

Kader M A R A, Mohezar S, Yunus N K M, et al. Investigating the moderating effect of marketing capability on the relationship between corporate social responsibility (CSR) practice and corporate reputation in small medium enterprises food operators [J]. International journal of business and society, 2021, 22 (3): 1469−1486.

Kaler J. Morality and strategy in stakeholder identification [J]. Journal of business ethics, 2002, 39: 91−100.

Kamiloglu S. Authenticity and traceability in beverages [J]. Food chemistry,

2019，277：12－24.

Kang C，Germann F，Grewal A R. Washing away your sins? corporate social responsibility，corporate social irresponsibility，and firm performance [J]. Journal of marketing，2016，80 (2)：59－79.

Karwowski M，Raulinajtys－Grzybek M. The application of corporate social responsibility (CSR) actions for mitigation of environmental，social，corporate governance (ESG) and reputational risk in integrated reports [J]. Corporate social responsibility and environmental management，2021，28 (4)：1270－1284.

Kefela G. Knowledge － based economy and society has become a vital commodity to countries [J]. International journal of educational research and technology，2010，1 (12)：68－75.

Keig D L，Brouthers L E，Marshall V B. Formal and informal corruption environments and multinational enterprise social irresponsibility [J]. Journal of management studies，2015，52 (1)：89－116.

Khanal A，Akhtaruzzaman M，Kularatne I. The influence of social media on stakeholder engagement and the corporate social responsibility of small businesses [J]. Corporate social responsibility and environmental management，2021，28 (6)：1921－1929.

Khoo H H，Tan K C. Using the Australian business excellence framework to achieve sustainable business excellence [J]. Corporatesocial responsibility and environmental management，2002，9 (4)：196－205.

Kim D Y，Kim S B，Kim K J. Building corporate reputation，overcoming consumer skepticism，and establishing trust：Choosing the right message types and social causes in the restaurant industry [J]. Service business，2019，13 (2)：363－388.

Kim D，Nam Y. Corporate relations with environmental organizations represented by hyperlinks on the Fortune global 500 companies' websites [J]. Journal of business ethics，2012，105：475－487.

Kim E，Ham S. Restaurants' disclosure of nutritional information as a corporate social responsibility initiative：Customers' attitudinal and behavioral responses [J]. International journal of hospitality management，2016，55：96－106.

Kim H J, Cameron G T. Emotions matter in crisis: the role of anger and sadness in the publics' response to crisis news framing and corporate crisis response [J]. Communication research, 2011, 38 (6): 826−855.

Kim M J, Hall C M. Can sustainable restaurant practices enhance customer loyalty? The roles of value theory and environmental concerns [J]. Journal of hospitality and tourism management, 2020, 43: 127−138.

Kim M S, Pennington G L. Does franchisor ethical value really lead to improvements in financial and non − financial performance? [J]. International journal of contemporary hospitality management, 2017, 29 (10): 2573−2591.

Kim M S, Thapa B, Holland S. Drivers of perceived market and eco − performance in the foodservice industry [J]. International journal of contemporary hospitality management, 2018, 30 (2): 720−739.

Kim M S, Thapa B. Relationship of ethical leadership, corporate social responsibility and organizational performance [J]. Sustainability, 2018, 10 (2): 447.

Kim M, Yin X, Lee G. The effect of CSR on corporate image, customer citizenship behaviors, and customers' long − term relationship orientation [J]. International journal of hospitality management, 2020, 88: 102520.

Kim S J, Park E B, Khulan T. An empirical study on shared value created by CSR activities of Korean corporations [J]. Logos management review, 2012, 10 (4): 1−28.

Kim S, Colicchia C, Menachof D. Ethical sourcing: an analysis of the literature and implications for future research [J]. Journal of business ethics, 2018, 152 (4): 1033−1052.

Kim S, Ferguson M A T. Dimensions of effective CSR communication based on public expectations [J]. Journal of marketing communications, 2018, 24 (6): 549−567.

Kim S, Yoon J, Shin J. Sustainable business − and − industry foodservice [J]. International journal of contemporary hospitality management, 2015, 27 (4): 648−669.

Kim Y, Bhalla N. Can SMEs in the food industry expect competitive advantages from proactive CSR when CSR trade−offs exist? [J]. Corporate communications:

an international journal，2022，27（2）：304−328.

Klein J，Dawar N．Corporate social responsibility and consumers'attributions and brand evaluations in a product−harm crisis ［J］．International journal of research in marketing，2004，21（3）：203−217.

Klerkx L，Villalobos P，Engler A．Variation in implementation of corporate social responsibility practices in emerging economies' firms：a survey of Chilean fruit exporters ［C］//Natural resources forum．Oxford：Blackwell publishing Ltd，2012，36（2）：88−100.

Kolodinsky R W，Madden T M，Zisk D S，et al．Attitudes about corporate social responsibility：business student predictors ［J］．Journal of business ethics，2010，91（2）：167−181.

Kong D，Shi L，Yang Z．Product recalls，corporate social responsibility，and firm value：evidence from the Chinese food industry ［J］．Food policy，2019，83：60−69.

Kong D．Does corporate social responsibility matter in the food industry？evidence from a nature experiment in China ［J］．Food policy，2012，37（3）：323−334.

Koo D W．The impact of risk perceptions of food ingredients on the restaurant industry：focused on the moderating role of corporate social responsibility ［J］．Sustainability，2018，10（9）：3132.

Korschun D，Du S．How virtual corporate social responsibility dialogs generate value：a framework and propositions ［J］．Journal of business research，2013，66（9）：1494−1504.

Kozinets R V，Handelman J M．Adversaries of consumption：consumer movements，activism，and ideology ［J］．Journal of consumer research，2004，31（3）：691−704.

Kramer M R，Porter M E．Strategy and society：the link between competitive advantage and corporate social responsibility ［J］．Harvard business review，2006，84（12）：78−92.

Krippendorff K．Content analysis：an introduction to its methodology ［M］．California ：Sage publishing，2004.

Kucharska W，Kowalczyk R．How to achieve sustainability？employee's point of view on company's culture and CSR practice ［J］．Corporate social responsibility and environmental management，2019，26（2）：453−467.

Kucukvar M，Tatari O. Towards a triple bottom − line sustainability assessment of the U. S. construction industry ［J］. The international journal of life cycle assessment，2013，18（5）：958−972.

Kumar K，Batra R，Boesso G. Difference in stakeholder engagement approach of small & medium enterprises and large companies and its performance implications ［J］. Corporate social responsibility and environmental management，2021，28（3）：992−1001.

Kuokkanen H，Sun W. Companies，meet ethical consumers：strategic CSR management to impact consumer choice ［J］. Journal of business ethics，2020，166（2）：403−423.

Kölbel J F，Busch T，Jancso L M. How media coverage of corporate social irresponsibility increases financial risk ［J］. Strategic management journal，2017，38（11）：2266−2284.

Lam L W. Impact of competitiveness on salespeople's commitment and performance ［J］. Journal of business research，2012，65（9）：1328 −1334.

Lamberti L，Lettieri E. CSR practices and corporate strategy：evidence from a longitudinal case study ［J］. Journal of business ethics，2009，87（2）：153−168.

Lange D，Washburn N T. Understanding attributions of corporate social irresponsibility ［J］. The academy of management review，2015，37（2）：300−326.

Latham G P，Pinder C C. Work motivation theory and research at the dawn of the twenty−first century ［J］. Annual review of psychology，2005，56（1）：485−516.

Lau A K W，Lee P K C，Cheng T C E. An empirical taxonomy of corporate social responsibility in China's manufacturing industries ［J］. Journal of cleaner production，2018，188：322−338.

Lauritsen B D，Perks K J. The influence of interactive，non−interactive，implicit and explicit CSR communication on young adults' perception of UK supermarkets'corporate brand image and reputation ［J］. Corporate communications：an international journal，2015，20（2）：178−195.

Lazarus N B, Kaplan G A, Cohen R D, et al. Change in alcohol consumption and risk of death from all causes and from ischaemic heart disease [J]. Birtish medical journal, 1991, 303 (6802): 553−556.

Lee E M, Park S Y, Lee H J. Employee perception of CSR activities: its antecedents and consequences [J]. Journal of business research, 2013, 66 (10): 1716−1724.

Lee H H M, Van D W, Kolk A. On the role of social media in the 'responsible' food business: blogger buzz on health and obesity issues [J]. Journal of business ethics, 2013, 118: 695−707.

Lee K, Oh W Y, Kim N. Social media for socially responsible firms: analysis of fortune 500's Twitter profiles and their CSR/CSIR ratings [J]. Journal of business ethics, 2013, 118: 791 806.

Lee M, Kim H. Exploring the organizational culture's moderating role of effects of corporate social responsibility (CSR) on firm performance: focused on corporate contributions in Korea [J]. Sustainability, 2017, 9 (10): 1883.

Lee P K C, Lau A K W, Cheng T C E. Employee rights protection and financial performance [J]. Journal of business research, 2013, 66 (10): 1861−1869.

Lee S, Park S Y. Do socially responsible activities help hotels and casinos achieve their financial goals? [J]. International journal of hospitality management, 2009, 28 (1): 105−112.

Lee T H, Comello M L N G. Transparency and industry stigmatization in strategic CSR communication [J]. Management communication quarterly, 2019, 33 (1): 68−85.

Lee Y K, Kim Y, Lee K H, et al. The impact of CSR on relationship quality and relationship outcomes: a perspective of service employees [J]. International journal of hospitality management, 2012, 31 (3): 745−756.

Leone L, Ling T, Baldassarre L, et al. Corporate responsibility for childhood physical activity promotion in the UK [J]. Health promotion international, 2016, 31 (4): 755−768.

Lerro M, Caracciolo F, Vecchio R, et al. Consumer's side of corporate social responsibility: a nonhypothetical study [J]. Journal of consumer affairs，2018，52（3）：689－710.

Lerro M，Raimondo M，Stanco M，et al. Cause related marketing among millennial consumers：the role of trust and loyalty in the food industry［J］. Sustainability，2019，11（2）：535.

Li C，Lan G，Zhang G，et al. Policy uncertainty，social responsibility and corporate M&A［J］. Journal of business & industrial marketing，2023，38（5）：1150－1162.

Li G，Li L，Choi T M，et al. Green supply chain management in China：innovative measures and the moderating role of quick response technology［J］. Social science electronic publishing，2019，66（7－8）：958－988.

Li Y，Chen R，Xiang E. Corporate social responsibility，green financial system guidelines，and cost of debt financing：evidence from pollution－intensive industries in China［J］. Corporate social responsibility and environmental management，2022，29（3）：593－608.

Liliana L，et al. Corporate responsibility for childhood physical activity promotion in the UK［J］. Health promotion international，2016，31（4）：755－768.

Lim M H，Kang Y S，Kim Y. Effects of corporate social responsibility actions on South Korean adolescents' perceptions in the food industry［J］. Sustainability，2017，9（2）：176.

Lin M S，Chung Y K. Understanding the impacts of corporate social responsibility and brand attributes on brand equity in the restaurant industry［J］. Tourism economics，2019，25（4）：639－658.

Lin－Hi N，Muller K. The CSR bottom line：preventing corporate social irresponsibility［J］. Journal of business research，2013，66（10）：1928－1936.

Line M，Hawley H，Krut R. The development of global environmental and social reporting［J］. Corporate environmental strategy，2002，9（1）：69－78.

Linnenluecke M K，Griffiths A. Corporate sustainability and organizational culture［J］. Journal of world business，2010，45（4）：357－366.

Liu J，Yang W，Cong L. The role of value co－creation in linking green purchase behavior and corporate social responsibility—an empirical analysis of the agri-food sector in China [J]. Journal of cleaner production, 2022, 360: 132195.

Liu Y, Liu S, Zhang Q, et al. Does perceived corporate social responsibility motivate hotel employees to voice? the role of felt obligation and positive emotions [J]. Journal of hospitality and tourism management, 2021, 48: 182-190.

Liu Y, Ren W, Xu Q, et al. Decision analysis of supply chains considering corporate social responsibility and government subsidy under different channel power structures [J]. Annals of operations research, 2022: 1-29.

Lock I, Araujo T. Visualizing the triple bottom line: a large - scale automated visual content analysis of European corporations' website and social media images [J]. Corporate social responsibility and environmental management, 2020, 27 (6): 2631-2641.

Loosemore M, Lim B T H. Mapping corporate social responsibility strategies in the construction and engineering industry [J]. Construction management and economics, 2018, 36 (2): 67-82.

Lu Y, Abeysekera I. What do stakeholders care about? investigating corporate social and environmental disclosure in China [J]. Journal of business ethics, 2017, 144 (1): 169-184.

Luhmann H, Theuvsen L. Corporate social responsibility in agribusiness: literature review and future research directions [J]. Journal of agricultural and environmental ethics, 2016, 29 (4): 673-696.

Luhmann H, Theuvsen L. Corporate social responsibility: exploring a framework for the agribusiness sector [J]. Journal of agricultural and environmental ethics, 2017, 30 (2): 241-253.

Luo J, Liu Q. Corporate social responsibility disclosure in China: do managerial professional connections and social attention matter? [J]. Emerging markets review, 2020, 43: 100679.

Luo X, Bhattacharya C B. Corporate social responsibility, customer satisfaction, and market value [J]. Journal of marketing, 2006, 70 (4): 1-18.

Lyon D. How can you help organizations change to meet the corporate responsibility agenda? [J]. Corporate social responsibility and environmental management, 2004, 11 (3): 133-139.

Lépineux F. Stakeholder theory, society and social cohesion [J]. Corporate governance: the international journal of business in society, 2005, 5 (2): 99—110.

MacKenzie S B, Podsakoff P M, Podsakoff N P. Construct measurement and validation procedures in MIS and behavioral research: integrating new and existing techniques [J]. MIS quarterly, 2011: 293—334.

Maclean T. Framing and organizational misconduct: a symbolic interactionist study [J]. Journal of business ethics, 2008, 78: 3—16.

Magrizos S, Apospori E, Carrigan M, et al. Is CSR the panacea for SMEs? a study of socially responsible SMEs during economic crisis [J]. European management journal, 2021, 39 (2): 291—303.

Maignan I, Ferrell O C, Ferrell L. A stakeholder model for implementing social responsibility in marketing [J]. European journal of marketing, 2005, 39 (9/10): 956—977.

Mak B, Chan W, Wong K, et al. Comparative studies of standalone environmental reports—European and Asian airlines [J]. Transportation research part D: transport environment, 2007, 12 (1): 45—52.

Maloni M J, Brown M E. Corporate social responsibility in the supply chain: an application in the food industry [J]. Journal of business ethics, 2006, 68 (1): 35—52.

Manning L, Birchmore I, Morris W. Swans and elephants: a typology to capture the challenges of food supply chain risk assessment [J]. Trends in food science & technology, 2020, 106: 288—297.

Maon F, Lindgreen A, Swaen V. Designing and implementing corporate social responsibility: an integrative framework grounded in theory and practice [J]. Journal of business ethics, 2009, 87: 71—89.

Marquis C, Qian C. Corporate social responsibility reporting in China: symbol or substance? [J]. Organization science, 2014, 25 (1): 127—148.

Martinez M G, Fearne A, Caswell J A, et al. Co—regulation as a possible model for food safety governance: opportunities for public — private partnerships [J]. Food policy, 2007, 32 (3): 299—314.

Martos — Pedrero A, Cortés — García F J, Jiménez — Castillo D. The relationship between social responsibility and business performance: an analysis of the agri－food sector of southeast Spain [J]. Sustainability, 2019, 11 (22): 6390.

Martínez J B, Fernández M L, Fernández P M R. Corporate social responsibility: evolution through institutional and stakeholder perspectives [J]. European journal omanagement and business economics, 2016, 25 (1): 8－14.

Marwa T, Philip K, Ahmed S. The role of corporate identity in CSR implementation: an integrative framework [J]. Journal of business research, 2020, 117: 694－706.

Marzena T, Joanna T, Pornsiri S, Wojciech K. Food hygiene knowledge and practice of consumers in Poland and in Thailand—a survey [J]. Food control, 2018, 85: 76－84.

Mazzei M J, Gangloff A K, Shook C L J M, et al. Examining multi level effects on corporate social responsibility and irresponsibility [J]. Management & marketing, 2015, 10 (3): 163－184.

McEwan C, Bek D. The political economy of alternative trade: social and environmental certification in the South African wine industry [J]. Journal of rural studies, 2009, 25 (3): 255－266.

Mcwilliams A, Siegel D S. Creating and capturing value: strategic corporate social responsibility, resource－based theory, and sustainable competitive advantage [J]. Journal of management, 2011, 37 (5): 1480－1495.

Mellahi K, Frynas J G, Sun P, et al. A review of the nonmarket strategy literature: toward a multi－theoretical integration [J]. Journal of management, 2016, 42 (1): 143－173.

Melo T, Garrido－Morgado A. Corporate reputation: a combination of social responsibility and industry [J]. Eco－management and auditing, 2012, 19 (1): 11－31.

Mena S, Rintamäki J, Fleming P, et al. On the forgetting of corporate irresponsibility [J]. Academy of management review, 2016, 41 (4): 720－738.

Meyer J W, Rowan B. Institutionalized organizations: formal structure as myth and ceremony [J]. American journal of sociology, 1977, 83 (2): 340－363.

Miles S. Stakeholder theory classification: a theoretical and empirical evaluation of definitions [J]. Journal of business ethics, 2015, 142 (3): 1—23.

Min S K, Brijesh T. Relationship of ethical leadership, corporate social responsibility and organizational performance [J]. Sustainability, 2018, 10 (2): 447.

Mitnick B M, Windsor D, Wood D. CSR: undertheorized or essentially contested? [J]. Academy of management review, 2020, 46 (3): 623—629.

Mock N, Morrow N, Papendieck A. From complexity to food security decision—support: novel methods of assessment and their role in enhancing the timeliness and relevance of food and nutrition security information [J]. Global food security, 2013, 2 (1): 41—49.

Mombeuil C, Fotiadis A K, Wang Z. The Pandora's box of corporate social irresponsibility: an exploratory study within a failed state context [J]. Journal of cleaner production, 2019, 234: 1306—1321.

Mombeuil C, Zhang B. Authentic or cosmetic: stakeholders' attribution of firms' corporate social responsibility claims [J]. Social responsibility journal, 2021, 17 (6): 756—775.

Monastyrnaya E, Le B G Y, Yannou B, et al. A template for sustainable food value chains [J]. International food and agribusiness management review, 2017, 20 (4): 461—476.

Mont O, Leire C. Socially responsible purchasing in supply chains: drivers and barriers in Sweden [J]. Social responsibility journal, 2009, 5 (3): 388—407.

Moon J, Shen X. CSR in China research: salience, focus and nature [J]. Journal of business ethics, 2010, 94 (4): 613—629.

Moore J F. Predators and prey: a new ecology of competition [J]. Harvard business review, 1993, 71 (3): 75—86.

Moore J F. The rise of new corporate form [J]. Washington quarterly, 1998, 21 (1): 167—181.

Morgan C J, Widmar N J O, Wilcoxc M D, et al. Perceptions of agriculture and food corporate social responsibility [J]. Journal of food products marketing, 2018, 24 (2): 146—162.

Morimoto R, Ash J, Hope C. Corporate social responsibility audit: from theory to practice [J]. Journal of business ethics, 2005, 62 (4): 315 - 325.

Morsing M, Schultz M. Corporate social responsibility communication: stakeholder information, response and involvement strategies [J]. Business ethics: a European review, 2006, 15 (4): 323-338.

Naidoo M, Gasparatos A. Corporate environmental sustainability in the retail sector: drivers, strategies and performance measurement [J]. Journal of cleaner production, 2018, 203: 125-142.

Nardella G, Brammer S, Surdu I. Shame on who? the effects of corporate irresponsibility and social performance on organizational reputation [J]. British journal of management, 2020, 31 (1): 5-23.

Nave A, Ferreira J. Corporate social responsibility strategies: past research and future challenges [J]. Corporate social responsibility and environmental management, 2019, 26 (4): 885-901.

Nazir O, Islam J U. Effect of CSR activities on meaningfulness, compassion, and employee engagement: a sense - making theoretical approach [J]. International journal of hospitality management, 2020, 90: 102630.

Nazzaro C, Stanco M, Marotta G. The life cycle of corporate social responsibility in agri - food: value creation models [J]. Sustainability, 2020, 12 (4): 1287.

Nikolinakou A, Phua J. Do human values matter for promoting brands on social media? how social media users' values influence valuable brand - related activities such as sharing, content creation, and reviews [J]. Journal of consumer behaviour, 2020, 19 (1): 13-23.

Nirino N, Miglietta N, Salvi A. The impact of corporate social responsibility on firms' financial performance, evidence from the food and beverage industry [J]. British food journal, 2019, 122 (1): 1-13.

Novais L, Marín J M, Moyano-Fuentes J. Lean production implementation, cloud-supported logistics and supply chain integration: interrelationships and effects on business performance [J]. The international journal of logistics management, 2020, 31 (3): 629-663.

Nunnally J C, Bernstein I H. Psychometric theory [M]. New York: McGraw-Hill, 1994.

Nybakk E, Panwar R. Understanding instrumental motivations for social responsibility engagement in a micro-firm context [J]. Business ethics: a European review, 2015, 24 (1): 18-33.

Nygård R. Trends in environmental CSR at the Oslo Seafood Index: a market value approach [J]. Aquaculture economics & management, 2020, 24 (2): 194-211.

Oglethorpe D, Heron G. Sensible operational choices for the climate change agenda [J]. The international journal of logistics management, 2010, 21 (3): 538-557.

Ormiston M E, Wong E M. License to ill: the effects of corporate social responsibility and CEO moral identity on corporate social irresponsibility [J]. 2013, 66 (4): 861-893.

Osagie E R, Wesselink R, Blok V, et al. Individual competencies for corporate social responsibility: a literature and practice perspective [J]. Journal of business ethics, 2016, 135 (2): 233-252.

Ouden M D, Dijkhuizen A A, Huirne R, et al. Vertical cooperation in agricultural production-marketing chains, with special reference to product differentiation in pork [J]. Agribusiness, 1996, 12 (3): 277-290.

Pagh J D, Cooper M C. Supply chain postponement and speculation strategies: how to choose the right strategy [J]. Journal of business logistics, 1998, 19 (2): 13.

Paliwoda M A, Smolak L E, Nakayama A. Corporate image or social engagement: Twitter discourse on corporate social responsibility (CSR) in public relations strategies in the energy sector [J]. Profesional de la información, 2020, 29 (3): 1-16.

Pan X, Sinha P, Chen X. Corporate social responsibility and eco-innovation: the triple bottom line perspective [J]. Corporate social responsibility and environmental management, 2021, 28 (1): 214-228.

Panapanaan V M, Linnanen L, Karvonen M M, et al. Roadmapping corporate social responsibility in Finnish companies [J]. Journal of business ethics, 2003, 44: 133-148.

Paolo A, Maklan S A. Social identification and corporate irresponsibility: a model of stakeholder punitive intentions [J]. British journal of management，2016，27（3）：583-605.

Park-Poaps H，Rees K. Stakeholder forces of socially responsible supply chain management orientation ［J］. Journal of business ethics，2010，92 （2）：305-322.

Paulraj A，Chen I J，Blome C. Motives and performance outcomes of sustainable supply chain management practices：a multi－theoretical perspective ［J］. Journal of business ethics，2017，145（2）：239-258.

Pearce C L，Giacalone R A. Teams behaving badly：factors associated with anti－citizenship behavior in teams ［J］. Journal of applied social psychology，2010，33（1）：58-75.

Pearce C L，Manz C C. Leadership centrality and corporate social Ir－Responsibility（CSIR）：the potential ameliorating effects of self and shared leadership on CSIR ［J］. Journal of business ethics，2011，102（4）：563-579.

Peloza J，Ye C，Montford W J. When companies do good，are their products good for you？ how corporate social responsibility creates a health halo ［J］. Journal of public policy and marketing，2015，34（1）：19-31.

Petrenko O V，Aime F，Ridge J，et al. Corporate social responsibility or CEO narcissism？ CSR motivations and organizational performance ［J］. Strategic management journal，2016，37（2）：262-279.

Phan T N，Baird K，Blair B. The use and success of activity－based management practices at different organizational life cycle stages ［J］. International journal of production research，2014，52（3）：787-803.

Phillips R. Stakeholder theory and organizational ethics ［J］. Personnel psychology，2003，57（4）：1068-1071.

Pino G，Amatulli C，De A M，et al. The influence of corporate social responsibility on consumers' attitudes and intentions toward genetically modified foods：evidence from Italy ［J］. Journal of cleaner production，2016，112：2861-2869.

Pivato S，Misani N，Tencati A. The impact of corporate social responsibility on consumer trust：the case of organic food ［J］. Business ethics：a European review，2008，17（1）：3-12.

Pizzi S，Moggi S，Caputo F，et al. Social media as stakeholder engagement tool: CSR communication failure in the oil and gas sector [J]. Corporate social responsibility and environmental management, 2021, 28 (2): 849−859.

Plank A, Teichmann K. A facts panel on corporate social and environmental behavior: decreasing information asymmetries between producers and consumers through product labeling [J]. Journal of cleaner production, 2018, 177: 868−877.

Poetz K, Haas R, Balzarova M. CSR schemes in agribusiness: opening the black box [J]. British food journal, 2013, 115 (1): 47−74.

Ponte S, Gibbon P. Quality standards, conventions and the governance of global value chains [J]. Economy and society, 2005, 34 (1): 1−31.

Poppe K J, Wolfert S, Verdouw C, et al. Information and communication technology as a driver for change in agri−food chains [J]. EuroChoices, 2013, 12 (1): 60−65.

Portz K, Haas R, Balzarova M. CSR schemes in agribusiness: opening the black box [J]. British food journal, 2013, 115 (1): 47−74.

Prabawati I, Meirinawati M, Oktariyanda T A. Competency−based training model for human resource management and development in public sector [C] //Journal of physics: conference series. IOP Publishing, 2018, 953 (1): 012157.

Pulker C E, Trapp G S A, Scott J A, et al. Global supermarkets' corporate social responsibility commitments to public health: a content analysis [J]. Globalization and health, 2018, 14: 1−20.

Pulker C E, Trapp G S A, Scott J A, et al. The nature and quality of Australian supermarkets' policies that can impact public health nutrition, and evidence of their practical application: a cross−sectional study [J]. Nutrients, 2019, 11 (4): 853.

Pullman M E, Maloni M J, Carter C R. Food for thought: social versus environmental sustainability practices and performance outcomes [J]. Journal of supply chain management, 2009, 45 (4): 38−54.

Qin X, Godil D I, Sarwat S, et al. Green practices in food supply chains: evidence from emerging economies [J]. Operations management research, 2021: 1−14.

Qing C, Jin S. How does corporate social responsibility affect sustainability of social enterprises in Korea? [J]. Frontiers in psychology, 2022, 13: 859170.

Ragin C C. The comparative method: moving beyond qualitative and quantitative strategies [M]. California: University of california press, 1987.

Rahdari A, Sheehy B, Khan H Z, et al. Exploring global retailers' corporate social responsibility performance [J]. Heliyon, 2020, 6 (8): e04644.

Rana P, Platts J, Gregory M. Exploration of corporate social responsibility (CSR) in multinational companies within the food industry [J]. Queen's discussion paper series on corporate responsibility research, 2009, 2: 2009.

Ravasi D, Schultz M. Responding to organizational identity threats: exploring the role of organizational culture [J]. Academy of management journal, 2006, 49 (3): 433-458.

Raza A, Farrukh M, Iqbal M K, et al. Corporate social responsibility and employees' voluntary pro-environmental behavior: the role of organizational pride and employee engagement [J]. Corporate social responsibility and environmental management, 2021, 28 (3): 1104-1116.

Reilly A H, Hynan K A. Corporate communication, sustainability, and social media: it's not easy (really) being green [J]. Business horizons, 2014, 57 (6): 747-758.

Reinhard S, Lovell C. Analysis of environmental efficiency variation [J]. American journal of agricultural economics, 2001, 84 (4): 1054-1065.

Rhou Y Y, Singal M. A review of the business case for CSR in the hospitality industry [J]. International journal of hospitality management, 2020, 84: 102330.

Richards Z, Thomas S L, Randle M, et al. Corporate social responsibility programs of big food in Australia: a content analysis of industry documents [J]. Australian and New Zealand journal of public health, 2015, 39 (6): 550-556.

Riera M, Iborra M. Corporate social irresponsibility: review and conceptual boundaries [J]. European journal of management and business economics, 2017, 26 (2): 146-162.

Rihoux B, Ragin C C. Configurational comparative methods: qualitative comparative analysis (QCA) and related techniques [M]. California: Sage

Publishing，2009.

Rim H，Song D. "How negative becomes less negative"：understanding the effects of comment valence and response sidedness in social media [J]. Journal of communication，2016，66 (3)：475−495.

Rim H，Swenson R，Anderson B. What happens when brands tell the truth? exploring the effects of transparency signaling on corporate reputation for agribusiness [J]. Journal of applied communication research，2019，47 (4)：439−459.

Rindell A，Santos F P，Lima A. Two sides of a coin：connecting corporate brand heritage to consumers' corporate image heritage [J]. Journal of brand management，2015，22 (5)：467−484.

Risi D，Wickert C，Ramus T. Coordinated enactment：how organizational departments work together to implement CSR [J]. Business & society，2023，62 (4)：745−786.

Rizky E，Liliana I W. Corporate social responsibility and firm risk：controversial versus noncontroversial industries [J]. The journal of Asian finance，2021，8 (3)：953−965.

Robichaud Z，Yu H. Do young consumers care about ethical consumption? modelling Gen Z's purchase intention towards fair trade coffee [J]. British food journal，2022，124 (9)：2740−2760.

Robson K，Dean M，Brooks S，et al. A 20−year analysis of reported food fraud in the global beef supply chain [J]. Food control，2020，116：107310.

Roeck K，Maon F. Building the theoretical puzzle of employees' reactions to corporate social responsibility：an integrative conceptual framework and research agenda [J]. Journal of business ethics，2016，149：609−625.

Romani S，Grappi S，Zarantonello L，et al. The revenge of the consumer! how brand moral violations lead to consumer anti−brand activism [J]. Journal of brand management，2015，22：658−672.

Roper S，Parker C. Doing well by doing good：a quantitative investigation of the litter effect [J]. Journal of business research，2013，66 (11)：2262−2268.

Ross R B，Pandey V，Ross K L. Sustainability and strategy in U. S. agri−food firms：an assessment of current practices [J]. The international food agribusiness management review, 2015, 18 (1): 17−48.

Rozin P, Fischler C, Imada S, et al. Attitudes to food and the role of food in life in the USA, Japan, Flemish Belgium and France: possible implications for the diet−health debate [J]. Appetite, 1999, 33 (2): 163−180.

Rozin P, Lowery L, Imada S, et al. The CAD triad hypothesis: a mapping between three moral emotions (contempt, anger, disgust) and three moral codes (community, autonomy, divinity) [J]. Journal of personality and social psychology, 1999, 76 (4): 574−586.

Saber M, Weber A. How do supermarkets and discounters communicate about sustainability? a comparative analysis of sustainability reports and in−store communication [J]. International journal of retail and distribution management, 2019, 47 (11): 1181−1202.

Sajjad A, Eweje G, Tappin D. Sustainable supply chain management: motivators and barriers [J]. Business strategy and the environment, 2015, 24 (7): 643−655.

Sakaguchi L, Pak N, Potts M D. Tackling the issue of food waste in restaurants: options for measurement method, reduction and behavioral change [J]. Journal of cleaner production, 2018, 180: 430−436.

Sanfiel−Fumero M Á, Armas−Cruz Y, González−Morales O. Sustainability of the tourist supply chain and governance in an insular biosphere reserve destination: the perspective of tourist accommodation [J]. European planning studies, 2017, 25 (7): 1256−1274.

Sarfo I, Twum E, Koku J E, et al. Stakeholders participation and sustainability of corporate social responsibility programmes in Ghana: a study of Anglo Gold Ashanti Mine in Obuasi [J]. Environment and natural resources research, 2016, 6 (1): 59−66.

Sari F H, Katajajuuri J M, Riipi I, et al. Key CSR dimensions for the food chain [J]. British food journal, 2013, 115 (1): 30−47.

Scheidler S, Edinger − Schons L M. Partners in crime? the impact of consumers' culpability for corporate social irresponsibility on their boycott attitude [J]. Journal of business research, 2020, 109: 607−620.

Schnepp G J, Bowen H R. Social responsibilities of the businessman [J]. The American catholic sociological review, 1954, 15 (1): 42.

Schwartz H, Davis S M. Matching corporate culture and business strategy [J]. Organizational dynamics, 1981, 10 (1): 30—48.

Sen S. The role of corporate social responsibility in strengthening multiple stakeholder relationships: a field experiment [J]. Journal of the academy of marketing science, 2006, 34 (2): 158—166.

Serafeim I G. What drives corporate social performance? the role of nation—level institutions [J]. Journal of international business studies, 2012, 43 (9): 834—864.

Setthasakko W. Determinants of corporate sustainability: Thai frozen seafood processors [J]. British food journal, 2007, 109 (2): 155—168.

Shafieizadeh K, Tao C W. How does a menu's information about local food affect restaurant selection? the roles of corporate social responsibility, transparency, and trust [J]. Journal of hospitality and tourism management, 2020, 43: 232—240.

Shah S H A, Cheema S, Al—Ghazali B M, et al. Perceived corporate social responsibility and pro—environmental behaviors: the role of organizational identification and coworker pro—environmental advocacy [J]. Corporate social responsibility and environmental management, 2021, 28 (1): 366—377.

Sharma P, Jain K, Kingshott R P J, et al. Customer engagement and relationships in multi—actor service ecosystems [J]. Journal of business research, 2020, 121: 487—494.

Sharratt D, Brigham B H, Brigham M. The utility of social obligations in the UK energy industry [J]. Journal of management studies, 2007, 44 (8): 1503—1522.

Shnayder L, Van Rijnsoever F J, Hekkert M P. Motivations for corporate social responsibility in the packaged food industry: an institutional and stakeholder management perspective [J]. Journal of cleaner production, 2016, 122: 212—227.

Shnayder L, Van Rijnsoever F J, Hekkert M P. Putting your money where your mouth is: why sustainability reporting based on the triple bottom line can be misleading [J]. PloS one, 2015, 10 (3): e0119036.

Shnayder L, Van Rijnsoever F J. How expected outcomes, stakeholders, and institutions influence corporate social responsibility at different levels of large basic needs firms [J]. Business strategy and the environment, 2018, 27 (8): 1689−1707.

Shou Y, Shao J, Lai K H, et al. The impact of sustainability and operations orientations on sustainable supply management and the triple bottom line [J]. Journal of cleaner production, 2019, 240: 118280.

Shum P K, Yam S L. Ethics and law: guiding the invisible hand to correct corporate social responsibility externalities [J]. Journal of business ethics, 2011, 98 (4): 549−571.

Siddh M M, Soni G, Jain R, et al. Agri−fresh food supply chain quality (AFSCQ): a literature review [J]. Industrial management and data systems, 2017, 117 (9): 2015−2044.

Simpson B, Robertson J L, White K. How co−creation increases employee corporate social responsibility and organizational engagement: the moderating role of self−construal [J]. Journal of business ethics, 2020, 166 (2): 331−350.

Singh N P. Managing the adverse effect of supply chain risk on corporate reputation: the mediating role of corporate social responsibility practices [J]. Journal of general management, 2021, 46 (4): 251−261.

Sitnikov C, Băndoi A, Staneci I, et al. The corporate social responsibility system practiced by Romanian companies [J]. Postmodern openings, 2021, 12 (1Supl): 113−135.

Soundararajan V, Spence L J, Rees C. Small business and social irresponsibility in developing countries: working conditions and "evasion" institutional work [J]. Business and society, 2018, 57 (7): 1301−1336.

Souza−Monteiro D, Hooker N. Comparing UK food retailers corporate social responsibility strategies [J]. British food journal, 2017, 119 (3): 658−675.

Spiller R. Ethical business and investment: a model for business and society [J]. Journal of business ethics, 2000, 27: 149−160.

Spink J, Moyer D C, Speier−Pero C. Introducing the food fraud initial screening model (FFIS) [J]. Food control, 2016, 69: 306−314.

Stbler S, Fischer M. When does corporate social irresponsibility become news? evidence from more than 1000 brand transgressions across five countries [J]. Journal of marketing, 2020, 84 (3): 46-67.

Stekelorum R, Laguir I, Elbaz J. Cooperation with international NGOs and supplier assessment: investigating the multiple mediating role of CSR activities in SMEs [J]. Industrial marketing management, 2020, 84: 50-62.

Stekelorum R. The roles of SMEs in implementing CSR in supply chains: a systematic literature review [J]. International journal of logistics research and applications, 2019, 23 (3): 228-253.

Steyn B, Niemann L. Strategic role of public relations in enterprise strategy, governance and sustainability—a normative framework [J]. Public relations review, 2014, 40 (2): 171-183.

Stojanović A, Milošević I, Arsić S, et al. Corporate social responsibility as a determinant of employee loyalty and business performance [J]. Journal of competitiveness, 2020, 12 (2): 149-166.

Sun W, Ding Z. Is doing bad always punished? a moderated longitudinal analysis on corporate social irresponsibility and firm value [J]. Business and society, 2021, 60 (7): 1811-1848.

Suto M, Takehara H. Impact of corporate social responsibility intensity on firm-specific risk and innovation: evidence from Japan [J]. Social responsibility journal, 2022, 18 (3): 484-500.

Swimberghe K R, Wooldridge B R. Drivers of customer relationships in quick-service restaurants: the role of corporate social responsibility [J]. Cornell hospitality quarterly, 2014, 55 (4): 354-364.

Tagarakis A C, Benos L, Kateris D, et al. Bridging the gaps in traceability systems for fresh produce supply chains: overview and development of an integrated IoT-based system [J]. Applied sciences, 2021, 11 (16): 7596.

Tallontire A. CSR and Regulation: towards a framework for understanding private standards initiatives in the agri-food chain [J]. Third World quarterly, 2007, 28 (4): 775-791.

Tangngisalu J, Mappamiring M, Andayani W, et al. CSR and firm reputation from employee perspective [J]. The journal of Asian finance, economics and business, 2020, 7 (10): 171-182.

Tarnanidis T, Papathanasiou J, Subeniotis D. How far the TBL concept of sustainable entrepreneurship extends beyond the various sustainability regulations:

can Greek food manufacturing enterprises sustain their hybrid nature over time? [J]. Journal of business ethics，2019，154（3）：829−846.

Tate W L，Bals L. Achieving shared triple bottom line（TBL）value creation：toward a social resource−based view（SRBV）of the firm [J]. Journal of business ethics，2018，152：803−826.

Tebini H，M'Zali B，Lang P，et al. Social performance and financial performance：a controversial relationship [M]//Socially responsible investment：a multi−criteria decision making approach. Cham：Springer International Publishing，2014：53−73.

Teece D J，Pisano G，Shuen A. Dynamic capabilities and strategic management [J]. Strategic management journal，1997，18（7）：509−533.

Thakur R. Understanding customer engagement and loyalty：a case of mobile devices for shopping [J]. Journal of retailing & consumer services，2016，32：151−163.

Thomasson A. Exploring the ambiguity of hybrid organizations：a stakeholder approach [J]. Financial accountability and management，2010，25（3）：353−366.

Tian Q，Robertson J L. How and when does perceived CSR affect employees' engagement in voluntary pro − environmental behavior? [J] Journal of business ethics，2019，155（2）：399−412.

Tompkin R B. Interactions between government and industry food safety activities [J]. Food control，2001，12（4）：203−207.

Touboulic A，Chicksand D，Walker H. Managing imbalanced supply chain relationships for sustainability：a power perspective [J]. Decision Sciences，2014，45（4）：577−619.

Tourky M，Kitchen P，Shaalan A. The role of corporate identity in CSR implementation：an integrative framework [J]. Journal of business research，2020，117：694−706.

Trienekens J，Zuurbieri P. Quality and safety standards in the food industry，developments and challenges [J]. International journal of production economics，2008，113（1）：107−122.

Tsai C H，Mutuc E B. Evidence in Asian food industry：intellectual capital，corporate financial performance，and corporate social responsibility [J].

International journal of environmental research and public health，2020，17 (2)：663.

Tu W, Zhao T, Zhou B, et al. OCD：Online crowdsourced delivery for on－demand food [J]. IEEE internet of things journal，2019，7 (8)：6842－6854.

Turker D. Measuring corporate social responsibility：a scale development study [J]. Journal of business ethics，2009，85：411－427.

Usmani M S, Wang J, Ahmad N，et al. Establishing a corporate social responsibility implementation model for promoting sustainability in the food sector：a hybrid approach of expert mining and ISM－MICMAC [J]. Environmental science and pollution research，2022：1－22.

Van Leeuwen T. The application of bibliometric analyses in the evaluation of social science research：who benefits from it，and why it is still feasible [J]. Scientometrics，2006，66 (1)：133－154.

Verk N, Golob U, Podnar K. A dynamic review of the emergence of corporate social responsibility communication [J]. Journal of business ethics，2021，168 (3)：491－515.

Vidal N, Kozak R A, Hansen E. Adoption and implementation of corporate responsibility practices：a proposed framework [J]. Business and society，2015，54 (5)：701－717.

Vigneau L. A micro－level perspective on the implementation of corporate social responsibility practices in multinational corporations [J]. Journal of international management，2020，26 (4)：100804.

Vishwanathan P, van Oosterhout H, Heugens P P, et al. Strategic CSR：a concept building meta－analysis [J]. Journal of management studies，2020，57 (2)：314－350.

Vo H T M, Arato M. Corporate social responsibility in a developing country context：a multi－dimensional analysis of modern food retail sector in Vietnam [J]. Agroecology and sustainable food systems，2020，44 (3)：284－309.

Vo H T M, Hartmann M, Langen N. Rewarding the good and penalizing the bad? consumers' reaction to food retailers' conduct [J]. British food journal，2018，120 (11)：2539－2553.

Vogel C, O'Brien K. Who can eat information? examining the effectiveness of seasonal climate forecasts and regional climate − risk management strategies [J]. Climate research, 2006, 33 (1): 111−122.

Vollaard B. Temporal displacement of environmental crime: evidence from marine oil pollution [J]. Journal of environmental economics and management, 2017, 82: 168−180.

Waldman D A, Siegel D. Defining the socially responsible leader [J]. Leadership quarterly, 2008, 19 (1): 117−131.

Walker K, X Yu, Zhang Z. All for one or all for three: empirical evidence of paradox theory in the triple − bottom − line [J]. Journal of cleaner production, 2020: 122881.

Walker K, Zhang Z, Ni N. The mirror effect: corporate social responsibility, corporate social irresponsibility and firm performance in coordinated market economies and liberal market economies [J]. British journal of management, 2019, 30 (1): 151−168.

Wanderley L S O, Lucian R, Farache F, et al. CSR information disclosure on the web: a context−based approach analysing the influence of country of origin and industry sector [J]. Journal of business ethics, 2008, 82: 369−378.

Wang L, Juslin H. The impact of Chinese culture on corporate social responsibility: the harmony approach [J]. Journal of business ethics, 2009, 88: 433−451.

Wang S L. Digital technology−enabled governance for sustainability in global value chains: a framework and future research agenda [J]. Journal of industrial and business economics, 2023, 50 (1): 175−192.

Wang Y, Pala B. Communicating philanthropic CSR versus ethical and legal CSR to employees: empirical evidence in Turkey [J]. Corporate communications: an international journal, 2021, 26 (1): 155−175.

Wang Z, Sarkis J. Corporate social responsibility governance, outcomes, and financial performance [J]. Journal of cleaner production, 2017, 162: 1607−1616.

Warhurst A. Future roles of business in society: the expanding boundaries of corporate responsibility and a compelling case for partnership [J]. Futures, 2005, 37 (2): 151−168.

Weber O, Saunders – Hogberg G. Water management and corporate social performance in the food and beverage industry [J]. Journal of cleaner production, 2018, 195: 963−977.

Wei W, Kim G, Miao L, et al. Consumer inferences of corporate social responsibility (CSR) claims on packaged foods [J]. Journal of business research, 2018, 83: 186−201.

Wei Y P, Huang S H, Wright L T. Food traceability system as elevating good corporate social responsibility for fast−food restaurants [J]. Cogent business & management, 2017, 4 (1): 1290891.

Were M. Implementing corporate responsibility—the Chiquita case [J]. Journal of business ethics, 2003, 44 (2): 247−260.

Wesselink R, Blok V, Leur S, et al. Individual competencies for managers engaged in corporate sustainable management practices [J]. Journal of cleaner production, 2015, 106 (1): 497−506.

Wiengarten F, Fan D, Pagell M, et al. Deviations from aspirational target levels and environmental and safety performance: implications for operations managers acting irresponsibly [J]. Journal of operations management, 2019, 65 (6): 490−516.

Williamson D, Lynch – Wood G, Ramsay J. Drivers of environmental behaviour in manufacturing SMEs and the implications for CSR [J]. Journal of business ethics, 2006, 67 (3): 317−330.

Windolph S E, Harms D, Schaltegger S. Motivations for corporate sustainability management: contrasting survey results and implementation [J]. Corporate social responsibility and environmental management, 2014, 21 (5): 272−285.

Witjes S, Vermeulen W, Cramer J. Assessing corporate sustainability integration for corporate self−reflection [J]. Resources, conservation and recycling, 2017, 127: 132−147.

Wong M C. Does corporate social responsibility affect Generation Z purchase intention in the food industry [J]. Asian journal of business ethics, 2021, 10: 391−407.

Wood D J. Corporate social performance revisited [J]. Academy of management review, 1991, 16 (4): 691−718.

Wu C L, Fang D P, Liao P C, et al. Perception of corporate social responsibility: the case of Chinese international contractors [J]. Journal of cleaner production, 2015, 107: 185−194.

Wu J. The antecedents of corporate social and environmental irresponsibility [J]. Corporate social responsibility and environmental management, 2014, 21 (5): 286−300.

Wu K N, Gunawan J, Permatasari P. 'Success in Six' model to increase efficiency and green productivity [J]. International journal of service management and sustainability, 2018, 3 (2): 21−36.

Wu W, Zhang P, Zhu D, et al. Environmental pollution liability insurance of health risk and corporate environmental performance: evidence from China [J]. Frontiers in public health, 2022, 10: 897386.

Xie C, Bagozzi R P. Consumer responses to corporate social irresponsibility: the role of moral emotions, evaluations, and social cognitions [J]. Psychology and marketing, 2019, 36 (2): 565−586.

Xie C, Bagozzi, R P, Grønhaug K. The role of moral emotions and individual differences in consumer responses to corporate green and non−green actions [J]. Journal of the academy of marketing science, 2015, 43 (3): 333−356.

Xie L, Poon P, Zhang W. Brand experience and customer citizenship behavior: the role of brand relationship quality [J]. Journal of consumer marketing, 2017, 34 (3): 268−280.

Xu S, Yang R. Indigenous characteristics of Chinese corporate social responsibility conceptual paradigm [J]. Journal of business ethics, 2010, 93 (2): 321−333.

Xu Y. Understanding CSR from the perspective of Chinese diners: the case of McDonald's [J]. International journal of contemporary hospitality management, 2014, 26 (6): 1002−1020.

Yang J, Basile K. Communicating corporate social responsibility: external stakeholder involvement, productivity and firm performance [J]. Journal of business ethics, 2021: 1−17.

Ye C, Cronin J J, Peloza J. The role of corporate social responsibility in consumer evaluation of nutrition information disclosure by retail restaurants the effectiveness of nutritional information [J]. Journal of business ethics,

2015，130 (2)：313—326.

Yin J. Institutional drivers for corporate social responsibility in an emerging economy：a mixed—method study of Chinese business executives ［J］. Business and society，2017，56 (5)：672—704.

Yngfalk C. Subverting sustainability：market maintenance work and the reproduction of corporate irresponsibility ［J］. Journal of marketing management，2019，35 (17—18)：1563—1583.

Yoon S，Lam T. The illusion of righteousness：corporate social responsibility practices of the alcohol industry ［J］. BMC public health，2013，13：1—11.

Youn H，Song S，Lee S，et al. Does the restaurant type matter for investment in corporate social responsibility？ ［J］. International journal of hospitality management，2016，58：24—33.

Yu S H，Liang W C. Exploring the determinants of strategic corporate social responsibility：an empirical examination ［J］. Sustainability，2020，12 (6)：2368.

Yu X. From passive beneficiary to active stakeholder：workers' participation in CSR movement against labor abuses ［J］. Journal of business ethics，2009，87：233—249.

Yu Y，Chi J. Politicalembeddedness，media positioning and corporate social responsibility：evidence from China ［J］. Emerging markets review，2021，47：100799.

Yu Y，Choi Y. Stakeholder pressure and CSR adoption：the mediating role of organizational culture for Chinese companies ［J］. The social science journal，2016，53 (2)：226—234.

Yuan L，Zheng L，Xu Y. Corporate social responsibility and corporate innovation efficiency：evidence from China ［J］. International journal of emerging markets，2023，18 (12)：6125—6142.

Yuan Y，Lu L Y，Tian G，et al. Business strategy and corporate social responsibility ［J］. Journal of business ethics，2020，162 (2)：359—377.

Zahidy A A，Sorooshian S，Hamid Z A. Critical success factors for corporate social responsibility adoption in the construction industry in Malaysia ［J］. Sustainability，2019，11 (22)：1—24.

Zahra S A，Priem R L，Rasheed A A. The antecedents and consequences of top management fraud [J]. Journal of management, 2005, 31 (6): 803−828.

Zahra S, Nambisan S. Entrepreneurship and strategic thinking in business ecosystems [J]. Business horizons, 2012, 55 (3): 219−229.

Zatwarnicka − Madura B, Siemieniako D, Glińska E, et al. Strategic and operational levels of CSR marketing communication for sustainable orientation of a company: a case study from Bangladesh [J]. Sustainability, 2019, 11 (2): 555.

Zhang D, Gao Y, Morse S. Corporate social responsibility and food risk management in China: a management perspective [J]. Food control, 2015, 49: 2−10.

Zhang D, Jiang Q, Ma X, et al. Drivers for food risk management and corporate social responsibility: a case of Chinese food companies [J]. Journal of cleaner production, 2014, 66: 520−527.

Zhang D, Ma Q, Morse S. Motives for corporate social responsibility in Chinese food companies [J]. Sustainability, 2018, 10 (2): 117.

Zhang D, Morse S, Ma Q. Corporate social responsibility and sustainable development in China: current status and future perspectives [J]. Sustainability, 2019, 11 (16): 4392.

Zhang H, Liu Y, Zhang Q, et al. A Bayesian network model for the reliability control of fresh food e − commerce logistics systems [J]. Softcomputing, 2020, 24 (9): 6499−6519.

Zhang M, Atwal G, Kaiser M. Corporate social irresponsibility and stakeholder ecosystems: the case of Volkswagen Dieselgate scandal [J]. Strategic change, 2021, 30 (1): 79−85.

Zhang Q, Oo B L, Lim B T H. Drivers, motivations, and barriers to the implementation of corporate social responsibility practices by construction enterprises: a review [J]. Journal of cleaner production, 2019, 210: 563−584.

Zhang Y, Ouyang Z. Doing well by doing good: how corporate environmental responsibility influences corporate financial performance [J]. Corporate social responsibility and environmental management, 2021, 28 (1): 54−63.

Zhu Q, Geng Y. Integrating environmental issues into supplier selection and management: a study of large and medium-sized state-owned enterprises in China [J]. Greener management international, 2001 (35): 27-40.

Zuo W, Schwartz M S, Wu Y. Institutional forces affecting corporate social responsibility behavior of the Chinese food industry [J]. Business and society, 2017, 56 (5): 705-737.